近世史研究叢書45

八王子千人同心における身分越境

―百姓から御家人へ―

吉岡　孝著

岩田書院

目 次

第二部　身分越境による組織と社会の変容

序章　身分と八王子千人同心の研究動向

はじめに

本章は第二次世界大戦後を中心にした日本歴史学における身分研究の動向を追い、八王子千人同心研究を行なう本書の課題を析出することを企図する。まず戦後興隆した身分研究の範型を「基礎構造基礎づけ主義パラダイム」と規定し、その展開を追うことから始めることにする。この言葉について概念規定しておきたい。

一般に社会構成体は「生産力の一定の段階に対応して形成される生産諸関係の総体＝社会の実在的土台と、それに基礎づけられまた反作用を及ぼす法律的・政治的上部構造とにより構成される」と定義される[1]。被支配階級は、「実在的土台」における生産力と生産関係の矛盾を原動力に支配階級と闘争する。この「実在的土台」が「基礎構造」であり、戦後日本においては経済構造と同義に捉えられてきた。この「基礎構造」重視の捉え方は、しばしば「経済決定論」と揶揄されるが、実際には、いかなる「基礎構造」重視論者もそこまで単純な決定論者は存在しない。しかし最終的には「基礎構造」に還元される論理的枠組みは維持されるので、「基礎づけ」という言葉が適当であろう[2]。このような観点が戦後、日本における歴史学に多大の影響を与えたのは周知のことである。当然、身分研究もこのような枠組みに規定されて展開された。本書ではこれを「基礎構造基礎づけ主義パラダイム」と表現する。

パラダイムとは、いうまでもなく科学史家トーマス・クーンが主唱した概念である。「一定期間、科学に従事する者に対して、モデルとなる問いや答えを提供する普遍的に認められた科学的業績」[(3)]のことである。クーンは純粋無垢な観察による科学の右肩上がりの進歩を信じなかった。科学者共同体はあるパラダイムに規定された「通常科学」の下で、事実の確定や事実と理論の整合などの研究活動を行なう。「通常科学」では明確な目標とルールが定まっているために、劇的な結論の変化は起こらず、答えの決まったパズル解き、ルーティン・ワークが繰り返される。

しかしそれでも「科学革命」が起こるのは「変則事象」が存在するからである。これは「通常科学」では説明のつかない観測結果である。例えば天動説に対するケプラーが観測した惑星運動といえばわかりやすいであろうか。「変則事象」が積み重なっていき、パラダイムに対する信頼が揺らぐと「危機」が訪れる。この「危機」を解決するために「代替パラダイム」が提起され、パラダイム間の論争が引き起こされ、やがて「代替パラダイム」が勝利し、「科学革命」が達成される。

以上、パラダイムの成立→「通常科学」の隆盛→「変則事象」の発見・蓄積→「代替パラダイム」の提起という展開で、「科学革命」が達成されるという経緯を確認した。

第一節　「基礎構造基礎づけ主義パラダイム」の展開

第一項　身分の「基礎構造」による基礎づけ

「基礎構造基礎づけ主義パラダイム」が研究者共同体に浸透したのは太閤検地論争以後である。しかしここでは、このパラダイムを理解するために、それ以前の石母田正の身分論を確認しておこう。石母田正は階級と身分を以下のように規定している。「階級とは特定の歴史的社会の生産関係、その時代の主要な生産手段にたいする所有関係によって規定された社会集団であり、身分は階級関係が政治的または国家的な秩序として固定された階層的秩序として理解しておく(4)」。ここで使用されている「階級」「生産」「所有」は、マルクス主義歴史学の重要概念であり、石母田がそれに従っていることは明らかである。石母田は直接的には古代国家を事例としているが、この規定は時代貫通的である。

石母田の言葉は明白である。身分は階級関係が固定された秩序である。そしてそれが集中的に表現されるのが国家と法である。つまり近代資本主義以前の社会においては、「階級関係は多かれ少なかれ身分関係という現象形態のもとに存在する(5)」。身分は階級の現象形態なのである。

では現象とは何であろうか。マルクスを批判的に継承したヘーゲルにあっては、本質である精神は、現出することによってのみ存在する(6)。現象は本質＝精神が現出したものである。マルクスにあっては、人間の本質は精神ではなく労働である。労働の過程、つまり生産活動において所有が発生し、その所有を基軸に階級が形成される。そして搾取を行なう支配階級が法により規定するのが身分ということになる。石母田の身分規定は哲学的・弁証法的方法論に則ったものであり、その点では抽象的なものである。「基礎構造基礎づけ主義パラダイム」は土地所有を中心とした「基礎構造」がいわば本質になる点で、石母田の論旨とは異なる。

このパラダイムが研究者共同体に浸透するのは、安良城盛昭が提起した太閤検地論争以降である(7)。周知のように安良城は、荘園制社会は家父長的奴隷制社会であり、太閤検地によって農奴制が体制的に成立したとした。太閤検地を画期とする政策を槓杆に自立していく小農民が農奴である。このような観点から考えれば、近世の百姓身分は農奴であることが本質である。安良城も身分の本質は階級であると認識していたが、太閤検地という具体的歴史的実体を前提に身分論を展開しているのが特徴である。本質―現象という弁証法的関係が後景に退いていることに注意されたい。逆にいえば百姓身分を考察する上では、封建社会における土地所有の具体的分析が最も必要な作業になったのである。

さらにこのような傾向を広めたのは、佐々木潤之介である。[8] 佐々木の議論をめぐっては、筆者に改めて論じる才能もないが、後論の関係上、一点のみ指摘しておきたい。それは佐々木の議論は農民論であって、百姓論ではないという点である。階級的検討は行なわれるが、固有の身分的検討は行なわれない。

深谷克己は「日本近世史の研究は、「小農自立論」を土台に家族史や村落史など、社会の実相の解明に足跡を残してきた。(中略)しかし日本近世史が築き上げた「小農自立」は兵農分離制、検地、名請百姓、単婚小家族、地縁的村落共同体、村請年貢制などと連動する、いわばタイトな定義性を同伴しているものである。したがって、中国史や朝鮮史に「小農」存在を認める空気はなかった」[9] と述べている。兵農分離制以下の研究史は「社会の実相の解明」に終始したのである。

しかしそれがなぜ比較史研究をも不可能にするくらいの「タイトな定義性を同伴してい」たのか。それは「社会の実相の分析」が過度の抽象性を持って行なわれたからである。一般的にいえば、抽象性があった方が比較は可能になるが、この場合の抽象とは現象の対象としての抽象(本質)ではなく、「基礎構造」のことである。この「基礎構造」は太閤検地といった土地所有の具体的な事象から抽象されたものであるから、中国・朝鮮史にあてはめることは不可能だった。そしてすべての歴史的事象は「基礎構造」に還元される。これは抽象論であろう。「基礎構造」は、あたかも超越論であるかのように振る舞ったのである。

この点は石母田の身分論とは対照的である。石母田の身分論は先述のように、まだしも本質と現象との弁証法的上向を企図していた。対して佐々木の「実相」は、「基礎構造」と決定されたのである。それは論旨明快であり、たちまち研究者共同体に普及していった。豪農―半プロ論を展開した佐々木の主著『幕末社会論』[10]は、近世史研究者にとって必読の一冊になった。さらにそれが更新されると、甚だしい場合は検地帳から作成した階層構成表が村落史を決定するかのような錯視も行なわれた。

小農自立論は階級に規定された「基礎構造」による基礎づけ主義といえよう。そしてそのことにより「通常科学」になり普及したのである。筆者は「基礎づけ主義」による成果をすべて否定するつもりはない。しかし強固な「基礎づけ主義」は弊害をもつことも事実である。それは生産・所有・階級によって基礎づけられないものは無視されるということである。この点を佐々木はどう思っていたのであろうか。彼の言葉を聞いてみよう。

私などには、歴史は長く多様なものだから、そこには知ることができない、知る必要もない、知ってもしようのないことがたくさんあるのであって、歴史学はその歴史の中から、何のために何をとり出してどのように解明するかということがまず問題になるのであり、砕いて言えば、それが歴史学の方法論だと思っている[11]。

公平にみて佐々木のこのような態度は明快であり、論理的一貫性を把持しようという態度には揶すべきものがある。しかし「知ることができない」ことが歴史学に存在することは認めるが、「知る必要もない、知ってもしようのないこと」なぞ、歴史学にあるだろうか。もしあるとすれば、歴史学が普遍的な方法論を確立していないだけの話ではないだろうか。「忘却の穴」に拘るナラティブ論とは対照的であり[12]、少なくとも佐々木のこのような思考のみが歴史学の方法ではないことは確実である。本書では、このような考えは「基礎づけ主義」が入り込んだ陥穽と捉える。

小括してみよう。戦後日本近世史研究を規定した「基礎構造基礎づけ主義パラダイム」は、「基礎構造」を基盤にした「基礎づけ主義」によって展開した。当然、身分論も同様である。「小農自立論」「豪農―半プロ論」は大きな成果を挙げた。パラダイム論から位置づければ、「通常科学」の興隆と考えられよう。しかし当該パラダイムに基礎づけられないものは無視されるという側面があったことは否定できない。次項では網野善彦の百姓論を取り上げ、「基礎構造基礎づけ主義パラダイム」の「変則事象」について考えたい。

第二項　網野善彦の百姓論

網野善彦は多作な中世史家であり、「網野史学」の全貌を明らかにすることは菲才のため筆者には不可能である。しかしその百姓論については、後論の必要性からぜひ一言しておきたい。

網野がその独特な百姓論を展開するようになったのは一九九〇年代になってからである。その主張は「百姓は農民とは限らない」というものである。[13] 網野によれば、日本が農業社会だと思われているのは、教科書や概説書において百姓が単純に農民に言い換えられてしまっていることが原因の一つとされる。百姓には非農業民も多数存在したのである。例えば近世の輪島の七一パーセントが「頭振」(水呑、百姓の一種)とされたが、そのなかには漆器職人・素麺職人、それらの商品の販売に携わる大商人、北前船を持つ廻船人が含まれていた。[14] 彼等は土地を持てないのではなく、持つ必要がない人々なのである。つまり水呑＝貧農という図式は成り立たない。もともと百姓という言葉は、たくさんの姓を持った一般の人民という意味であり、農民という要素はなかった。百姓が農民という意識が社会に定着するのは江戸時代後期になってからだと、網野は主張する。

以上のような網野の百姓論はおおむね正しいと判断される。しかしここでこの主張を紹介したのは、その正当性のためではない。この百姓論は「基礎構造基礎づけ主義パラダイム」への批判を孕んでいた点を指摘したかったのである。百姓は江戸時代においては身分を表現している。農民という用語は「基礎構造基礎づけ主義パラダイム」と親和性が高い。「小農自立」という言葉でも明らかなように、このパラダイムは農民論は展開されても百姓論は展開されない。階級関係に起因する農民という言葉を使用することによって見えなくなった部分、「基礎構造基礎づけ主義パラダイム」に基礎づけられない部分を実証的に明らかにし、これを補完したいというのが網野の真意ではなかったのか。

周知のように網野の処女論文は「若狭国の封建革命」であり、マルクス主義歴史学に深く関係していた。[15]時には批判的な姿勢も取ったが、決してマルクス主義歴史学そのものを否定はしなかった。それどころか最期まで好意を持ち続けていた。しかし彼の学問は「網野ほど中世文書に幅広く目を通していた研究者は、筆者の知る限りでは見当たらない」という実証的なものであった。[16]このような態度が個性的な「網野史学」を生んだことを筆者は素直に喜ぶが、本当にマルクス主義歴史学の再生を企図するのであれば、「基礎構造基礎づけ主義パラダイム」を理論的に批判すべきではなかったのか。結局それは回避されたのである。網野は石母田とも浅からぬ因縁があったが、彼のように本質と現象の弁証法的構造から歴史を見るといった視点はついに持ち得なかった。筆者は網野がそれを回避した理由には興味がない。ここで確認したいのは、網野善彦の百姓論は「基礎構造基礎づけ主義パラダイム」に対する「変則事象」と考えられるということである。

第三項　「変則事象」の検証

前項では網野善彦の百姓論が、「基礎構造基礎づけ主義パラダイム」に対する「変則事象」になるのではないかということを指摘した。しかしこのような「変則事象」は既に八〇年代には確認できる。

朝尾直弘は「近世の身分と身分制を問題にする場合、通説のように、統一権力による政治的・法制的な設定のみを重視する方法には、私は疑問をもっております」とし、身分を歴史的に決定するのは局地的かつ特殊的なものだと主張した。[17]このことは「だれが町人身分であるかということは町が決定した」「だれが百姓であるかということは村が決定した」という言葉で有名になった。

もちろん太閤検地は統一権力による政治的行為であり、朝尾のこの主張は、検地によって身分が決定したという通説への批判であることは間違いない。峯岸賢太郎は朝尾のこの主張を「ごく当然のこと」に過ぎず、「通説は国家による編成の以前に階級の生成を措定するものであるのに、氏はそれを無視して」いるとしている。[18] 村が百姓を決定するという事実は存在するが、それよりも階級による規定性が優先されるわけである。そう考えれば確かに朝尾説への批判は成立する。しかし「ごく当然のこと」は「基礎構造基礎づけ主義パラダイム」においては、対象化できないともいえよう。この点、峯岸の主張は当該パラダイムを前提にしてこそ正しいのであり、それ自体が正当だという証明にはならない。先述した「知ってもしようのないことがたくさんある」という佐々木の言葉を想起して欲しい。

これまで述べてきた通り、近世史の身分論は太閤検地論争を起点にしており、豊臣政権がもたらした兵農分離は鍵概念である。その兵農分離について画期的な成果を上げたのが藤木久志である。「かえりみて、兵農分離という言葉が中世から近世への移行期を画然たる断層とみる立場から、通俗的にほとんど万能の説明概念として魔法の杖のように使われ始めて以来、いったいどれだけの年月が過ぎたのであろう」と藤木は記し、「移行を覆う兵農分離という超抽象から、もう一度その時期の一つひとつの現象の独自性に立ち戻って、個別的に実際にあったものを見直してみることに手をつけたいと思う」と述べている。[19] ここで「現象」という言葉が使用されていることに着目したい。「基礎構造」による「基礎づけ主義」が一般化すると、歴史的事象は、「基礎構造」と一体化し、いわば「基礎構造」に隠蔽されて、「現象」と呼ばれることは少なくなる。藤木が「現象」と呼んだのは「基礎構造基礎づけ主義パラダイム」による「超抽象」から脱却し、歴史的「現象」を語りたかったからではないだろうか。

藤木が提起した豊臣平和令に関する研究は通説化したが、近年では批判も登場している。しかし刀狩令を身分表象規制令と捉える身分論的視点は否定されていない。その一方、近世史における積極的な展開もされていない[20]。これは藤木の論旨に問題があるというより、近世史研究者が「基礎構造基礎づけ主義パラダイム」に拘泥し、藤木の問題提起をうまく受け止められなかったためではないだろうか。藤木の身分論は「基礎構造」から直接基礎づけられたものではないからである。それゆえそれを「基礎構造基礎づけ主義パラダイム」からみれば「変則事象」と評価して良いであろう。

本節をまとめてみよう。一九五〇年代、太閤検地論争は「基礎構造基礎づけ主義パラダイム」が研究者共同体に浸透するきっかけをつくった。しかしそれが広く浸透するのは、「小農自立論」等によって「通常科学」化されたためである。その浸透が一段落した八〇年代には朝尾直弘、藤木久志などによって「変則事象」が発見され、九〇年代には網野善彦も百姓論という「変則事象」を発見し、繰り返し語るようになる。

現在「基礎構造基礎づけ主義パラダイム」に露骨に規定された論文をみることはない。それはパラダイムが交替したと考えるのがもっとも自然であろう。本書では新しいパラダイムを「身分的周縁パラダイム」として考察していくことにする。

第二節　身分的周縁パラダイム

第一項　身分的周縁論の登場

身分的周縁論は、一九九〇年に塚田孝・吉田伸之・脇田修の三人が中心になって結成した「身分的周縁」研究会の活動が母体になっている[21]。初期のこの活動が対象としたのは「一九八〇年ころからの三つの研究動向の延長上」にあった三点である。一つは、えた身分・非人身分の研究発展の上にあった夙・茶筅・乞胸・猿飼・ささら説教などの雑賤民、二つには、朝幕関係、天皇・朝廷研究の一環として、公家・寺社などを本所として組織化を遂げた神職・陰陽師・修験・鋳物師、第三には、江戸・京都・大坂などの都市下層に生きる鳶・髪結・日用・振売・香具師。

一九八〇年ころの日本近世史研究は、一九六〇年代に盛行した「小農自立」論、「豪農―半プロ」論などの幕藩制構造論やそれに基づく幕藩制国家論研究も一段落した時期である。上記三つの対象分野は幕藩制構造論等の潮流とはやや距離を置いたものだったことは注目されてよい。土地所有論から単純に基礎づけられるものではなかった。その後、身分的周縁論を研究するグループは、二〇〇〇年と、二〇〇七～八年にかけて合計三次にわたって成果を逐次刊行し、百姓や武士・町人といった中核身分ともいえる対象も視野に入れるなど対象を拡大していった。そのこともあって、身分的周縁論は現在に至るまでも大変興隆している。筆者は「基礎構造基礎づけ主義パラダイム」に替わって、「身分的周縁パラダイム」が支配的な位置を占めたと考えるべきだと思料する。この点をパラダイム論の立場から説明する。

では「身分的周縁パラダイム」を決定づける特質とは何なのであろうか。筆者は吉田伸之が提起した所有論に着目したい。吉田は脇田修・峯岸賢太郎・朝尾直弘・高木昭作の研究史を整理し、「土地所有を除くと、封建的社会構成における所有の問題の検討が」「意外なほど不充分」ということを確認した(22)。そして日本近世の所有の形態・側面を、土地所有・用具所有・貨幣(動産)所有・労働力所有の四つに分類した。前二者は封建的生産様式の正統であり、後二者はそれの異端である。土地所有は農奴＝小農の、小経営生産様式を特質としている。用具所有は手工業者(親方)の小資本のうち、手仕事道具＝用具こそ所有の核との認識に基づく。貨幣・動産所有は、商人が主対象であり、手工業や農奴的小農の家内工業による商品の「交通」を担い、封建的社会構成を解体せしめる第一の起動力になる。労働力所有は使用価値の単純な消費を目的に購入されるもので、そこでの労働は用役（給付労働）である。吉田は後にこの四つに乞食＝勧進所有を加えている[23]。これは「事実上の無所有状態」であり、自己の精神世界、精神的で複雑な、あるいは文化的な労働力能それ自体しか所有領域としないものである。宗教者などがその対象である。

この吉田の所有論と「基礎構造基礎づけ主義パラダイム」の違いは、後者は土地所有を過度に重視するものだったということである。したがって土地所有に基礎づけられないものは対象化されない傾向が強かった。前者の場合は五つの所有の視点から輻輳的に歴史的現象を説明できるようになったのである。そればかりではない。歴史学の対象を拡大させた。吉田は、歴史学が扱うのは生産関係や階級闘争のなかで然るべき役割を果たすプロレタリアートのような存在であるとされているが、しかしマルクスいうところの「あらゆる階級のくず、ごみ、かす」といった異端も歴史学の検討対象にすべきだとしている[24]。このような対象は、吉田の所有論では労働力所有の疎外形態と位置づけることが可能になり、対象化する必然性が生じてくる。

このような志向は、近世における正統である土地所有に拘泥した「基礎構造基礎づけ主義パラダイム」とは鮮やかな対照を成している。また網野が問題にした「百姓は農民ではない」という疑問についても、その多様な存在形態を明らかにすることによって応えているし、朝尾が問題にした「だれが百姓であるかは村がきめる」という点に関しては、社会集団のレベルで対応している。つまり「変則事象」はそれぞれ位置づけることができているのである。

「基礎構造基礎づけ主義パラダイム」が、土地所有を過度に重視していたのに対し、「身分的周縁パラダイム」においては、五つの所有類型が提起され、それを輻輳的に組み合わせることにより、多くの歴史現象を対象化することができ、それにより興隆をもたらしたのである。いうまでもなく両パラダイムはマルクス主義歴史学に基づく。その点では同質なものである。日本におけるマルクス主義歴史学の特徴は客観性・科学性の重視である。このことはもちろん大切な要件ではあるが、極度の感性・経験の軽視は問題であろう。筆者は、かつてマルクス主義と実存主義を接ぎ木しようとした人間主義的マルクス主義の試みをもう一度復活させたいわけではない。筆者が重視したいのは人間ではなく、身体である。そのことに言及する前に、次項では身分的周縁論から展開した都市社会史について確認したい。

第二項　都市社会史

第一次身分的周縁研究に参加した畑中敏之は、大坂の平人がかわた村に来住・転入する事例を検討している。この事例は合法的・非合法的事例を双方とも確認しており、これらを畑中は「身分を越える」事例とした[25]。それ以前は身分は基本的には変更できない硬質なものと考えられていたため、大きなインパクトを持った。畑中とほぼ同時期、由緒をもとにした浪人身分獲得運動について論じた山本英二の一連の成果も、「身分を越える」事例を扱った研究といえよう[26]。浪人など武士周縁については次項で触れる。

一方、塚田孝の都市社会史研究をみてみよう。塚田は「諸身分は身分集団を形成し、それが複層して身分社会が全体として形成され」「身分集団が全体社会（＝政治社会）に公的に位置づけられる媒介が役（＝御用）」であることを前提に、大坂を事例に非人身分と勧進宗教者を扱っている[27]。塚田の検討主体は天王寺垣外の非人仲間であるが、彼等は仲間独自の身分内法を持ち、大坂町奉行の御用を勤め、勧進行為を行なっていた。また垣外番を派遣する権利は株となり、相続財産や売買・質入の対象となった。勧進宗教者は一七世紀半ばには治安統制による規制は受けたものの、「宗教的」活動そのものの規制は受けなかった。しかし一八世紀末から一九世紀にはそれも規制対象に入ってくる。その規制を実践する上で期待されたのが、勧進宗教者の仲間である。非人と勧進宗教者の行為は一線が画されていたことはいうまでもないが、同じ乞食行為であり、両者が接点をもっていたことも事実である。

また塚田によれば、御用を勤めていくことが深まるにつれて、大坂の非人たちは町奉行や村などの直接的関係のなかでは非人とは呼ばれなくなり、長吏と呼ばれるようになる。弘化二年に「非人村」と記載された大坂絵図が出版されると、大坂の非人たちは町奉行に訴え、これを削除させている。同じ時期非人たちは四天王寺から二人扶持を給付され、聖徳太子の「御霊忌」には帯刀して警備することを認められた。これも「身分を越える」状況が出現したといっていいであろう。

近年の展開では藤本清二郎の和歌山城下の分析が興味深い(28)。和歌山城下では正徳・享保の飢饉を契機に「弱人」(貧窮者)が大量に発生した。救済のため彼等の乞食＝勧進行為を認めざるを得ず、非人と区別できない状況が発生した。勧進の非身分化条件が生成したのである。一九世紀の和歌山城下は消費と供給が拡大し、多様な勧進の展開が確認できる。物売りと物貰いという線引きが都市民に生じたが、物貰いが身分として一括できなくなる。やがて明治維新になり、物貰い＝勧進には身分化原理を否定する政策が適応される。

また志村洋は相模国のえびす社人を分析した(29)。勧進宗教社であるえびす社人は村に住み、通常の百姓として宗門人別帳に記載されていた。富裕な階層で宗教者と百姓の「壱人両名」も行ない、彼等の家の実態は、多様な稼ぎを親族で合わせて行なうというものであった。志村は「近世後期に様々な階層で見られる身分の越境状況に関心を向けるならば、勧進宗教者に関しても、制度としての「家」と実態としての家との異同をさらに検討していく必要がある」としている。「身分の越境状況」を説明するためには家の制度と実態に着目すべきだという意見は傾聴すべきであろう。

次項では後論の関係で武士周縁の研究状況を探ってみよう。

第三項　武士とその周縁

身分的周縁論における武士もしくは武士周縁をめぐる研究は、第二次・第三次研究において行なわれた。第二次研究『支配をささえる人々』には、町人代官・在地代官・庄屋・牧士・代官手代・八王子千人同心・御用宿であり[30]、第三次研究『武士の周縁に生きる』では、大庄屋・長崎地役人・藩医・抱え相撲・薩摩問屋・萩藩と萩藩家老浦家の家臣団などが取り上げられている[31]。一見して明らかなように、ここで取り上げられているのは身分的には明らかに百姓・町人とされる存在も含まれている。これは身分集団間の複合性を当該パラダイムは重視するからであろう。身分的周縁論では身分は階層ではなく集団として捉えられる。集団には集団の論理があり、階層から決定される要因は一部に過ぎないということになろう。このような集団の複合性が当該パラダイムの特徴といえよう。

もう一つの特徴として、戦闘員としての百姓の発見ということが挙げられる。従来百姓は暴力を禁じられた存在とされてきたが、実は近世の軍団は百姓が奉公する戦闘員である足軽や若党を前提に成立していた。彼等は武家奉公人であって武士ではない。かつての下級武士論はこの点を無視していたのである。このことは既に高木昭作の指摘[32]もあったが、現在では広く認知されている[33]。

森下徹は萩藩を中心に武家奉公人のことを研究している[34]。近時の研究では武家奉公人を労働力販売者層＝日用層として把握するようになっている。萩藩の場合もやはりそうで、藩直属の武家奉公人は「御家人」と呼ばれた。彼等のなかには配属された地位を利権化する者も多かった。中間の地位を買い取った者は家族や親族をそこに送り込んだ。中間たちは草履・木履を取るか、笠を取るにしても誰の笠をとるかという些細なことに拘った。これは差異化にたるだけの熟練を有していない彼等が地位を訴える唯一の方法だったのである。萩藩では拝領屋敷の売買が公認されていたため、それを買い取る者も町屋敷を買い取って利殖に励む者もいたという。このような傾向は武士にもみられ、利殖目的で売買を繰り返した。それは身分的中間層の私的利害を伴ってのことであった。武士の周縁化と身分的中間層の台頭を招いたのである。

身分的中間層に関しては「壱人両名」に注目した尾脇秀和の成果がある。尾脇は、京都近郊の山城国石見上里村は領主が違う相給村落であったが、百姓株を減少させることができないため、同一人物が別の名前で両方の百姓を勤めた事例を報告した。これが壱人両人の事例である[35]。また同村大島家は正親町三条家家来としては「大島数馬」を名乗り、百姓としては「利左衛門」と名乗っている。身分が異なる場合も壱人両人が発生したのである[36]。さらに尾脇は、百姓が百姓身分のまま帯刀をする非常帯刀について分析し、身分と職分の分離という視点から論じている[37]。非常帯刀は百姓に対する職分として与えられたが、身分に与えられたと誤解、もしくは意図的に曲解されたとしている。

熊谷光子は畿内の在地代官について研究し、それを三つに分類した。世襲型・無家格型・その中間型である[38]。いずれのタイプでも共通しているのは「家としてどういう形で「村」に生き残るかという問題であった」。彼等には武士への上昇志向というよりも、代官も百姓も「あわせて一門として受け継いでいくべき「家督」＝身分・財産」として捉え、それを維持していく志向の方が強かった。

近世後期には藩財政に貢献すると、その代償として苗字帯刀が許される献金郷士が広くみられるが、決して無制限に献金郷士を増やしたわけではない。岸和田藩領の七人百姓という由緒百姓の場合、既成の地方秩序を混乱させることを藩当局は懼れていたことが指摘されている[39]。在地の帯刀は支配者にとって諸刃の刃であったのである。

以上みてきたように百姓の帯刀を考察する場合、武家奉公人として直接仕えているのかいないのか、という条件は大きかった。前者の場合は身分に対するものだが、後者の場合は職分に対するものといえよう。近世後期になると、このような区分にあてはまらない献金郷士のような事例が生じる。このような状況に対して領主も無策ではなかったが、身分制の弛緩は覆うべくもなかった。

以上本節をまとめてみると、近時の日本近世史のパラダイムは「基礎構造基礎づけ主義」から「身分的周縁」に移行したことをまず認めるべきであろう。その特徴は吉田が掲げた五つの所有論であり、土地所有を過度に重視し、自縛されていた前代のパラダイムから歴史研究を解放した。現在では多角的な所有の立場から歴史的現象を説明できるようになった。

当該パラダイムにおいては「身分を越える」事象が当初から研究対象になっていた。前代のパラダイムは大雑把にいってしまえば、「土地所有」に大きな変動がなければ身分も変わらないのである。この観点からすれば「身分を越える」研究は画期的なものである。このような視角は現在都市社会史研究に引き継がれている。大量の人員が流入する都市では飢饉などの画期もあり、「身分を越える」現象が生成した。この現象は部分的なものではなく、近世後期社会が構造的にもたらしたものである。その探求のためには制度と実態との双方から家を考察することが挙げられる。

武士周縁身分の研究においては、A直接武家奉公しているか、B否かによって類別することができる。また前者はＡａ日傭層の雇用なのか、Ａｂ貨幣を媒介にしないで役によって奉公するかによっても異なる。後者もＢａ直接的な武家奉公ではないが、統治を補完する職分を負った存在なのか、Ｂｂ主として栄誉として苗字帯刀を許されるのかによって分類できよう。Ａａは各藩で一般的にみられる足軽や中間、Ａｂは八王子千人同心や各藩の郷足軽、Ｂａは大工頭のような特権的な一部町人や在地代官、Ｂｂは浪人や献金郷士である。ただこれらを峻別して考えることも得策とは思えない。中間的存在もいるであろう。都市社会史の場合のように個々の身分だけではなく、身分集団と身分集団の関係を含めた空間の分節化として身分を考えていくべきであろう。次節では前述の諸点を踏まえて新しいパラダイムを模索してみよう。

第三節　新しいパラダイムを求めて

第一項　身体の不在

現在のところ、近世身分論研究においては、身分的周縁論を支配的なパラダイムとして展開している。しかし当該パラダイムには収まりきれないと思われる事象も検証される兆しがあるのでこの点を探ってみたい。

フランスの歴史家ギヨーム・カレは『アナール』の特集「日本の身分―一七～一九世紀」という身分的周縁論の特集の意義について、「個人の生活を枠づける社会集団の性格と、それが政治権力と結ぶ諸関係の性格を考える機会を提供する」としている(40)。社会集団論と役論を特質と把握したのである。カレは一九八〇年代以降のアナール派の動向として「心性の歴史学の発展に伴い、人間の内面の次元へと考察は向かい、研究者の問題設定の中心に密かに個人が入り込んだ」とした。フランスの研究は日本の研究者との交流から個人から身分に関心を移す動向も生じた。これとは逆に身分的周縁論の中心人物の一人、塚田孝は、フランスの歴史家との交流を通じて、個人のライフヒストリーを模索するようになった(41)。

それとは別な文脈で個人は歴史学で注目されている。二〇一〇年から翌年にかけて刊行された『〈江戸〉の人と身分』シリーズは、三つの柱を立てている。一つは「身分を国家や共同体・地域社会、あるいは家制度という枠組みでなく、「個人」という単位で捉える」こと、二つには人々のライフコースを視野に入れること、三つには近世の身分制を東アジアレベルで捉えることである。

筆者が指摘したいことは、人という言葉と個人という言葉を同様なものとして使用することが適切なのかということである。今日において個人とは、近代的な人格を指すのが一般的なのではないだろうか。そのような視点から、いわば観察者的視点から歴史を振り返ってみるのも、重要な視点だとは認める。しかし歴史当事者的視点で歴史を考察する必要もあるのではないか。方法的個人主義ではこのような当事者的視点が無視される。観察者的視点と当事者的視点との弁証法的統一が望まれるのではないか。そのためには個人ではなく身体を有した人として人間を捉えることもまた必要ではないのだろうか。

近年、吉田や塚田は「遊郭社会」論を提起しているが、その有効性が評価される一方、「遊女が商品として客体化され事実上意志を持たぬ存在として位置づけられている」との批判もある[42]。ジェンダー史の沢山美果子は「当時者の側から、その身体の経験に即し、女と男の関係をはじめとする社会的諸関係のなかで検討」することを提起した。その結果、近世の性と生殖は「家」の維持・存続と結びついたものであるが、それは閉ざされたものではなく、親族・共同体・地域に開かれたものであったとした。「身分的周縁パラダイム」においては、社会集団が着目されるため、外部から身体が説明されるようになる。それも必要な視点であることは疑う余地はないが、沢山のように身体から外部をみるという視点も必須なのではないだろうか。ライフヒストリーについては非常に有効であることを認めることに吝かではないが、その場合の身体は抽象化された身体ではなく、歴史的具体的な経験に定座した身体を描かなければならないであろう。人と身分論にしても個人ではなく、歴史的具体的身体を持った人として描く必要があろう。

所有論に関しては、近年の人文・社会科学における私的所有論研究に注目すべきではないだろうか。立岩真也は近代的所有論の根源というべきジョン・ロックの所説を、「私の身体は私のものである、私の身体を使って生産したものは私のものである」とまとめ、「両者は命題として違う」と疑問を呈し、近代的所有を根底から問い直している[43]。所有を社会的に位置づける作業も必要だが、所有を身体から考察することもまた必要なのである。立岩は出生前診断や代理母出産についても言及しているが、私的所有論は身体論に言及せざるを得ない(44)。現在では臓器売買の問題も頻発し、改めて身体の所有について定義しなければならない状況に陥っているのである。私的所有は重要な議論だと断じざるを得ない。身分的周縁論でも人と身分論においても、このような身体的定義がない。次項ではそれを定義したい。

第二項　身体とコミュニケイション的行為

本項では人を「歴史的具体的な身体を体現した、言語によるコミュニケイション的行為を遂行する存在者」と定義したい。人が歴史的具体的な身体を持っているというと、当然のことであると思われるであろうが、感覚を持って経験し、その成果をストックする存在として人を規定する歴史学研究は一般的ではない。しかし先の沢山の指摘のようにそれは必要なことである。

言語がコミュニケイション的行為とその蓄積にとって重要なツールであることは否定できない。コミュニケイション的行為といえば、人間の相互行為としてそれを規定し、現代社会は権力と貨幣というシステムによって侵略され、コミュニケイション的行為の基盤である生活世界は植民地化されているというユルゲン・ハーバーマスの提起が有名だが、彼は人間の根源的行為として当該行為を規定している(45)。しかしその現象は当然、歴史的状況によって現出形態が異なる。

人は社会的動物であり、集団を形成して生きていくが、必ずしも家を形成する必要はない。故に歴史研究で家に注目する必要は必ずしもない。しかし本書で扱う日本近世においては、一八世紀には小百姓に至るまで家が成立し、一九世紀には成熟した。そのため歴史的具体的身体を維持するために家という存在は欠かせない。家といえば支配に利用された側面が強調される傾向にある。しかし人は家を形成し、幼児などの弱者を育成してきたのである。それを支配が利用した側面は否定できないが、その視点のみでしか家をみないのは、権力システムによる抽象化しか認めないということになる。もっと具体的なありかたに着目すべきであろう。

近世は家を包んで身分が存在し、集団を形成した。身分集団が人や家を規定する側面も存在するが、逆の場合もあろう。本書では後者を重視する。そのような身分集団に権力システムがいかに干渉したのかも大きな問題である。この問題は身分集団に対する近世国家の法支配という側面を考慮する必要があるが、この点はH・L・A・ハートのいう「内的観点」を確保すべきである。(46) ハートによれば、ルールには観察可能な画一的行動である「外的観点」と「内的観点」がある。「内的観点」とは人々が従うべき基準としているものであり、それを前提に要求・批判・正当化などの発言が行なわれる。このような発言の言語行為によって法は社会統合を果たすのである。(47) この点は先述した社会構成体史の法・国家の定義とは対照的である。ハートも先のハーバーマスも同じくJ・L・オースティンの「言語行為論」を基礎としていることは述べておきたい。(48) 本書ではコミュニケイション的行為を手がかりに人・家・身分集団・国家の輻輳的関係を論じることとし、次項では本書が検討対象にする八王子千人同心(以下適宜「千人同心」と称する)の研究史を一瞥した後、本書の世界観と構成を明らかにする。

第三項　本書の視角と構成

八王子千人同心の研究において、最初に注目される成果は、高橋磌一の「八王子千人同心について」である。(49) この論文は一九三六年に発表されたものであるが、現在に至るまで決定的な影響力を持っている。高橋は、兵農分離下の徳川時代にあって武士土着論者が理想化した千人同心の実態を探るという発想で執筆している。高橋によれば千人同心は「牢人」つまり武士身分であるが、当時の武士一般と同じく経済的に衰頽し、農民化したとの見解を示した。高橋によれば、千人同心が「手工業者」化、「商人」化したのも「経済的衰頽」のためである。つまり、せっかく兵農一致していた千人同心も一般的な武士と同じ道を歩んだのである。

高橋論文には当時の研究状況が刻印されている。まず千人同心は「牢人」として単純に武士とされている。しかしそれが論証されているわけではない。武士周縁研究が一般化した今日なら「同心」の存在を、理由なく武士にすることはあり得ないことである。一般的には幕府においては「同心」は足軽とされるのである（後述するように千人同心は中間）。しかし高橋の牢人＝武士説は誤解であるが、戦後の下級武士論でも足軽などは武士として扱われたことを考慮すれば、無理からぬことではある。また武士身分が「経済的衰頽」によって百姓身分に転落するという経済決定論的主張も、検地の影響力を重視する「基礎構造基礎づけ主義パラダイム」以後の研究からは疑問が提起されても仕方がないであろう。

さらに高橋は先述の論文が「武士身分の面の執拗な束縛を軽視否無視した点」を反省して、一九三九年に「八王子千人同心五十人御咎一件」という論文を執筆した(50)。この論文は文政期に起きた貼訴事件を題材にしているが、そこでは江戸時代後期には千人同心も一般的な武士と同様に「綱紀紊乱」に陥ったと主張している。明らかに高橋は千人同心を武士一般から位置づけようとしている。高橋には検地による身分規定といった制度的身分という視角がないため、単純に千人同心を武士でも百姓でもある存在としている。

そしてその農民的性格を検証したのが戸谷敏之「近世に於ける武蔵国多摩郡の農業経営」である(51)。ここで描かれている千人同心は全くの農民であり、武蔵国多摩郡上椚田村の千人同心石川家の日記を用いて、石川家は「純然たる一自作農として終始し、漸次その農業経営を拡大充実していった」とした。高橋の指摘した農民の側面を充実させたわけである。

一九七四年以降、法政大学 村上直教授を中心としたグループが、八王子を中心に千人同心の史料調査・研究を行なった。この成果は大きく『八王子千人同心史料―河野家文書―』『江戸幕府千人同心史料』『江戸幕府八王子千人同心』、および『八王子千人同心史』通史編、資料編Ⅰ・Ⅱが次々と刊行されていった。これにより多くの史料が知れるようになり、村上を中心としたグループの功績は計り知れない。しかし身分論に関しては、池田昇の「地位低下論」に明白なように、千人同心は御家人であったが経済的に貧窮し、地位が低下したというものであり、[52]実証的には豊かになったが基本的な構図は高橋と変わらない。千人同心になっている百姓は宗門人別帳に記載されていることは明らかなのであり、百姓身分としか見做しようがないが、高橋以来の通説の影響からか、千人同心武士説は否定されなかったのである。

二〇〇〇年に身分的周縁論の一環として神立孝一が「八王子千人同心」を執筆している。[53]神立の論旨は難解なところがあるが、「近世的な身分社会の基盤たる兵農分離は、かくして旧慣と相剋しつつ少なからぬ時を経ながら整えられていったのである」、「千人同心のような下級武士層においては、近世最後のおよそ五十年余こそが「農」から離れた「士」の時代だったのである」としている。要するに神立によれば、千人同心は二〇〇年かけて兵農分離に向かって漸進し、後述する寛政改革の時にそれを実現したという指摘なのであろう。ではその長い移行期の千人同心の身分は何だったのか。筆者には兵農分離を「魔法の杖」に喩えた藤木久志の発言が思い出される。兵農分離をすべての事例にあてはめるのではなく、兵農分離とは何かを規定しなおすことが肝要なのではないのか。

しかし神立説の優れたところは千人同心を単純に武士とはしなかった点である。これは従来の説とは明らかに異なり、「身分的周縁パラダイム」の影響であろう。近年山本英貴は千人同心を抱席の御家人としたが、研究史の逆行としかいいようがない[54]。山本がそのように規定した理由は千人同心が譜代を望んだからである。後述するように幕府には譜代の中間もいたが、では彼等も抱席の武士なのであろうか。武士が譜代席を望むことと武家奉公人が譜代を希望することとは同じではあるまい[55]。山本の武家奉公人認識は「身分的周縁パラダイム」以前である。また山本は、千人同心が百姓と兼帯する存在だったことを示す史料を一切無視している。非実証的と評価せざるを得ない。

山本の論文には千人頭の身分についての考察も記載されている。ここでは千人頭には言及しないので立ち入らないが、一点だけ指摘しておきたい。山本は「千人頭は、明暦三年（一六五七）以降は旗本としての格式を与えられていなかった、といわれている」と記し、その根拠として筆者の著書を挙げている。山本の意図は明暦三年以前も千人頭は旗本の格式を与えられていなかったという点にあり、誤った研究史の代表として筆者が抜擢されたようである。しかし筆者はこう書いたはずである。「少なくとも明暦三年（一六五七）以降は旗本としての格式を与えられていなかった[56]」。山本は「少なくとも」のみを省略して引用したことは明らかである。恣意的というほかない。筆者が「少なくとも」としたのは、明暦三年以前から千人頭が旗本の格式を与えられていなかった可能性を示唆したかったためである。この点は別の拙稿を読んでいただければ明らかだったはずである[57]。

以上の研究史を踏まえて本稿の視角を提示しておきたい。筆者は千人同心に関する検討を行ない、千人同心は基本的には百姓身分であるとした[58]。しかしそれは実態レベルの検討である。寛政四・七年に行なわれた改革以降、千人同心を御家人（下級武士）とする言説は存在する。それも千人同心集団はもちろん、鑓奉行・千人頭から周辺の百姓の一部まで千人同心を武士とする言説はかなり強固なのである。これをどう考えるかが問題になる。

しかしこれは身分的周縁論に謙虚に学べば、答えは自ずから明らかである。大坂の非人たちは自らを非人ではなく長吏であるとし、帯刀まで認められた。和歌山城下では物貰い＝勧進は、身分としては一括できなくなった。「身分越境」は一八世紀末から一九世紀にかけて社会化されたのである。以上は勧進系の身分の場合であるが、そこでもみられた「壱人両人」は武士周縁でもキーワードである。

武士周縁の場合、「身分越境」の背景にあるのは武士の周縁化と身分的中間層の台頭である。身分的中間層は尾脇の指摘のように、職分として認められていた特権を、意図的か否かは別にして、曲解して台頭していく。そしてその背後にあるのは家の戦略である。本稿では武士周縁は四つのタイプに分類した。その分類によって存在形態は異なるため、分析手法は異なる。そのなかでも千人同心は同じＡｂタイプといっても役が村にかかるのではなく、個人・家にかかるという点では郷足軽とは異なる(59)。千人同心は農業以外にも商売や職人の仕事をし、その活動は時代が進むと拡大していった。正統な土地所有から異端な貨幣所有に軸足を移しつつあったのである。従来規定されていた正統的な土地所有からの百姓身分規定が相対化されていき、貨幣所有による異端性が先鋭化される。所有論の立場からも「身分越境」を裏づけることができるわけである。つまり千人同心が寛政改革以降御家人という意識を持ち始め、それが社会的に支持されたのは「身分越境」が当該期には構造化されたことを考えれば当然のことなのである。御家人言説は千人同心たちの「身分を越え」ようという意識が作り出したものなのである。

本書ではこのような身分的周縁論の成果を利用させていただき、その上で歴史的具体的な身体を所有した存在として千人同心を規定したい。前述の通り、人を「歴史的具体的な身体を体現した、言語によるコミュニケイション的行為を遂行する存在者」と定義する。この場合の歴史的具体的身体とは、家を形成する身体ということである。歴史人口学の成果によれば一八世紀末は庶民の家が変化する時期である。具体的にいえば、宗門人別帳の記載が親子・夫婦の二者間関係を示すものから、筆頭者との関係を示すものに変化したということである。我々がイメージするいわゆる家は、実態的にも観念的にもこの時期辺りを画期に全国的に成立した。それは「氏から家へ」と評価される(60)。そして日本は天保の飢饉以後は人口増加傾向を示していき、それが終わったのは二〇一三年である。これ以降つい最近まで日本人は、家で生まれ、育ち、死んでいた。だから家を存続させる戦略から歴史的具体的身体の活動をみることは正統である。

言語によるコミュニケイション的行為とは、千人同心が身分集団としての自律性を獲得する段階で発揮される。単なる階層として存在した千人同心が、言語を用いて如何にして身分集団として生成していくのかに注目したい。

もう一点、公儀がこのような動向に対してどう支配しようとしたのか。ルールに基づく「内的観点」を忘れずに考察したい。公儀も一枚岩ではない。それは領主支配の被統治者としての百姓と公儀に仕える奉公人としての同心の矛盾といえよう。

以下、本書の構成について説明する。

第一部「八王子千人同心における身分集団の生成と構造」は、千人同心が百姓身分を越える具体的経過とその背景を考察する。

第一章「八王子千人同心における寛政改革の意義」では、千人頭が同心を強固に支配し、その任免をも把握していたことを確認する。八王子陣屋の廃止等により、支配が動揺を示すと、千人頭は千人同心の苗字の公認を通じて支配の正統性を回復しようとする。一八世紀末には千人頭の支配は大きく後退し、身分集団として独自の論理を持ち始めた千人同心集団は、千人頭と対立するようになる。寛政改革により千人頭の支配力は回復していくが、それは千人同心の身分集団の論理を承認するという形でしか可能ではなかった。千人同心が下級武士である御家人であるという言説も、武士（千人頭）の周縁化と身分的中間層（千人同心）の台頭という環境のなかで生成した。

第二章「御家人言説の遂行過程」は、千人同心が身分を越境するための御家人言説が、如何に社会のなかで遂行され、それがどのような影響を与えたかを検証する。前章で明らかにした御家人言説に依拠する千人頭の支配という形式はますます顕著になっていく。しかしそれは百姓やそれを支配する代官—勘定奉行の支配とは矛盾するようになる。

第三章「八王子千人同心の役職と格式」では、身分越境が千人同心の組織と格式にどのような影響を与えたかを論じる。見習・世話役・昇進組頭の背景には、平同心の家による千人同心職の家職化が存在する。そのような動向を受けて旧家組頭も再定義を余儀なくされる。また譜代という格式は身分越境を合理化する側面もあったことを指摘する。

第四章「八王子千人同心株売買の実態」では、身分越境の要因の一つ、金銭による身分の売買である千人同心株売買を通観した。一八世紀前期では親族間の相互扶助的観点から千人同心職が譲渡されていた。中期には金銭目的の養子番代も確認でき千人同心株という概念が成立したが、主に金銭を目的とした由緒番代が一般化したのは一九世紀からであり、このイメージで全時期を考えるべきではないとした。このような動向の背後にあったのも家確立の動きである。

第二部「身分越境による組織と社会の変容」では、千人同心の身分越境の状況がもたらした千人組の組織の変容と村や領主支配との矛盾、それがもたらす社会統合の破綻を論じた。

第五章「八王子千人組における月番所の成立とその意義」は、寛政期に成立する月番所が千人同心の身分集団の統一性を保証し、コミュニケイション的行為が実践される場として認識する。

第六章「八王子千人組における番組合の成立とその意義」は、同じく寛政期において成立した番組合が、地域社会において月番所と同じような機能を果たしたことを明らかにした。

第七章「千人同心と家・村」は、以上の前提になっている家の戦略について考察した。家は千人同心株を巧みに家産化し、他の産業と巧みに組み合わせて家の発展を図っていったことを確認した。そのような家職化した千人同心は村の秩序と矛盾していく。村では「異端性」に富む千人同心を包摂していく傾向も示すが、矛盾は身分制にとって構造的なものであることを明らかにする。

第八章「幕末期における社会統合の破綻」では、地域社会において千人同心たちが新しく認識された「御家人」身分の影響を受け、権威主義的になり、地頭支配や村と対立していく様相を描いた。しかし千人同心たちは時には村や地頭の側に立つこともあり、単純な二元対立の構造には収まらない。身分の越境状況においては身分は輻輳性、「異端性」を帯び、それが社会統合を破綻に追い込んでいく様相に注目した。

註

(1)『岩波日本史辞典』(一九九九)「社会構成体」の項。

(2) 基礎づけ主義とは「知識の究極の絶対的基礎づけを不可欠のものとし、その実現を求めようとする立場」(『岩波哲学・思想事典』、一九九八、「基礎づけ主義」の項、冨田恭彦執筆)である。

(3)『岩波哲学・思想事典』「パラダイム」の項。トーマス・クーン著、中山茂訳『科学革命の構造』(みすず書房、一九七一、原著は一九六二)も参照。

(4)(5) 石母田正「古代の身分秩序」(石母田『日本古代国家論』第一部、岩波書店、一九七三、初出は一九六三)二五〇頁。

(6)『岩波哲学・思想事典』「現象」の項、新田義弘執筆。

(7) 安良城盛昭「太閤検地の歴史的前提」(『日本封建社会成立史論』上、岩波書店、一九八四、初出は一九五三)。同「太閣検地の歴史的意義」(『幕藩体制社会の成立と構造』〔増補第四版〕、有斐閣、一九八六、初出は一九五四)。
(8) この点は牧原成征「日本の「近世化」を考える」(清水光明編『「近世化」論と日本』、勉誠出版、二〇一五)参照。
(9) 深谷克己『東アジア法文明圏の中の日本史』(岩波書店、二〇一二)四四頁。
(10) 佐々木潤之介『幕末社会論』(塙書房、一九六九)。
(11) 佐々木潤之介「「社会史」と社会史について」(佐々木『近世民衆史の再構成』、校倉書房、一九八四、初出は一九八三)一四九頁。
(12) 「忘却の穴」については、貫成人『歴史の哲学』(勁草書房、二〇一〇)八五頁参照。
(13) 畑中章宏「「百姓」のフォークロア」(『現代思想』第四二巻一九号、二〇一四)。
(14) 網野善彦『日本の歴史をよみなおす(全)』(ちくま学芸文庫、二〇〇五、初出は一九九六)。
(15) 高野宏康「網野善彦年譜」(註13書)。
(16) 今谷明「網野善彦と史料論」(註13書)一三一頁。
(17) 朝尾直弘「近世の身分制と賤民」(朝尾『都市と近世社会を考える』、朝日新聞社、一九九五、初出は一九八一)二九六頁。
(18) 峯岸賢太郎「近世身分論」(峯岸『近世身分論』、校倉書房、一九八九、初出は一九八六)一六七〜八頁。
(19) 藤木久志『豊臣平和令と戦国社会』(東京大学出版会、一九八五)i頁。
(20) 筆者は藤木の影響を受けて、近世後期における長脇差禁令を、身分表象規制と考えているが(拙稿「近世後期関東における長脇差禁令と文政改革」(『史潮』新四三号、一九九八)、これは例外である。
(21) 塚田孝・吉田伸之・脇田修編『身分的周縁』(部落問題研究所出版部、一九九四)。

(22)吉田伸之「所有と身分的周縁」(久留島浩他編『身分を問い直す』、吉川弘文館、二〇〇〇)一〇三頁。
(23)吉田伸之「寺院・神社と身分的周縁」(吉田編『寺社をささえる人びと』、吉川弘文館、二〇〇七)。
(24)註(22)吉田論文。
(25)畑中敏之「身分を越えるとき」(註21書)。
(26)山本英二「浪人・由緒・偽文書・苗字帯刀」(『関東近世史研究』第二八号、一九九〇)。
(27)塚田孝『大坂の非人』(ちくま新書、二〇一三)。
(28)藤本清二郎「城下町の賑わい・没落と卑賤視」(『部落問題研究』第二一三号、二〇一五)。
(29)志村洋「近世後期の勧進宗教者と地域社会」(『人文論究』〈関西学院大学〉六四―四、六五―一、二〇一五)。
(30)久留島浩編『支配をささえる人々』(吉川弘文館、二〇〇〇)。
(31)森下徹編『武士の周縁に生きる』(吉川弘文館、二〇〇七)。
(32)高木昭作「いわゆる「身分法令」と「一季居」禁令」(高木『日本近世国家史の研究』、岩波書店、一九九〇、初出は一九八四)。
(33)上田純子「幕末の軍団」(註31書)一七五頁。
(34)森下徹「武士の周縁に生きる」(註31書)。
(35)尾脇秀和『近世京都近郊の村と百姓』(思文閣出版、二〇一四、初出は二〇一〇)第二章。
(36)註(35)書第四章。なお尾脇は壱人両名を研究する意義として、「支配身分と被支配身分との峻別を原則とする近世身分秩序の矛盾を指摘」することを挙げている(尾脇「近世身分支配と壱人両名」、『鷹陵史学』第四一号、二〇一五、九三頁)。

(37) 尾脇秀和「近世の帯刀と身分・職分」(『日本歴史』第七九八号、二〇一四)。
(38) 熊谷光子『畿内・近国の旗本知行と在地代官』(清文堂出版、二〇一三)第四章。
(39) 萬代悠「岸和田藩政と七人庄屋の家格変動」(『史学雑誌』第一二四巻八号)。
(40) ギヨーム・カレ「歴史の比較・アプローチの交差・概念の再検討」(『思想』第一〇八四号、二〇一四)。
(41) 塚田孝「日仏の比較都市史の研究交流に参加して」(註40書)。
(42) 沢山美果子「近世の性」(『岩波講座日本歴史』第一四巻、二〇一五)。
(43) 稲葉振一郎・立石真也『所有と国家のゆくえ』(日本放送出版協会、二〇〇六)第一章。
(44) 立石真也『私的所有論』(勁草書房、一九九七)。
(45) ユルゲン・ハーバーマス著、河上倫逸他訳『コミュニケイション的行為の理論』上・中・下(未来社、一九八五〜七、初版は一九八一)。
(46) H・L・A・ハート著、長谷部恭男訳『法の概念』[第3版](ちくま学芸文庫、二〇一四、原著初版は一九六一)。
(47) 碧海純一『法と社会』(中公新書、一九六七)。
(48) J・L・オースティン著、坂本百大訳『言語と行為』(大修館書店、一九七八)。
(49) 高橋磌一「八王子千人同心について」(『史学』第一五巻二号、一九三六)。
(50) 高橋磌一「八王子千人同心五十人御咎一件」(『高橋磌一著作集』別巻、あゆみ出版、一九八五、初出は一九三九)。
(51) 戸谷敏之「近世に於ける武蔵国多摩郡の農業経営」(『近世農業経営史論』、日本評論社、一九四九)。
(52) 池田昇「寛政改革と八王子千人同心」(村上直編『江戸幕府千人同心史料』、文献出版、一九八一)、同「寛政期の八王子千人同心」(村上直編『江戸幕府八王子千人同心』、雄山閣出版、一九八八)。

(53)　神立孝一「八王子千人同心」(久留島浩編『支配をささえる人々』、吉川弘文館、二〇〇〇)。

(54)　山本英貴「八王子千人頭・同心の身分について」(『八王子市史研究』第三号、二〇一三)。

(55)　例えば磯田道史は「譜代」の足軽について論じているが、それはまったく武士ではない(磯田『近世大名家臣団の社会構造』、文春学藝ライブラリー、二〇一三)。

(56)　拙著『八王子千人同心』(同成社、二〇〇二)一一頁。

(57)　拙稿「近世後期における儀礼形態変容の背景」(『地方史研究』第二六〇号、一九九六)。

(58)　拙稿「八王子千人同心の身分と文化」(『関東近世史研究』第三二号、一九九二)、同「八王子千人同心の身分に関する基礎的考察」(『史翰』第二一号、一九九四)、同「八王子千人同心にみる身分制社会の崩壊」(『国史学』第一六二号、一九九七)、同『八王子千人同心』(同成社、二〇〇二)。しかし比較的近年に出版された深谷克己『江戸時代の身分願望』(吉川弘文館、二〇〇六)においても、千人同心の身分は下級武士とされており(一九二頁)、筆者の主張は未だ通説には至っていないとしなければならない。

(59)　郷足軽については、平野裕久「小田原藩における鉄砲改めについて」(『地方史研究』第二一〇号、一九八七)、松尾美恵子「村足軽の諸役免許をめぐって」(『小山町の歴史』第四号、一九九〇)を参照。

(60)　平井晶子「宗門人別改帳の記載形式」(落合恵美子編著『徳川日本の家族と地域性』、ミネルヴァ書房、二〇一五)。

第一部　八王子千人同心における身分集団の生成と構造

第一章　八王子千人同心における寛政改革の意義

はじめに

まず最初に千人同心の制度的概要を述べておこう。(1) 千人同心は慶長五年以降は定員は文字通り千人だったといわれる。一〇人の千人頭が一人につき一〇〇人の同心を統率したのである。一〇〇人の千人同心は一〇組に分けられ、それは小頭が統括した。一人の小頭が九人の同心を支配したのである。小頭は明和五年に組頭と改称されたと『桑都日記』には記されているが、これが正しいかどうかは検証の必要があろう。

初期には千人頭は江戸幕府代官頭大久保長安の指揮下にあったと考えられている。長安亡き後、千人頭の直属は老中になり、享保二〇年七月に鑓奉行になったとされるが、この点は実証されていない。近世後期には鑓奉行の配下であったことは確かである。寛政四年に一〇〇人の千人同心が削減され、寛政五年には組頭の補佐役として世話役が設置された。一人の組頭が一人の世話役、七人の平同心を率いたことになる。

文久三年に千人頭の支配は、鑓奉行から講武所奉行に変更になっている。これは軍制改革の影響である。慶応元年には講武所奉行は陸軍奉行と改称した。千人同心の一部は洋式銃隊に編成され、幕長戦争にも従軍したが、慶応二年一〇月、全面的に銃隊組み直しが行なわれ、千人頭も「千人隊之頭」と改められた。やがて慶応四年六月に俸禄の支給が停止され、千人隊は解散した。

第一節　千人同心身分の祖型

第一項　千人同心の成立

千人同心の濫觴は、天正一〇年に戦国大名武田氏に仕えていた小人頭九人が、新たに徳川氏に仕え、小人を一人につき二〇から四五人、全体で二四〇から二五〇人を付属せられたことであるとされる。この小人頭が後の八王子千人頭、小人が八王子千人同心になる。天正一八年に小人頭一人が追加され、小人も五〇〇人に増加された。また彼等は新しく徳川領になった関東の八王子近辺に置かれた。慶長五年には小人が五〇〇人増やされ、合計千人になった。このことを徳川幕府の正史『徳川実紀』は以下のように記している。[2]

【史料1】

江戸にて御長柄もつ御中間は。武州八王子にて新に五百人ばかりめしかゝへられ。小禄の甲州侍もてそが頭とせられしは。八王子は武蔵と甲斐の境界なれば。もし事あらんときには。かれらに小仏口を拒しめ給はんとおぼして。かくは命ぜられしなり。同心共は常々甲斐の郡内に往来し。絹帛の類をはじめ彼国の産物を中買し。江戸に持出売ひさぐをもて常の業とせしめしとなり。

もちろん『徳川実紀』は後年の編纂物であり、その実証性には疑問を差し挟む余地がある。千人同心が甲州街道小仏口の防御のために置かれたという説は、現在は否定されているし、[3]郡内絹を仲買していたことについても、他に徴すべき史料はない。しかし千人同心が中間とされている点は、正当なのではないだろうか。それは以下の理由による。

『雑兵物語』（近世前期成立）には「数鑓担」という身分が登場する。根岸茂夫によれば彼は両刀を手挟む戦闘補助員であるが、苗字は名乗っておらず、長柄を持って戦う(4)。長柄は武士が持つ本来の鑓、つまり持鑓と較べると軽視された文字通り柄の長い鑓である。また根岸によれば彼は「侍として扱われていない」、つまり武士以下の存在である。また寛永一四年に島原・天草一揆の鎮圧に向かった松平信綱・輝綱父子の陣立では、長柄は中間が担いでいる。つまり「数鑓担」は中間と同様な存在と考えていいであろう。

翻って千人同心のことを考えてみよう。千人同心の主武器が長柄であったことは明白である。また千人同心が苗字を名乗れなかったことについては、次の千人同心組頭塩野適斎が、漢文体で文政一〇年に著わした『桑都日記』の延宝六年七月の記述をみてみよう。千人頭河野与五右衛門配下の同心一六人が「上書訴隊長使用士衆不宜矣」、つまり千人頭の千人同心「使用」がよろしくないと幕府に訴えた。『桑都日記』は以下のように記している(5)。

【史料2】

元八王子村。加左衛門。弥五兵衛。三郎兵衛。五右衛門。佐五兵衛。角左衛門。太左衛門。十右衛門。助右衛門。傳左衛門。吉兵衛。加兵衛。長蔵。川口村。伝兵衛。小安村。門右衛門。瀧山村。伊兵衛等。十六人者共失姓名　結与党。

屢会于慈眼寺八幡森。

ここでは河野組配下の千人同心たちに全員苗字が記されていない。『桑都日記』の作者は「姓名」が失われたとしているが、しかし苗字だけが不明で、通称だけが判明するというのは不自然ではないだろうか。この時期の千人同心は苗字が公式には認められておらず、そのため記録が残されなかったと考える方が合理的である。『柳営日次記』によれば、この裁許は同年九月一二日に行なわれたが、やはり千人同心には苗字は付されていない(6)。

やや後年の史料ではあるが、元禄四年四月五日、千人同心永野権大夫が、妻の妹でやはり千人同心である「市郎右衛門」の妻ねいに艶書を送った廉で、八丈島に流罪になった。[7]「市郎右衛門」には苗字は付されていない。永野には苗字が付されているので、この時期一般に千人同心に苗字が公許されていなかったとはいえないが、しかし一七世紀末頃から次第に公式に苗字が名乗れるようになっていたと考えることはできるであろう。

小括してみよう。千人同心の祖型は中間であるといえよう。この身分は戦国時代には長柄を持って戦う戦闘補助員であった。平和になると一般的には雑務等を行なう非戦闘員になる。しかし千人同心は将軍直轄軍の末端を担う存在であったことは確実である。徳川秀忠の死去に際し、千人頭は「千人衆」として「御遺物」小判金二〜三〇両を送られているし、千人同心も「御長柄千人衆」として直轄軍団最低である銀一枚ずつをもらっている。[8]また家光晩年の将軍直轄軍団の布陣図と評価される「当家御座備図」には「鉢方千人衆」という記載がみられるが、これは八王子千人同心の誤りであろう。[9]

千人同心は元来将軍直轄軍を担う中間で戦闘補助員であったことは確認できた。それがなぜ同心と呼ばれるようになったのかは次章で触れるとし、次項では千人同心が八王子周辺に置かれた理由について検討する。

第二項　八王子陣屋と延宝期の画期性

千人同心が八王子に配置された理由としては、甲州街道の防衛というのが通説であるが、先述した通り近年では否定されている。この点は代官頭大久保長安と八王子陣屋について注目する必要がある。この点は二つの視点から考察可能である。

一つは関東西南方面の防衛線の構築という問題である。関東入国直後の徳川氏の家臣団配置をみてみると、北方への出撃を意識したものになっており、西南方面防衛の意図は希薄である。しかし全く確認されないわけではない。関東入国直後、大久保長安と配下の代官たち、所謂関東十八代官たちは八王子に陣屋を構え、多摩川上流の「山根九万石」等を広域支配した。小田原城には大久保忠世を置いて四万五千石を与え、鉢形には成瀬正一・日下部定好が率いる武田の旧臣武川衆が移された。小田原はいうまでもなく、八王子や鉢形にも後北条氏が城を構築し、支配の拠点としたところである。また長安は元来大蔵を苗字にしていたが、忠世の大久保氏から大久保の苗字を許され、武川衆と同じく武田の旧臣である。また武川衆は衆として大久保忠世、その息子忠隣に付属して出陣している。つまり関東西南方面の防衛は、後北条氏の遺制を有効に利用しつつ、大久保忠世―大久保長安―武川衆というラインが当たったのであり、八王子千人頭―同心もその重要な環であったのである[10]。

二つ目は代官の行政執行上の観点から千人同心という武力が必要だったのではないかという視点である。後年の代官陣屋は武力をほとんど有しないことが特徴であったが、平和令が貫徹せず、自検断がまだ横行していた関東入国前後の時期は、暴力装置は必須であった[11]。千人同心は長安配下の代官たちの支配を武力面で支えるのが役目であったと推測される。いずれにしても千人同心たちにとっては、八王子陣屋はその存在理由の根拠であったといえるであろう。当然その存廃は千人同心たちに大きな影響を与えることになる。

関東十八代官の陣屋は延宝四年に撤廃が始まり、宝永三年には完全に廃止された[12]。このことが千人同心にどのような影響と課題を与えたのかを考察したい[13]。

【史料3】

○是月（延宝六年三月）原半左衛門配隷士衆憂一隊人数不足而課役繁冗。而告訴焉。千人隊者。十長十隊。而毎隊備一百人之員。値此時。或一隊人数不足者多矣。是故。課役猶更繁冗。不堪奔命也。士衆挙而告訴之　官庁。赴江戸者三十余人。於茲。半左衛門使什長塩埜茂兵衛諭之。遂追及四ツ谷而諭之。衆皆許諾帰郷。

史料3によれば、原半左衛門という千人頭に率いられた組では、組の千人同心の数が減ってしまい、課役を勤めるのが過重になってしまった。原組の同心たち三〇人余りはこの苦境を江戸に訴えようとした。原組の「什長」(組頭)塩埜茂兵衛は、四谷で同心たちに追いつき説諭して八王子に帰らせた。

翌月の五月、今度は石坂勘兵衛組の同心たちが先記と同じ理由で千人頭を訴えようとした。石坂は「汝曹其有子弟者。咸当使補士衆之闕矣。衆皆領掌訟止[14]」と配下の同心たちを諭した。千人同心に欠員が生じた場合、千人同心の子弟をもって補うとしたのである。

この石坂の方針は実行されたようである。事件直後の同年六月、八木宿の田沢才兵衛が新しく千人同心に抱えられている[15]。「先年之御同心懈怠仕候　日光御番御役等之儀、何年成共相勤」とあり、「日光御番」等の千人同心の役を「懈怠」したため、召し放された千人同心の後任であろう。注目されるのは人主の肩書であり、「高室四郎兵衛御代官所同所同弥右衛門」になっている。この「同」は田沢という苗字以外考えられず、弥右衛門は八木宿住居の千人同心と考えるのが自然であろう。つまり千人同心田沢弥右衛門は、人主として田沢才兵衛の千人同心の就任を保証したのである。両者は同姓であり、「子弟」の可能性が高い。千人同心の欠員を弥右衛門が「子弟」で補ったのである。

ではなぜ千人同心に多くの欠員が生じたのであろうか。一般的にいってこの時期は奉公が形骸化しておらず、千人同心なら長柄の使用に習熟した者、千人同心に課された役である日光火の番の執行可能な者が選抜されたのであろう[16]。もし千人頭がこの選抜を厳密に行なえば当然欠員も多くなる。逆にいえば厳密に選抜を行なえるほど千人頭の力が強靱であったことになる。延宝八年九月、千人頭が将軍綱吉に提出した起請文前書には「一御預之同心万端不作法無之様可申渡候、自然明有之而召置候時、前々之通遂詮議親類等慥成者指置可申候事」とある[17]。もしも「明」があった場合は以前の通り詮議をして「親類等」確かな者を召し抱えるとしている。厳格な召し抱えを誓っているのである。

当該事件は八王子陣屋の撤廃と直接的な関係はない。しかし存在基盤を喪失しつつあり、自己存在の不安定さを自覚した千人同心が、定員不足を解消することにより、千人同心という集団の力を高めることを志向したとはいえるであろう。ところが千人同心の地位は千人頭によって厳しく管理されており、安定的に家として勤めていこうとすれば、千人頭の支配力の削減が、千人同心にとっての課題として浮上してくる。

千人同心たちが社会的安定を求める上で見逃せない動向として、村社会との円滑な関係の構築がある。延宝六年一〇月一八日、千人同心四人が追放処分となった事例を考察してみよう[18]。

【史料4】

法制に違ひて。百姓田圃を永世買取し千人組同心ありしが。上裁に及び。其地は収公せられ。売券の証人となりし同心四人は追放たる。

『柳営日次記』によれば、永代に土地を売り渡したのは、八木宿の百姓である孫右衛門であり、買ったのは千人同心六右衛門、彼の購入した土地は召し上げられた。そして証人になったのは八木宿の千人同心五兵衛・源左衛門・甚五左衛門、久保宿の千人同心仁右衛門であり、五兵衛以下の四人は追放された[19]。『柳営日次記』には今回もまた千人同心には苗字が記されていない。

この事件の背景としてまず考えなければならないことは、千人同心と百姓との一体化が進行したという事態である。史料4の事例は永代売買だからこそ処罰されたのであり、年季を切った買い取りが禁止されたわけではない。むしろ多くあった千人同心による耕地購入の一角と考えた方が良いであろう。

しかし千人同心が安定的な奉公を望むにしても、村社会との円滑な関係を求めて浸透していこうとしても、千人頭の支配が強靱過ぎるなら障害になることは明らかである。この点を再確認しておこう。延宝六年の一連の一件を受けて千人頭は「仕置定書」を定めた(20)。

【史料5】

同心仕置定書之事

一今□御老中被仰渡候通、不届成もの致吟味無用捨急度可申付事、
一御　公儀御法度相背候ハヽ、無用捨御扶持放可申事、
一同心跡目之儀、幼少歟又者ふきりやうにて、御奉公難成者ハ、跡目立させ申間敷事、
一組頭之跡目ニ而も、不調法者ニ而、組頭役勤申事不罷成者ハ平之同心ニ可致事、
一自分之頭者不及申、同役中江不礼成義仕候ハヽ、扶持放可申事、
一屋敷之内ニ指置申候同心之儀、拾四・五人前後迄者不苦候、
右之条々何茂申合候上者、少茂相違仕間敷事、仍如件、

延宝六年午　　　　　　　　　　窪田　甚之助

（千人頭九人略）

この史料5は一連の騒動を受けて、老中が千人頭に指示したものを受けたものであろう。公儀の法度に背かないことは当然であるが、用捨なく扶持を放つとはかなり強硬な姿勢である。同心の跡目も「ふきりやう」（不器量）ならば不可能であり、個人的な資質が重視されたのである。また千人頭の屋敷に同心を一四・五人までならおいてもいいとは、私的使用を前提にしたものであろう。これは無礼を犯した者を召し放せるという記述とともに千人頭の屹立した地位を窺うことができる。要するに千人頭の同心に対する絶対性は揺らがなかったのである。

延宝期には千人同心は耕地購入等を通じて、百姓と同一化していった。やがて千人同心にして村役人という人物さ

え確認できるようになる。この背景には八王子陣屋が撤廃され、不安定化した状況から村社会に確乎たる基盤を築きたいという志向を見出すのは簡単である。また可能性としては千人同心としての奉公の安定化を志向する方向性も存在したであろう。しかしこの時期は千人頭の支配は強靭であり、相続にあたっても介入することができた。欠員が生じた場合、明跡には千人同心の子弟で補うという方針は確認されたが、まだまだ千人同心にとって安定性が確保されたとはいえないであろう。次項ではさらに村社会で安定化していく千人同心の姿を追ってみよう。

第三項　宝永期の特質

前項では千人頭の地位の絶対性について明らかにした。しかしそれは近世後期には弛緩していく。そのことを理解するためには新しい家系が千人同心集団に参入したことを指摘しておきたい。一六四〇年代以降、従来千人同心ではなかった家系が千人同心になることが増えていった。四〇年代には新規に千人同心になった家が八件みられる(21)。彼等は当然百姓であろう。先述の千人同心の「子弟」で明跡を補うという方針に鑑みれば、彼等も「子弟」であったことになる。千人同心が八王子に来住してから五〇年以上にもなり、八王子周辺の百姓との婚姻関係も進んだであろうから、百姓の姻戚関係者がいても当然であろう。由緒書には又従弟とされる場合が多い。関東入国直後の天正一九年には、地下人が同心になることを認めない方針であったが(22)、千人同心と百姓との一体化が進行すれば、このような規定は無意味である。

以上のような動向は千人同心の村役人兼帯という問題を惹起させた。千人頭山本弥七郎配下の千人同心塩野弥兵衛は、名主役も勤めていたが、支配代官から「御組付之者」は名主と兼帯することはできないと通達された。そのため元禄一〇年六月、仁右衛門という人物に千人同心職を譲ることを千人頭に願い出た(23)。

これ以前に千人同心と名主役との兼帯を禁じる史料は確認されていない。千人同心の村社会への浸透が顕著になり、村役人との兼任が一程度無視できないほど現出し、代官も禁止に踏み切ったのであろう。千人同心と村役等の百姓身分との関係は今後も大きな問題になっていく。

次いで当時の村落における千人同心の存在形態に着目してみよう。次の史料6は宝永三年四月の武蔵国多摩郡楢原村（八王子市）の村明細帳の一部である。(24)

【史料6】

一、千人衆七人

　内　訳

中村三左衛門殿御組　　橋本治太夫

　是ハ親治兵衛ニ掛り罷在候、尤田畑屋敷所持不仕候、

同　断　　橋本治左衛門

　同　断

志村又左衛門殿御組　小頭　　中村五郎太夫

　是ハ親八郎右衛(門脱)ニ掛り罷在候、尤田畑屋敷所持不仕候、

山本弥七郎殿御組　　井出　武兵衛

　是ハ田畑屋敷所持仕罷在候、

同　断　　井出七右衛門

　是ハ兄武兵衛ニ掛り罷在候、尤田畑屋敷所持不仕候、

同　断　　　　　　　　秋山　平内

是ハ親利右衛門ニ□（掛）り罷在候、尤田畑屋敷所持不仕候、

窪田十三郎殿御組　　秋山　五太夫

是ハ親庄左衛門ニ掛り罷在候、尤田畑屋敷所持不仕候、

右千人衆

日光火消御役

江戸町廻火之番御役両所相勤候、

当時楢原村には七人の千人同心がいた。所属する千人頭はさまざまであるが、七人中六人の千人同心が親や兄と同居しており、田畑屋敷を所持していない。橋本治太夫・治左衛門は多分兄弟であり、同じ親治兵衛の許に同居しているのであろう。中村五郎太夫は「小頭」（組頭）であっても親掛りだったのである。このような千人同心の存在形態は何を意味しているのであろうか。

この時期の千人同心は日光火の番や江戸火の番という公務があったが、後者は宝永二年正月から宝永五年三月までしか継続されず、短期間で廃止されるし、前者の負担は限定的である。宝永元年には八王子陣屋は完全に撤廃され、千人頭からの私的負担を除けば、この時期の千人同心の負担は延宝期と比較して軽かったといえよう。

千人同心は最低でも一〇俵一人扶持の禄を支給される。これは幕府直属奉公人では最低クラスだが公儀が給与するので安定性はある。切米は何割かは金銭で支給されるので貴重な現金収入になる上に、札差から借金をすることができる。扶持米もこれまた一〇両弱の金銭を借用することができた。このように千人同心は勤務が軽減された上に金銭運用上の魅力もあって、百姓たちにとっては千人同心になることは望ましいことだったのではないか。

ではなぜ親や兄と同居し、田畑屋敷は所持しないのだろうか。これはもちろん田畑屋敷には貢租が負課されるから

であろう。所持しなければ貢納の義務は生じない。また村入用も家を基準に割り掛けられる場合が多く、それも免れることができる。この時期は一七世紀に較べれば、分家は容易ではなくなり始めており、家に滞留している次男以下の息子を千人同心に就任させることは、家の経営戦略として合理的といえよう。このように千人同心はすっかり村社会のなかで定着していったのである。

では千人同心の奉公の安定性はどうなったのであろうか。元禄一二年一〇月、千人同心は譜代願を提出している。この点に関しては『桑都日記』に「千人隊上書。願為御譜代」とあるだけで、詳細は不明であるが、願はかなわなかったと判断される(25)。

この年の二月江川太郎左衛門が八王子周辺の代官に就任している。江川は関東十八代官ではない。八王子十八代官による当該地域の支配は事実上この時終わったといっていいであろう。八王子に陣屋を置く代官を軍事上・行政上補佐することを千人同心の重要な役割と考えれば、千人同心は大きな公的職務を喪失したと考えられよう。譜代になれば子子孫孫幕府に仕えることができる。関東十八代官支配の終焉が、反動としてこのような動向に繋がったのであろう。

『柳営日次記』によれば、宝永三年二月一五日、荻原七郎兵衛配下の千人同心五六人が仕置になっている(26)。彼等は「御譜代之願申出」るため、七郎兵衛が止めるのも聞かずに江戸の鑓奉行の許に押し掛け、鑓奉行が「段々申聞候処承引不致」と、千人同心たちは鑓奉行の説得に耳を貸さなかった。そのため頭取の丸山治大夫他六名が重追放、永井喜大夫他四八名が追放になっている。

処罰された数を単純に比較するならば、千人同心史上空前絶後の数に上る。『桑都日記』はこの事件について完全に沈黙しているが、大事件であったことは疑えない。背景には八王子代官陣屋の撤廃があり、千人同心の存在理由が揺らいでいるということがあるのであろう。またこの時期は江戸火の番を勤務中であり、譜代願を出す好機という判断があったのであろうか。

宝永期には千人同心のますますの村社会への浸透と安定が認められた。その一方で千人同心としての公儀への奉公は、譜代願が挫折したことが示すように安定性を欠いたままであった。この点を千人頭の支配という点からみてみよう。譜代願に関して千人頭が処罰された形跡はない。しかし千人同心を統治する上では重要な課題を千人頭に突き付けたことは想像に難くない。八王子陣屋の警衛や譜代化ではない千人同心の実存を、千人頭が提起しなければ円滑な統治は望めなくなったのである。

第二節　寛政改革の前提条件

第一項　享保の苗字一件

享保一二年二月、八王子横山一五宿の千人同心たちが宗門人別帳に苗字を記すことを求めて名主と争論を起こすという事件が起きている(27)。

【史料7】

○千人隊士衆。住居八王子十五組之官地者。与里正争論書姓氏而上宗門人別簿。遂訟焉。
凡郷里之法。歳二月。里正改訂里民之宗門人別。以簿正。上於県官例也。値是時。住居八王子十五組之官地。千人隊士衆。議書姓氏与里民識別之。里正等不肯之。曰。与保伍民。同省姓氏可出焉。争論不止。遂訟之。数月獄不決。御代官荻原源八郎。日野小左衛門。遂告諭曰。吁。汝士衆。自疇昔書姓氏者。如故書之。不然者。

則不可言之。

この史料7によれば村方では毎年二月に宗門人別帳の「改訂」を行ない、幕府代官に提出するのが通例であった。享保一二年二月、八王子横山宿（幕府領）に住む千人同心たちは、宗門人別帳に苗字を記して、百姓と差別することを訴えたが名主は承知しなかった。そのため訴訟になり、数か月後、幕府代官荻原源八郎・日野小左衛門は今まで苗字を書いてきた者はそれまで通りでいいが、そうではない者は苗字を記してはならないとした。つまり原則的には千人同心が宗門人別帳に苗字を書くことは認められなかったのである。

この『桑都日記』の記述によって、池田昇は享保一〇年には御家人と規定されていた千人同心が、地位低下したため、百姓との差別を主張して名主と争ったとしている(28)。この主張は正しいのであろうか。

池田が享保一〇年に千人同心が御家人身分としているのは、この年、鑓奉行の小笠原新九郎が御家人身分の箱訴を禁じる法令を千人組に通達していることが根拠である。確かにこのことは『桑都日記』でも確認できるが、この法令は『御触書寛保集成』にも掲載されており(29)、文面から考えても千人同心を念頭に発令されたというよりは、広く江戸幕府に仕える人間を対象としたと考えた方がいいであろう。要するに江戸幕府に直接仕える武家奉公人も含んでいる。小笠原の通達によって千人同心を御目見得以下の武士とするのは無理である。

さらに史料7であるが、この事件には『桑都日記』に掲載していない事実もある。多摩郡上椚田村に住む千人同心石川家の日記である『石川日記』享保一一年一一月一一日条には「此日御頭より同心共名字致候様ニと御触有、向後地方へも名字可致候」とある(30)。この記述から宗門人別帳など地方の書類に苗字を記すことは千人頭が触れによって通達したことであるとわかる。八王子横山宿の千人同心に限らず、多くの千人同心が宗門人別帳に苗字を認めることを求めたと思われる。

このため「此間名字論故千人町こんらん」（享保一二年二月二五日）[31]とあるように、大きな混乱を生じるに至った。この前日から二六日まで代官荻原源八郎が八王子を訪れた。事態の収拾を図ったのであろう。享保一二年三月六日「此日御頭へ同心衆被呼、名字願之連判印形仕候[32]」とあり、千人頭が音頭を取って千人同心たちに連判の願書を作成させていたことがわかる。一方、宿方の百姓は以下の史料を作成した[33]。

【史料8】

乍恐口上書ヲ以申上候

八王子拾五組之内八日市宿ニ住居被致候千人組御同心之儀、前々ゟ御公用諸帳面印形町一同ニ致来申候訳者去午ノ春宗門人別帳・五人組帳被仰付候処ニ、無相違印形相済申候、其已後、去年・当年鉄炮御改証文被仰付候処ニ、去年者前々之通印形相済申候、当年之儀ハ御頭様ゟ千人組之義も可在之間、御窺相済候迄ハ、無名字ニ而者何事ニ不寄印形仕間敷由被仰渡候由拙者方へ申達候、町一同之儀、何ニ而も相背儀ニ者無之候間、当分印形延引致候様ニ被申通候、御伝馬宿之儀ニ御座候ヘ者、御頭様并御組江対し名字御願不被申候、然共只今迄百性一同ニ無相違御座候上ハ重而共ニ前々之通諸帳面印形相済候様ニ被為仰付被下候ハ、、難有可奉存候、已上、

八王子八日市宿

与五右衛門

享保十弐年未三月十一日

日野小左衛門様

御役所

この史料8は八日市宿に居住する千人同心一二名が享保一二年閏正月の鉄炮証文提出に際して、苗字一件が落着するまでは押印しないと主張したことに対して、押印する命令を出すことを代官に願い上げたものである。この史料8

からも千人同心が押印しない理由は「御頭様」つまり千人頭の指示によるものであることは明確である。去年は千人同心は「前々之通」つまり苗字を付さないで押印したことも読み取ることができる。さらに「只今迄百性一同ニ無相違御座候」と千人同心と百姓は同一だと述べている点も記憶しておきたい。千人同心の「武士化」は周辺の百姓の理解は得られなかったのである。

さらに経緯を追ってみよう。享保一二年七月一一日には「此日地方名主源右衛門江戸御代官へ行、名字之事前々ノ通りニと被仰付候」とあり、[34]上椚田村名主源右衛門が江戸に出て代官から苗字のことは今まで通り、つまり千人頭たちの願は叶えられなかったことが伝えられた。しかし千人頭は諦めず、同年八月二七日「此日御頭様名字願ニ付御老中様へ御出被成候由申来候」[35]と、千人頭は老中に願い出たようである。千人頭はこの苗字願に積極的だったわけである。しかし結局はこの願は許諾されず、代官荻原源八郎は史料9を支配村々に通達した。[36]

【史料9】

差上申証文之事

一、村々人別宗門帳幷五人組帳其外鉄炮証文共ニ印形仕可差上候、当春中被仰付候処、村内百姓之内千人同心相兼候者共、当年ゟ苗字書載申度旨新法之願申候ニ付、只今迄延引仕候、右願之儀不相叶候ニ付、向後共ニ当御役所様江差出候訳帳面等前々之通、無苗字ニ而印形仕可差上旨被仰付奉畏候、依之人別宗門御改帳是又前々之通早々相調、来ル廿九日迄差出可申旨被仰渡奉得其意候、

一、向後百姓之内望もの有之、千人同心ニ罷成候ハヽ、名主組頭加判ニ而先達而其旨御役所江御訴申上御差図を請可申旨被仰渡奉畏候、為御請連判証文御差上申所仍如件、

享保十二月未十一月　　武州多摩郡何村

名主誰
組頭誰
たれ〳〵

荻原源八郎様
御役所

これは荻原が布達した請書の雛形と判断される。ここでは「百姓之内千人同心相兼候者」と記されており、千人同心とは百姓が兼任するものだということもわかるが、何よりも千人同心が地方文書に苗字を書くことは「新法」として許可されなかったことがわかる。宗門人別帳・五人組帳・鉄炮証文などが、春から滞っていたことがわかり、なるほどこれでは混乱が惹起されてもやむを得ないであろう。今後百姓で千人同心を望む者がいる場合は、先立って名主・組頭が掌握して代官役所に知らせろと記されているが、これはいうまでもなく、同種の問題が起こることを懼れたための措置であろう。

また二条目に「百姓之内望もの有之、千人同心ニ罷成」る者がいたら、代官所にその旨を上申することが謳われている。百姓が千人同心になることを代官は承認していることがまず注目される。その上で代官はその件について「御差(指)図」をすると明言している。しかし代官の介入で千人同心の就任が妨げられたという事例は報告されていない。要するに加判する「名主組頭」が千人同心に相応しい人物かを判断することが期待されたのであろう。

当該一件は通説と異なり、千人頭が主導した騒動であった。ではなぜ千人頭はこのような混乱を引き起こしたのであろうか。この時期は一見千人頭が問題なく千人同心を統轄していたようにみえるが、細かくみてみれば矛盾も露呈していた。例えば享保八年六月千人頭中村斎宮が、配下の小頭から訴えられ、中村は閉門・隠居、小頭六人が平同心に降格されている[37]。原因は日光火の番の人員負担に関連したことのようだ。既に八王子陣屋も撤廃されており、千人同心はその存在理由が揺らいでいた。これが千人頭の統率に影響を与えているとすれば、新しい存在理由を千人同心たちに与える必要がある。苗字を名乗ることが公的に認められ、百姓との差別が明確になれば、千人同心の幕府への、ひいては千人頭への求心力も増すのではないか。千人頭の意図はこのようなところではなかったのか。少なくともこの事件を地位低下した千人同心が、その反発として起こしたという解釈は当たらない。

ではなぜ千人同心は苗字を書くように煽動したのか。千人同心は創立後しばらくは苗字を公許されなかったと前述した。一八世紀になる頃には公許される傾向にあったが、まだ安定性には欠けたところがあった。しかし公儀に提出する公的書類に苗字を記載できれば、その安定性は言うまでもなかろう。周辺の百姓は無苗字なのだから、その差別性は歴然である。このような差別性を利用して自己への求心力を増し、千人頭は支配を円滑に進めたかったのであろう。

本項では享保の苗字一件は千人頭の千人同心統制強化策と捉えた。誤解が生じる懼れがあるので述べておく。確かにこの時期は千人頭の統率力が低下した時ではあるが、それは比較的という意味であり、後述する「七隊六箇条」一件の時期と較べれば、まだまだ強靱と評価してよかろう。

その証左として千人頭による千人同心の私的使用という一面をみてみよう。『石川日記』は、享保五年から残っているが、この日記をみるとこの時期の私的使用について記されている。もっとも頻繁に出てくるのは、千人町の拝領地にある千人頭の屋敷に夜詰める夜番である。これは享保七年四月八日から天明二年一〇月五日まで六〇年間に一一七回確認される。天明期にこの夜番の記録が途絶えるのは、この時期の千人同心の動向に起因するものであるが、この点は後述する。

享保一〇年一一月二六日には「御頭様くねゆいに出」と記されている。(38)これは「石川家が所属する千人頭山本鉄次郎の屋敷へ垣根の修理に行ったもの」とされる。(39)この「くねゆい」は寛延二年一一月二一日までに六回確認できる。

また千人頭の知行所に派遣されたことも確かめられる。享保一〇年四月一七日には「御頭様御用にて此日山田知行所へ行」[40]、寛延元年七月二九日には「御頭様知行所へ御用ニ付日光源七喜右衛門飛脚」と記されている[41]。千人同心石川氏等が千人頭山本氏の知行所がある武蔵国都筑郡山田村に派遣されたりしていることがわかる。

元文四年には集中的に私的使用が確認される。八月二日に「御頭様ノ石拾」[42]、八月晦日に「御頭蔵普請ニ出」[43]、九月二日に「御頭様竹切手伝」[44]と記されている。屋敷の普請でもあったのであろうか。

千人頭は千人同心を預っているだけであり、そこには主従関係はないはずであるが、実際は家来のように使役される側面もあった。確認されるのは一七二〇年代からであるが、これ以前にもこのような状況は存在したと思われる。一七五〇年代に入ると目立った私的使用は姿を消していくが、それでも一七八〇年代までは確認できるものもある。これは千人頭の千人同心への統制が強力なものであったことを示している。

上記のように千人同心が苗字願を行なったのは千人頭の指示であり、御家人身分が地位低下したことが原因ではない。本項で再確認しておきたいのは、千人頭の千人同心に対する支配力の強さである。享保の苗字一件はこの枠内で考察すべきであろう。千人頭の支配が弛緩していくのは、一八世紀後半を待たなければならない。

第二項　安永の苗字一件

安永六年苗字一件という事件が起こっている。以下の史料はこの時の勘定奉行太田播磨守が、鑓奉行八木丹後守に送った書簡で『桑都日記』に掲載されている[45]。

【史料10】

伊奈半左衛門御代官所

武州八王子拾五宿之内

八木宿百姓

林　蔵

広五郎

武兵衛

新　蔵

平　蔵

重郎右衛門

平　六

八幡宿百姓

平　吉

定右衛門

清　兵　衛

与左衛門

三郎兵衛

横山宿百姓

元右衛門

常右衛門

右之者共儀八王子千人同心株所持いたし候由ニ而宗門人別帳ニ苗字を認差出候得共、人別帳者百姓之身分ニ候儀ニ而同宿者勿論、同郡外村々之内ニも千人同心株所持之者共多有之、右拾四人之者共も五人組帳抔ニハ苗字不相認候間、人別帳も並之通苗字不認差出し候様所役人江申付候趣銘々江申達候処、百姓並ニハ難相成旨申候旨、役人共申出候付差紙を以呼出候処、百姓ニハ無之間、半左衛門支配は請不申、右ニ付此節御鑓奉行衆江申立置候筋も有之候間、差紙ニ而ハ難罷出旨所役人共申出候、右拾四人之内八幡宿定右衛門者御貸附金貸渡し有之、一同百姓ニ相違無之処、前書之通支配者不請抔不法を申、差越及難渋候間、家来差遣し呼寄、弥所役人とも申立候通、強而法外申之候ハ、召捕入牢申付吟味可致哉之旨半左衛門申聞候、千人同心頭ニ而ハ如何心得居候哉存寄御尋御申聞候様存候、已上、

この史料10によれば、代官支配地である八王子宿に住居している千人同心一四人が宗門人別帳に苗字を記して提出した。勘定奉行は五人組帳にも苗字は記載されていないことでもあり、この千人同心の行為を認めず、八王子宿の村役人に宗門人別帳には苗字を記さないようにせよと伝達させた。しかし千人同心はこの指示に従わない。代官伊奈半左衛門は差紙を遣わして出頭を促したが、千人同心たちは「自分たちは百姓ではない。代官支配は受けない。このことについては、この機会に鑓奉行に主張したいこともある」として、出頭を拒否した。

異常な事態というしかない。千人同心が百姓であることは自明のことである。幕府は千人同心を、百姓で千人同心を兼ねたものとして一貫して扱ってきた。この点に疑問の余地はない。享保の事件も千人頭は同心たちを百姓ではないと主張したわけではない。しかるにここでは千人同心は自分たちは百姓ではないとしている。鑓奉行に主張があるということは、自分たちは鑓奉行配下であって代官支配は受けないということであろう。千人同心は元来中間という武家奉公人なのだから鑓奉行の支配を受けるのは勤務している時だけである。

勘定奉行は千人同心のうち定右衛門は「御貸附金」も借りているから百姓に間違いないとしている。これは馬喰町にあった代官管轄の公金貸付機関から金を借りていることを指しているのであろう。この機関の貸付対象はもちろん百姓である。伊奈はこれ以上法外なことをいうのであれば、召し捕って入牢させるとしている。勘定奉行は千人頭の意向を知りたくて、鑓奉行に書簡を出したのである。

結局、千人同心一四人は手鎖宿預けの刑に服することになった。これは武士には課されない刑罰である。次の史料は刑が確定した時、千人同心たちが勘定奉行桑原伊予守に提出した口書である。(46)

【史料11】

差上申一札之事

私共儀伊奈半左衛門様御呼出難渋致候儀ニ付、再応被遂御吟味候処、慶安年中ゟ代々相続由者申口迄ニ而難立、田畑屋敷所持致し御年貢諸役相勤、五人組組合も有之候上者百姓ニ而千人同心株所持致ものニ無紛、地方之儀ニ付候諸書物古来苗字認来候ハヽ、明暦年中出来致し候五人組帳ニ苗字書載可申処無其儀、其後年暦相立差出候人別帳ハ何頃より苗字認出候哉不致治定、古来より苗字認候ものハ無之、享保年中御書付之趣者前方ゟ苗字書載来候ものハ相認、苗字書載不来者ハ書載申間敷候、御代官所ゟ御当地江被　呼出候所難渋候旨、左様ニハ有之間敷、以来御用ニ而被　召呼候節者無滞江戸江可罷越由有之、方々申口難立、八王子千人同心株所持百姓ニ而勤方之外身分者百姓与心得、宗門人別帳ハ勿論地方之儀ニ付候諸書物ニハ苗字不相認、御代官者勿論、村役人差図背申間敷旨被　仰渡、御咎左之通り被　仰渡候、

手鎖宿御預ヶ　　名前十四人

安永七年戌十月

連印略之

御勘定御奉行

桑原伊予守様

前書之通被　仰渡奉畏候、依之御請印形奉差上候、

伊奈半左衛門御代官所

八王子八木宿名主

専右衛門印

この史料11をみると、千人同心たちは自分たちの家系は、慶安年中から千人同心を勤めていると主張したが、ただの「申口」、伝承に過ぎなかったようである。しかし千人同心が田畑屋敷を所持し、年貢を負担し、五人組を形成していることに間違いはない。したがって千人同心は百姓で千人同心株を所持している者である。明暦年間にできた五人組帳に苗字を記している千人同心は存在しない。宗門人別帳にも古来から苗字を記載した千人同心はいなかった。今後代官から呼び出しがあった場合は素直に応じる。勤務の時以外は身分は百姓であることと心得、百姓の書類に苗字を書くことはしない。

要するに千人同心側の完敗である。その主張は何一つ認められなかった。これは幕府が理不尽というよりも、千人同心側の主張が突飛もなかっただけである。千人同心が百姓であることは、彼等自身が認めている。しかるに研究史上この苗字一件も本来御家人であった千人同心が地位低下し、地位向上のために苗字を記すことを試みたとされる(47)。もちろん誤りである。特に注意していただきたいのは、この安永の苗字一件では千人同心は「御家人」であるとも、武士であるとも主張していない。後年の同様の史料では必ずといっていいほど御家人身分を主張するのであるが。この点は千人同心自身が御家人であるという自己認識を持っていなかったからであろう。

しかしこの事件の背景を探ってみる必要はある。当該時期は千人頭の支配が形骸化し始めていた。それは一つには

千人同心の構成員が変質したことが挙げられる。先述したように一六四〇年代から百姓が新たに千人同心になることが、恒常的に確認できるようになった。このような傾向は更新され、一七七〇年代には確認される限り最大の一一人の百姓が千人同心になった(48)。また千人頭河野組の場合、宝暦九年に所属していた千人同心九九名のうち、寛政元年まで継続して所属していた者は五一名に過ぎない。四八名、つまり半数近くが千人同心株を売却したことになる(49)。この時期の千人同心株購入金額は二〇両を下回ることはなく、それ相応の経済力のある百姓が求めたと考えるのが自然である。彼等は勃興する商品経済の論理に忠実であり、千人同心株も経済的動機で買い求められたと考えられる。千人同心の職務に忠実であったとは思えない。したがって千人頭の支配もこの時期には弛緩していく。その様相は次項で確認しよう。

第三項　弛緩した頭支配と鑓奉行長田繁邁の来訪

天明元年から天明四年までは千人頭と組頭が対立した「七隊六箇条」一件が起こっている。この一件は後に詳述するのでここでは触れないが、千人頭も千人同心組頭・平同心も多人数処罰されており、千人頭支配の弛緩を鮮明に物語っている。また天明四年一二月、千人頭中村右源太が配下の組頭秋山小右衛門を打擲し閉門になる事件が惹起し、対組頭を中心に千人頭による支配の弛緩が顕在化した。

本項ではまずこのような状況に対する公儀の認識をみてみよう。寛政改革の中心的存在である松平定信の側近に水野為長という人物がいた。彼が主君定信のために世情の噂を記した書が『よしの冊子』である。寛政二年七月頃に以下のような記述がある(50)。

【史料12】

一、千人同心江戸へ引ケ可申由。千人ハ名前ニて当時四百五十人程御さ候由。一人ニて五人も七人持居り候ものも御座候由。江戸へ参り青山百人、大久保百人の地面を御割付ニて千人同心へ可被下由。前通りを百人組の居候所ニ成り、後通を千人同心へ被下候由。江戸へ参候ハ、八王寺ニてハ中々悦ひ可申由。近辺ニてハ威勢強く町人抔をも賦ニ遣ひ候由。千人御人入候時にハ色色のものをやとひ其数ニ満せ候由。此度江戸へ被仰付候ハ、大方御暇を願ひ申もの多可御座由。八王寺に田地を夥敷持居候事故、江戸へ参候てハ一向難渋いたし可申ニ付、直ニ御暇を願ひ向方ニ住居可致由。（後略）

千人同心の千人は名ばかりで実際は四五〇人程度しかいない、人を雇って数を合わせているとの指摘は、具体的数字は確かめる術がない。しかし先述のように一軒に二人の千人同心が同居している事例は確認できる。これによって之を観れば、千人が名前ばかりという認識は正しいであろう。後述するように日光火の番に際して人を雇って連れて行ったということも確認できる。このように水野の認識は基本的には正しいといっていいであろう。しかしこのように空洞化してしまっては、軍事動員は不可能である。

また青山や大久保など千人同心の江戸への移住先が具体的に記されている。細部に渉る記述もみられ、ただの風聞とも思えない。江戸への移住を命じられれば千人同心は八王子に多くの田地を持っているので、暇を申し上げる者が多いであろう。そうなれば八王子の「町人」も喜ぶとは、千人同心が廃止されるならされても構わない、というよりそちらの方が良いという底意が窺われる。考えてみれば千人同心の恒常的公務は日光火の番だけであり、何も八王子にいる必要もない。江戸に来れば違う使い道があるかもしれず、暇を願い出ればそのぶん禄米が減って経済的である。千人同心は苗字のことで騒動を起こし、定員の確保もままならない。これならば廃止した方が望ましいというのが史料12の底意であろう。これは事実に基づく正当な判断といえるであろう。

しかし千人同心はこの後改革が加えられ、廃止されることはなかった。そのきっかけをつくった人物は鑓奉行長田甚左衛門繁邁である。長田は宝暦六年書院番になったことを皮切りに、使番・先手弓頭を経て、寛政元年閏六月一九日に鑓奉行に就任した。同四年五月一一日に普請奉行に転じ、さらには旗奉行になったが在任中の享和三年一一月、八三歳で世を去っている。[51] 長田が鑓奉行に就任した翌月の寛政二年七月頃の記述が、やはり『よしの冊子』にある。[52]

【史料13】

一、八王寺千人同心、一躰不取締ニて一人ニて幾株も持居候もの有之、御用ニ当り候節ハ雇人を致し遣し、或ハ百性名前をも持居り、甚不埒成よし。此節長田甚左衛門御鑓奉行ニ相成、右之事色々と分別致すそふなとさた仕候由。尤四組之内一組ハ取締宜組御ざ候由。

史料13によれば長田は前述した千人同心の状況を把握しており、それへの対処を構想している。彼は寛政三年に八王子の巡検を行なっている。その様相を確認してみよう。八王子に到着したのは六月二一日であった。[53] 二二日には長田は千人町に千人頭を訪ね、二三日は「宅見分」のため、千人町の組屋敷を経て八王子周辺の千人同心の家を見て廻った。長田は駕籠で、案内の千人頭等三〇人余を引き連れていた。家を見分される千人同心は麻上下を着て出迎え、手札を差し出した。二四日は休日で、二五日はまた八王子周辺の千人同心宅を見分した。二六日は見分をせずに千人同心総員の暇乞いを受け、二七日に八王子を出立した。

この長田の見分に際しては、事前に組頭一人・平同心一人の二名が千人同心の家を見分している。史料をみると長田の見分地よりも広く、長田の活動は大規模な宅見分を合理化する示威行為であったことがわかる。「玉川向並御関所向相州者」の千人同心の姓名も書き出され長田に渡されている。[54] この宅見分は翌年には千人頭によって行なわれており、決して一過性のものではなく、定見に基づいた施策であることが判明する。このことは次のような動向とともに考察しなければならない。

一つには持高改である。(55)寛政二年一〇月四日に千人同心は「居屋敷高田畑持高」の書き出しを命じられ、一三日には山所持の者もやはり書き出すことが命じられている。二つには「千人同心居住絵図」の作成である。(56)この絵図については詳細は不明であるが、寛政三年一〇月二九日に多摩郡上椚田村の千人同心石川喜兵衛の家に、千人頭原組組頭小島文平がこの絵図を作るために訪れている。あらかじめ廻状が廻っているから、小島の趣味ではなく、正式な千人同心の事業であったのであろう。

以上の動向を総合して考えると、これは一人で幾株も千人同心株を持ち、形式的に家族を千人同心にしておいて田畑や屋敷を所持させず、そうして日光火の番の時には人を雇って勤めさせる、いわば「幽霊」同心に対する施策だということが判明する。これこそが千人同心組織の形骸化の元凶の一つであろう。これを防ぐためには、人物と住居と屋敷田畑高との対応関係を明確化すればよい。同心が家で出迎えるのも、当然の儀礼であるとともに、人物の確認の意味もあるのであろう。とにかく改革が効果的に進行するためには、改革対象者を明確にするのが最も基礎的な作業であろう。

天明期には千人頭による千人同心支配が緩み、さまざまな問題が起こった。これは商品経済に親和的な富裕層の千人同心への参入という問題に起因する構造的問題であった。そのため千人頭の支配の弛緩も後戻りのできない危機であった。そのため鑓奉行長田繁遠は八王子を来訪し、千人同心の人物特定という改革の基礎作業を行なったのである。

第三節　寛政改革の実態

第一項　寛政四年改革の実施

寛政四年閏二月四日、千人頭五人が鑓奉行長田繁遶宅に呼ばれた。そこには鑓奉行が列座しており、老中松平和泉守の申渡写を渡された。内容は以下の五箇条である。(57)

【史料14】

八王子千人同心組頭共持添抱与称し、同心壱人宛抱来候得共、以来相止、持添抱百人者減切ニ申付候、組頭共持高三拾俵以下之ものハ向後勤候内三拾俵高被成下候事、

一、組頭之儀古来より筋目有之、代々相勤来候得共、以来者勤向不宜もの者勿論、幼少又者病気之者ハ組頭差免平同心ニ可申付候、明跡之儀者平同心共之内相応之ものを選可申付事、

但天正慶長之頃より組頭勤来候家筋之もの者平同心ニ者申付間敷候、幼少病気之節者無役ニ而可差置候、勤向不宜歟、又者咎筋ニ而平同心申付候儀者格別之事、

一、同心共之儀在方ニ罷在候故、自然与風儀を失ひ候ものも有之由相聞候、小給之者共ニ候得者農桑之業を以取続候者尤之事ニ候得共、其余之儀ニ而商人同様之体ニ安く身分を忘れ不正之儀有之者ハ其品ニ随ひ御暇等ニも可申付事、

一、在々打散罷在候同心共者同組他組之無差別、一村又者二、三ヶ村ニ而も最寄次第拾人弐拾人程宛も組合を定置、諸事申合如何敷儀も有之候ハ、相互ニ申談候様可申付事、

一、同心共之内行跡芸術其外格別之者者頭共吟味之上申出へし、其品ニ寄尤御賞美も可有之事、

一条目は千人同心組頭が抱えていた持添抱についてである。持添抱とは正規の千人同心ではあるが、組頭に私的に使役されることが多かった存在である。これを廃止して組頭には足高を適応して三〇俵に満たないものは、組頭在役中三〇俵に足りない分を給する。明和六年の記録をみると、持添抱は組頭の家に「寄生」している(58)。つまり組頭は持添抱分の扶持米を受け取りながら、普段は抱えておらず、日光火の番の時だけ臨時に雇って召し連れる。つまり持添抱は形骸化していたのである。

二条目も組頭についてである。千人同心組頭は筋目の家(旧家)が代々勤めてきた。今後は旧家であっても勤め向が宜しくない者はもちろん、幼少・病気の者は組頭を免職して平同心にして組頭の明跡は平同心のうち相応の者を抜擢する。但し天正・慶長以来の組頭の家は、平同心には降格しない。病気や幼少の場合は無役にする。勤め向が不良か、または処罰されて平同心に降格された場合は別である。

この第一・二条の内容から読み取れることは、「七隊六箇条」の事件で問題になった千人頭の組頭への統率力を回復することである。これ以前は組頭の降格は明らかな処罰としてしか存在しなかった。しかし持添抱の廃止によって組頭の力を削ぐとともに、勤務状況によって合法的に降格できるとなれば、千人頭の統率は楽になる。組頭の明跡は足高を採用して千人頭に服する平同心を登用すればいいのである。しかしそうなった場合、天正・慶長以来を誇る旧家の千人同心たちに不満が生じる。彼等には塩野適斎・植田孟縉のように組頭でも改革には賛成の立場の人間もいたので、新興の組頭と同一に扱うのも得策ではない。第一、千人同心内部で営々と立場を築き上げ、隠然たる力を持っていた旧家層の神経を逆撫でしてしまっては改革はうまくいかない。そこで天正・慶長以来の組頭は別扱いを受けたのであろう。

第三条は、千人同心は村方に住んでいるので風儀を失う者もいる。「農桑之業」をするのはもっともなことであるが、「商人同様之体」で身分を忘れ、不正のことを行なう者には事情によって暇を出すとしたものである。市場経済の顕在化と千人同心の身分規範が矛盾したため、その是正が求められたのである。この箇条自体は論旨明快であり難解ではないが、一点だけ指摘しておきたい。

寛政三年、八王子八日市宿の千人同心岡田甚之丞は、父親が飯盛旅籠を経営していた廉で追放になった。この岡田の事件について、『桑都日記』は岡田が住んでいた八日市宿は千人頭が住む千人町からわずか七・八町なので、千人頭は黙認していたのではないかと記している。(59) しかし岡田の家族は代官の地方支配を受ける存在であり、千人頭は処罰権を持ってはいないのである。「黙認」は当然である。『桑都日記』は寛政改革以後に成立した「家族も含めて千人同心は武士身分」という意識を遡及させたのである。千人同心の家族が御家人の家族として扱われるか否かは後述するように後年大きな問題になる。

四条目は地域ごとに組合を作らせるというものである。規模は一～二、三ヶ村で一〇～二〇人の千人同心を一つの組合として編成する。この組合についても後述するが、不正な産業に従事しないようにするなど、改革の趣旨を再確認する装置であったことは確かである。

五条目は「行跡芸術」などが格別な千人同心は、千人頭が鑓奉行に申し出よとしている。千人同心の武芸は「天明季年」から盛んになったという。(60)『石川日記』天明七年八月一二日条には、「文武天文鑓柔術火術、右之類師範致候程之者」を千人頭が尋ねている。(61) 寛政三年から千人頭による武芸鑑試も定期的に行なわれるようになった。(62) 何れも五条目が実行されたことを示している。しかし改めて考えると千人同心は長柄同心であり、本来の職務上武芸を習得する必要は薄い。第五条は具体的な戦術面での対策というより、精神面の問題が大きいのであろう。

鑓奉行長田繁邁が老中の許可を得て行なった寛政四年の改革は、組頭の力を削いで千人頭の統率力を回復させ、組合結成や武術振興を通じて千人同心の精神面に干渉する構想が立てられた。そして市場経済の顕在化と身分規範の矛盾の克服が構想されたのである。

この長田の申し渡しがあった直後に多摩郡下犬目村において一つの事件が起きた(63)。この村にある旗本川村氏の「在役」斎藤富八が「御組々御勤被成候御方ニ而も、右役宅江対し候而者、腰之物等も不相成旨申談候」、つまり役宅に出向く時は千人同心であっても帯刀は許さないとしたのである。この点を問題と感じた下犬目村の千人同心等は組頭に訴え、千人頭の評議を経て、訴えは鑓奉行に及んでいる。鑓奉行は川村の上司書院番妻木頼栄にも掛け合っている。

富八はこの年の春まで千人同心であり、病気を理由に忰宗五郎に番代し、地頭所の「在役」になっていた。「当春松平和泉守様ゟ被仰渡も有之、組合定等も被仰付候義ニ候得者、勘弁も可有之」とある。老中お声掛かりの番組合の活動への参加を、つい最近まで千人同心だった人物が不都合を申し立てるのは「麁忽」であるとされた。要するに番組合への帯刀は認められたことになる。ではそれ以前はどうであったのか。

明和三年一一月、高家前田氏知行所梅坪村名主彦内等は、千人同心身分について「百姓ニ而同心持来候千人同心、御用之節者帯刀仕、平日者並百姓」と記し、「惣而　御地頭様御用向其外地方ニ附候而者、同心之名目者無御座候」としている。つまり「御用」の時だけ帯刀は認められていたことになる(64)。これを以てこれを観れば、この下犬目村の事例は「御用」が増えただけという解釈も成り立とう。しかし以下の下犬目村の千人同心たちの自己認識をみていただきたい。彼等は「是迄之仕来区々故、御家人・百姓両端ニ御座候得共、於地方(帯刀)不相決」というものである(65)。千人同心自身は自らの帯刀を「御用」(職分)によるものではなく、身分によるものと認識していたのである。老中の通達によって武士周縁から正統な武士に「越境」したと「曲解」したのである。そのような動向は寛政七年改革で一層強化されていく。

第二項　寛政七年改革の実施

鑓奉行長田繁邁は寛政四年五月一一日、普請奉行に転出するが改革は進んでいく。寛政五年二月三日、千人同心は持高を記して名主に提出している(66)。また八王子周辺を預かる代官伊奈友之助は、五月一九日付で「一、他村ニ罷在候八王寺千人同心出作・越石等ニ而持高ハ無之哉、有無書付可差出候、以上」と出作・越石に至るまで、徹底的に把握しようとしている(67)。寛政七年、千人同心が多く存在する上椚田村では、この年から宗門人別帳に百姓持高を記すことになった(68)。以上の事例は後に述べる田畑引受人設置の準備であろう。この田畑改について、鑓奉行の新庄与惣右衛門は千人頭に宛てて以下のような通達を出した(69)。

【史料15】

口上覚　　　熟々（ママ）

一、此度同心共田畑持高相改候ニ付、御家人・百姓両端之儀も相分り候趣ニ不存、何事も仕来之通相心得、村役人と致和熟可罷在事ニ候、先方ゟ決而差別致間敷候、田畑改之義被仰渡候義者、御趣意も可有之哉之義と相心得、此節相慎可申候、御家人・百姓両端之義と申上置候事故、御沙汰無之以前ハ慎罷在候事肝要ニ候間、万一心得違ニ而此方ゟ差別致候而者、障りニも相成候義も可有之候之間、能々同心共江此訳ヶ呑込候様可申含置候事、

丑二月　　　　新庄与惣右衛門

右之通新庄与惣右衛門殿被申聞候間、一同心得違無之様可申合候、以上、

千人頭

二月

寛政五年二月

この史料15は千人同心の田畑持高改を、御家人と百姓に分ける意図ではないことを謳っている。しかしそれは村方と争論が起きることを懼れているからである。村役人とは和熟しなければならない。百姓側から千人同心を差別することはないとする。そして「御趣意も可有之哉」公儀にはお考えがあることを匂わし、今は慎重な態度をとるように命じている。要するに何れ千人同心は御家人であるという沙汰があるので、それまでは慎むことをよくよく千人同心に諭せと新庄は言っているのである。

寛政五年八月、平同心金子定七・竹田佐七他四人が改革を不服として千人頭を訴え、金子・竹田は「永ノ暇」になっている。(70)同じく向山宗兵衛・植田瀬兵衛・伊藤清蔵・谷十蔵は押籠である。具体的な内容は不明だが、決して改革が順調に進んだばかりではなかったことがわかる。寛政七年五月、三人の千人頭は、老中安藤信成の書付写、鑓奉行新庄与惣右衛門の書面を受け取っている。(71)

【史料16】

八王子千人同心之儀五人組帳・宗門人別帳ニ以来者千人同心与肩書いたし、所持之田畑者親類身寄等之内にて引請人壱人宛極置、右名前兼而支配御代官・領主・地頭江相届置可申旨可被申渡候、尤同心共所持之田畑有之支配御代官・領主・地頭江も其段相達置可被申候、

但右之通相成候而も五人組帳・人別帳江苗字認候訳ニ而者無之候事、

千人頭江

此度被仰渡候書付之通、在々住居之同心御家《(ママ)》筋相分り候上者弥身分相慎勤向出精いたし、尤於村方権威かましき

儀無礼かさつ等無之様可被渡置候、

卯五月　　　　　　　新庄与惣右衛門

改革の趣旨は二つに大別できる。一つは五人組帳・宗門人別帳に千人同心と肩書することである。これは但書で明らかなように苗字を書くことを意味しない。先述したように苗字を書く行為は、厳禁されているのである。よって千人同心に苗字を記させることは得策ではない。肩書ならば抵抗は少ないであろう。ここまでして肩書を付させたのは、千人同心の精神面に干渉して、公儀の武家奉公人としての自覚を持たせるためであろう。

二つには、田畑引請人の設置である。これは親類身寄のうちで一人、千人同心の田畑を引き受ける人物を設定することである。そもそも田畑引請人は千人同心の高所持が前提なので、人物と所持地の対応を厳密に行なえば一人で幾株も所持しても、その分年貢諸役を負担することになり、経済的効果は希薄になる。つまり「幽霊」同心対策である。また嫌でも高を所持させてしまい、経済的基盤がつくられれば、商業のような不正の産業をしなくてもすむという考えである。これは人間の経済的欲望を捨象した現実的とはいえない策であるが、いかにも封建官僚の考えそうなことではある。

千人頭河野通泰は寛政七年六月二日、千人町に千人同心を呼び出し、史料16の趣旨を申し渡した(72)。村方では例えば多摩郡田安領の村々では、六月一一日の日付で「御領地百姓之内千人同心相兼罷有候もの」を対象に、趣旨が触れられている。この件では特に混乱はなかったが、多摩郡上長房・上椚田村では村側は「千人同心百姓」と肩書を付したところ、千人同心は押判を拒否した(73)。しかし『石川日記』をみると、寛政八年に千人同心と肩書を付した最初の宗門人別帳が、さしたる混乱もなく提出されているので、単なる事務上の間違いといえよう。逆にいえば百姓にとっては千人同心が自分たちと同じ百姓であることは自明のことであった。

なお史料16には鑓奉行新庄の添書の部分に「御家筋」という言葉が出てくる。この言葉は「御家人筋」の間違いであることは明らかである。これは安藤の書付には出てこないことに注意されたい。この点を考察する上で寛政七年一〇月に千人頭が千人同心に通達した史料をみてみよう[74]。

【史料17】

（朱筆）
「対馬守殿江伺済ニ付、左之通書面組々相渡ス」

千人同心地方田畑引受人差出置候上者当人共を奉行所并御代官領主地頭ゟ呼出候節者其筋ゟ申来候上、頭ゟ申渡各持格ニ而差出候、其向ゟ万一当人共を直ニ呼出有之候共、同心持格ニ而罷出候事故兼而可得其意候、

一、地方江差出候書面之儀五人組帳・人別帳江苗字認不申儀候得者惣而村役人江差出候百姓方ニ付候書面江者苗字認申間敷候、千人同心与肩書致差出候様ニ与有之上者御家筋相分り候事故敢而右之所江拘り候訳者無之候、此度引請人之儀ニ付書面者無苗字ニ而差出候様村役人申聞候ハヽ、其通可致候、尤地方江差出候書面ニ而も一己江拘り候儀者此度被仰渡候千人同心持格ニ而書面等も差出候筈ニ候、此旨一同可心得候、右者安対馬守殿江伺相済御頭を以申渡候、以上、

卯十月

荻原　又四郎
窪田　喜　内
原　半左衛門

この史料を読むと田畑引請人が定まった上は、千人同心や田畑引請人に代官等の支配から呼び出しがある場合は、頭からも申し渡し、千人同心の格をもって出頭する。宗門人別帳等地方へ差し出す書類は苗字は記さず、千人同心と肩書するのみとする。「御家人筋相分」れた上は、敢えて苗字を記すことに拘る必要はない。引受人も村から苗字を

記すなといわれればその通りにせよ。もっとも自分一個のことは千人同心の格をもって、つまり苗字を記していい、としている。そしてこのことは老中安藤信成に伺ってあるとしている。

千人頭は安藤の申渡を「御家人筋」が立ったと理解していることは明白である。職分として「御用」の時だけ帯刀できるのではなく、常時帯刀できる身分になったのだということであろう。つまり「御家人」になったということである。問題はこれが幕府の公式見解なのかということである。後述するように幕府は千人同心一般を武士として認識していない。史料17でも安藤の書付にはこの言葉は出てこない。安藤の承認にはこの言葉は含まれていないと考えるのが自然であろう。たとえ安藤がこの言葉を承認したとしても、それは幕府直属の武家奉公人として「御家人筋」という言葉を認めたのであろう。いずれにしろ、この寛政御改正以後千人同心たちは「御家人筋」という言葉を頻繁に使用することになる。

第三項　「御家人筋」言説の採用

寛政七年の改革によって鑓奉行―千人頭は、千人同心は「御家人筋」であるという言説を手に入れた。安藤の真意はともあれ、鑓奉行―千人頭は、これは幕府に伺い済みの公式の見解と認識した。しかしなぜ彼等はこのような言説に固執したのであろうか。天明期に千人頭の支配は弛緩し、組頭との大規模な衝突を繰り返した。寛政改革はその組頭の力を削ぐものであったが、平同心は組頭に昇進するなど力を伸ばすことになった。千人頭は支配の基盤を平同心に移さざるを得なかったのである。千人頭は平同心を御家人と規定することにより、支配の正統性にしたのである。なぜ平同心が御家人に固執したのかは後述したい。本節の最後に千人頭が代官支配にどのように介入しようとしたかをみてみたい。

寛政一〇年八月六日夜、千人同心村田重蔵の養子弥兵衛は、夜陰に乗じて隣家に忍び込んだ百姓市五郎に怪我を負わせてしまい、弥兵衛は代官に検視を願い出た。次の史料はこの事件に関して千人頭志村又右衛門が同原半左衛門に出した書簡の一部である(75)。

【史料18】

一、重蔵養子弥兵衛尋之儀、一体千人同心之倅、其上地方持高も拾六石も有之、往々者千人同心跡相続も可致身分ニ候処、身分軽く相心得、此度市五郎と口論および候始末不埒之旨、右体市五郎江疵付候上ハ疵平ゆう迄手鎖可申付候処、親□（千）人同心相勤候事旁ニ付、此度之儀者格別用捨ヲ以不及其沙汰候之趣申聞候由ニ御座候、先以地方ニ而右体之取計手始之事御座候間、右之趣御同意致大慶候、最早御槍奉行衆江御達被成候儀与ハ存候得とも手代見分も相済万事取計之趣も被仰達置可然奉存候、此以後振合ニも相成可申候、且又弥兵衛始末者何レ不宜旨此度之儀内済致し候様いたし度候、大かた者内済ニ可相成候、万事相済候ハヽ、重蔵義初返早速不相届、養子弥兵衛自分ニ百姓ニ相定、御代官江訴出候義者一通被仰渡置可然存候、尤向々江も一同心得之義申渡置候方可然奉存候、

右之段可得貴意如此御座候、以上、

八月十三日　志村　又右衛門

原　半左衛門様

この史料をみると、千人頭志村は弥兵衛が市五郎が平癒するまで、手鎖をしないで済んだことを「大慶」と喜んでいる。手鎖は百姓・町人に科せられる罰であり(76)、それがなかったということは、武士並の扱いといえないこともない。しかしその処置は「格別用捨」の結果であり、「先以地方ニ而右体之取計手始之事」(77)、地方でこのようなケースは初めてであったとの認識を示していることは重要である。逆に千人同心にとっては手鎖刑はよくあったことになる。

また「手代見分」の取り計らいも万事申し渡した方が良いとしているのは以下の事情による。見分にきた代官伊奈友之助手代中村丈助に村田重蔵等が呼び出され、八月一一日に取り調べを受けた。重蔵等は「御家人体持格」つまり麻裃で見分を受けた。また差添の千人同心組頭川村勝五郎は継裃で中村と面談した。中村は「至而ていねい」と志村は喜んでいる[78]。重蔵たちの服装については志村が川村に指示したものであった[79]。このような実践を積み重ねて、千人同心の身分越境を実現しようとしたのであろう。

最後に志村は弥兵衛が自分を百姓と認識し、代官所に訴えたことを納得していない。千人頭に訴えるべきだということだろう[80]。しかし弥兵衛は千人同心に就任しておらず、まだ養子に過ぎない。代官所への訴えは当然である。しかるに千人頭は千人同心のみならず、その家族まで御家人の取り扱いを受けるべきだと考え、関係諸方面に訴え始めたのである。

この事案から判明したことは、千人同心が御家人身分を主張したのは、寛政七年改革で「御家人筋」という言葉が使用された以後、寛政一〇年からだということである。初発は千人頭が指示して組頭や平同心に御家人身分を示させたのである。そしてそれは千人同心本人のみならず、その家族にまで及んだのである。

おわりに

千人同心は元来他所からやってきた外来者であるが、次第に百姓との一体化が進み、一八世紀初頭にはほぼ完成した。千人同心は百姓が兼ねる存在になったのである。それは家族の誰かを名目的に千人同心に就任させ、田畑屋敷を所持させずに俸禄を受け取る形骸化が進行したことを意味する。そして一八世紀後期になると勃興する市場経済に棹指し、地域社会では農間余業が盛んになり、百姓の「商人化」が進行する。これが武家奉公人である千人同心の身分的規範を侵害した。

そして何よりもそのような状況が千人同心の生活世界に干渉し、千人同心の流動性が高くなる。これは千人同心株売買に代表される金銭による身分の獲得現象をみれば明らかであろう。このような流動性が今まで千人頭に人格的に従属していた千人同心たちに独自の集団的論理を与えたと思料できる。集団としての自律性を獲得したのである。それは組頭による抵抗という形を取っていたが、後述する「七隊六箇条」事件以降は平同心の自律性をどう把握するかが千人頭による統治の課題になる。それを遂行したのが寛政四・七年に行なわれた改革である。この改革の実施中に「御家人（筋）」という言葉が使用され、以後の方向性を決定づけた。千人同心集団は下級武士であるとの自己認識を持ち、千人頭はそれを肯定することにより支配の正統性とすることになったのである。これには苗字を名乗らせることにより支配の正統化を図った前史も影響したことであろう。

註

（1）　八王子千人頭と八王子千人同心の概要は、『八王子千人同心史』通史編（八王子市教育委員会、一九九二）を参照。

（2）　『徳川実紀』第一篇（吉川弘文館）一九二頁。

（3）　開沼正「江戸の防衛と八王子」（『創価大学通信教育部論集』第二号、一九九九）。

（4）　根岸茂夫『近世武家社会の形成と構造』（吉川弘文館、二〇〇〇）二〇～一頁。

（5）　塩野適斎『桑都日記』巻之七下（国立公文書館蔵、請求番号一四〇―二九〇―九）。なお、当該史料には塩「埜」となっているが、通例に従い、塩「野」と記しておく。

(6) 『新八王子市史』資料編4、一〇七頁。
(7) 石井良助編『御仕置裁許帳』(創文社)九七頁。
(8) 『東武実録』巻第三八(国立公文書館蔵)。
(9)(10) 註(4)根岸書参照。
(11) 山本英二「幕藩制後期論所裁許と政治主義」(徳川林政史研究所『研究紀要』第二八巻、一九九四)。
(12) 村上直「関東幕領における八王子代官」(『日本歴史』第一六八号、一九六二)。
(13) 註(5)と同じ。
(14) 註(5)と同じ。
(15) 註(6)書、六二一～三頁。
(16) 近世前期の足軽は一代抱が多く、採用においては身長・年齢などが厳格に適応されたことは、磯田道史『近世大名家臣団の社会構造』(文春学藝ライブラリー、二〇一三、原著は二〇〇三)を参照。
(17) 註(5)と同じ。
(18) 『徳川実紀』第五篇(吉川弘文館)二九六頁。
(19) 註(6)書、六三～四頁。
(20) 「武蔵国多摩郡八王子河野家文書」五四(国立国文学研究資料館)。
(21) 後掲表10、一六一頁。
(22) 「覚」(村上直編『八王子千人同心史料』、雄山閣出版、一九七五)一〇四頁。
(23) 村上直「八王子千人同心成立に関する覚書」(『多摩文化』第七号、一九六一)。

(24)　橋本義夫編『村の古文書』一（多摩地方史研究団体連合会、一九五五）。宝永五年四月「武州多麻郡犬目村諸色明細帳」も三人の千人同心が記載されているが、二人が親懸かりである（『村明細帳集成』、八王子市総合政策部市史編さん室、二〇一二、二六九頁）。
(25)　塩野適斎『桑都日記』巻之八上（国立公文書館蔵、請求番号一四〇―二九〇―一〇）。
(26)　註（6）書、一〇九～一〇頁。
(27)　塩野適斎『桑都日記』巻之九下（国立公文書館蔵、請求番号一四〇―二九〇―一三）。
(28)　池田昇「寛政期の八王子千人同心」（村上直編『増補改訂江戸幕府八王子千人同心』、雄山閣出版、一九九三、初版は一九八八）。
(29)　『御触書寛保集成』（岩波書店）二五八四号文書。
(30)　『改定石川日記（一）（二）（三）』（八王子郷土資料館）六五頁。
(31)　註（30）書、六九頁。
(32)　註（30）書、七〇頁。
(33)　「乍恐口上書ヲ以申上候」（『八日市宿新野家文書集成』、古文書を探る会、二〇一四、一〇頁）。他に註（6）書、一一四頁も参照した。
(34)　註（30）書、七三頁。
(35)　註（30）書、七四頁。
(36)　『網代家文書目録』戸口・身分4（五日市郷土館所蔵マイクロフィルム）。
(37)　塩野適斎『桑都日記』巻之九上（国立公文書館蔵、請求番号一四〇―二九〇―一一）。

(38)　註(30)書、五六頁。
(39)　「用語解説」(『石川日記』第一二巻、一二三頁)。
(40)　註(30)書、四九頁。
(41)　『石川日記』第四巻、五五頁。
(42)(43)(44)　註(30)書、一六六頁。
(45)(46)　『桑都日記続編』巻之七(国立公文書館蔵、請求番号一四〇―二九〇―三一)。
(47)　註(28)池田論文。
(48)　後掲表10、一六一頁。
(49)　馬場憲一「八王子千人同心の世襲と在村分布」(註22村上編著)。
(50)　『よしの冊子』(『随筆百花苑』第九巻、中央公論社、一九八一)一四二頁。
(51)　長田の経歴については、『寛政重修諸家譜』『柳営補任』に拠った。
(52)　『よしの冊子』(『随筆百花苑』第八巻、中央公論社、一九八〇)四二一頁。
(53)　「御鑓奉行御出役日記」(『八王子千人同心史』資料編Ⅰ、一九九〇)六。
(54)　『石川日記』第七巻、九四頁。
(55)　『石川日記』第七巻、八六頁。
(56)　『石川日記』第七巻、九二頁。
(57)　『八王子千人同心史』資料編Ⅰ(八王子市教育委員会、一九九〇)一〇〇頁。
(58)　『桑都日記』巻之十二(国立公文書館蔵、請求番号一四〇―二九〇―一六)。

(59)(60)　『桑都日記』巻之十四中上（国立公文書館、請求番号一四〇―二九〇―二〇）。
(61)　『石川日記』第七巻、五八頁。
(62)　註（1）書、五〇二～三頁。
(63)　「差上申済口一札之事」（註6書、二一三～六頁）。
(64)　「御尋ニ付申上候」（註6書、一一四～五頁）。
(65)　註（63）と同じ。
(66)　『石川日記』第七巻、一〇三頁。
(67)　『小平市史料集』第三集（小平市中央図書館、一九九四）二六七頁。
(68)　『石川日記』第七集、一一七頁。
(69)　「口上覚」（註6書）、一〇三～四頁。
(70)　『桑都日記』巻之十四中下（国立公文書館蔵、請求番号一四〇―二九〇―二一）。
(71)　註（53）書、一〇六～七頁。
(72)　『石川日記』第七巻、一一八頁。
(73)　註（53）書、一三二頁。
(74)　註（53）書、一〇七頁。
(75)　『八王子千人同心関係史料集』第一集（八王子市教育委員会、一九八三）一二〇頁。
(76)　『国史大辞典』第九巻（吉川弘文館）「手鎖」の項（重松一義執筆）。
(77)　村田に関する事例は、馬場憲一「近世後期における八王子千人同心と地域社会」（村上直編『幕藩制社会の地域的展開』（雄山閣出版、一九九六）でも触れられているが、「手始」であることは触れられていない。
(78)　註(75)と同じ。
(79)(80)　註(75)書、一一八頁。

第二章　御家人言説の遂行過程

はじめに

前章では以下のことを指摘した。千人同心という存在の形骸化と市場経済の影響を受けた身分規範の弛緩を、鑓奉行―千人頭ラインは、寛政四年・七年の改革で立て直そうとした。このラインは「御家人筋」という言葉を使用し、平同心を下級武士として扱うことにより、支配の正統性にした。

本章ではこのような御家人という言葉が、社会のなかでいかに遂行されていったのかを検証する。まず御家人という言葉自体を考察してみよう。御家人とは「将軍直属の幕臣であっても御目見以下の者」とするのが通説であろう(1)。通常どの藩でも武士は上士と下士に分けられ、その差は大きかった(2)。幕臣の場合、旗本が上士、御家人が下士ということになろう。このことは一見明瞭であるが、実際は御家人の定義は論者によって異なる。これは近世において、御家人という言葉が、幕府直属の下士という範囲を超えて、広く使われていたことも原因である。

例えば旗本が御家人と呼ばれた事例を掲げよう。『寛政重修諸家譜』の永田嘉矩の項には「桜田の館にをいて書院番をつとむ。宝永元年文照院殿西城にいらせたまうのとき従ひたてまつり、御家人に列し、十二月十二日西城の焼火間となり」とある(3)。この御家人を御目見以下の幕臣としてはおかしいであろう。桜田館(甲府藩)の臣から将軍家直属の臣になった故に「御家人」と呼ばれたと考えるべきである。このような「御家人」の使われ方は『寛政重修諸家譜』に散見され、『御家人分限帳』(内閣文庫蔵)にも旗本が記載されている事実を併せて考えるとき、旗本が御家人と呼ばれていたことは、一人永田に限ったことではなく、むしろ一般的なことと考えた方がよいであろう。

徳川将軍家直属の武家奉公人についても、御家人とするや否やについては、見解が論者によって異なる。例えば木村礎は中間から六尺・駕籠かきまで「幕府に直接且つ正式に召し抱えられている限りすべて御家人」としている(4)。一方「江戸時代に於いて小者とは士分以下の軽輩なり(5)」、「同心(足軽)・中間・小者が御家人に含まれるや否やは、異説のあるところである(6)」との記載もある。木村説はこれらの説の克服という形をとっていないため、幕府直属の武家奉公人を御家人と断定することはできない。因みに萩藩では藩に直接仕える足軽・中間は「御家人」と呼ばれている(7)。

新見吉治は幕府の「御譜代筋」の中間高橋吉太夫が、実子がありながら金銭を貰って養子を決め、処罰された享保一一年三月の史料に触れ(8)、「中間は尾張藩では脇差だけを帯した賤しい仕丁の地位で、苗字を称えることを許されなかった輩であるが、幕府には譜代の中間もあり、苗字をも許されたものもあった。広義の直参御家人の中に入れられていたといわれよう。維新前江戸に於いては、御家人といえば狭義の御家人であって、与力までを含み、同心以下中間・小者の職種身分は非常に多い」としている(9)。ここで注目されるのは、新見が御家人は与力までであり、同心以下中間・小者は御家人外としている点である。旗本＝上士、御家人＝下士、同心以下＝武家奉公人と考えるのが、他藩の事例に鑑みても一番自然のように思われる。しかし一方で徳川家(御家)に直属する家人という点に着目すれば、大名や幕府直属の武家奉公人が御家人とされてもおかしくない(10)。つまり御家人という言葉には①徳川将軍家に直属する御目見以下の下士を指す狭義の意味と、②大名・旗本・御家人(①の御家人)・徳川将軍家直属の武家奉公人をすべて指すという広義の意味の二つの意味があったと考えるのが、最も合理的であろう。従来この言葉の二重性に着目することが薄かった故に、自態が混乱した。ただこの①と②の意味を混同して用いてはならないことはいうまでもない。

続いて同心という身分の規定について確認しておこう。先述の高柳の文章で明らかなように、幕府においては足軽を同心と称したことは広く知られている。藩の場合は必ずしも足軽＝同心とはされないのであるが、幕府と同じように足軽＝同心としている藩もある。(11) 足軽は下級武士とされることもあるが、正しくは武士ではなく武家奉公人である。(12) 武士ではないがゆえに、幕末幕府の軍政改革においても諸組同心以下を兵卒として採用する案が検討されたのである。(13) 同心が武士である御家人と異質であることは、明治維新の際の士族・卒へ御家人が編入される過程をみても明らかである。明治二年一二月九日、刑部省は御家人の士族・卒への編入に関して伺いを出している。士族と卒との区別は石高によってもよいかというものであった。これに対して弁官は、即日席以上の御家人のみ士族とし、残りは卒とするよう指示した。(14) つまり御家人が士族もしくは卒に編入されるには多少の経緯があったのである。しかし同心については伺いが出される以前の一二月に「旧来同心之輩ハ卒ト可称事」とされているのである。(15)

なお先述したように千人同心は元来中間である。この点と同心＝足軽との関係について説明しなければならない。元来同心とは「ともに事にあたること」「戦闘で味方すること」を意味する。(16) つまり千人頭に付属して、戦闘を助けることが本来的な意味であり、足軽であるか、中間であるかは二次的な問題に過ぎない。

以上身分的周縁論以前の諸説から、御家人と同心・足軽の身分について考察した。近年では武家奉公人は武士周縁として武士本体と混同されることは少なくなった。千人同心の場合も当然そのような動向に沿って攻究する必要があろう。その上でなぜ寛政改革以降、千人同心が御家人であるという言説が浸透したのかを、御家人言説の遂行過程を通して明らかにする必要がある。

第一節　御家人言説の遂行とその影響

本節では千人同心組頭植田孟縉が文化一四年に提出した「御内意申上候書付」を手掛かりに、一九世紀初頭における御家人言説の遂行過程を検証しよう。

孟縉について一瞥しておこう(17)。孟縉は宝暦七年に三河国吉田藩の侍医熊本自庵の家に生まれ、安永四年に千人同心組頭植田元政の養子になっている。植田家は代々千人同心組頭を勤める旧家である。孟縉は千人同心を代表する知識人で幕府の地誌編纂事業に関与する傍ら、『武蔵名勝図会』『日光山志』『鎌倉攬勝考』などを執筆した。渡辺崋山や松崎慊堂などとの交流も確認できる。天保一四年一二月死去。

改革が行われた寛政四年から二五年経った文化一四年に、孟縉は「御内意申上候書付」という上申書を記している(18)。孟縉がこの意見書を提出した直接的きっかけは、千人同心の扶持米を扱っていた布屋権三郎をめぐる不正事件であろうが、寛政改革により「御家人筋相立、在々住居」の千人同心まで安心したが、「次第ニ風儀も不宜趣」になっているとの認識も述べられているので、千人同心全体の弛緩を問題視し、改めて意見書を提出したと思われる。ここでは寛政改革以後千人頭が強調した千人同心は御家人(先述した①の御家人)であるとの思考が基調になっている。

この意見書は長文のため全文は紹介できないが、重要と思われる点を検討してみよう。一つ目は昇進組頭に関することである。

【史料19】

一、昇進組頭勤年数ニ随ひ、倅見習並本見習勤年数ニ依て組頭役被仰付候事、

昇進組頭役被仰付拾年余相勤候上、其倅相応之者ニも御座候得者奉願組頭見習並被仰付、三、四年相勤候内親勤年数十五年相立候得者本見習ニ被仰付、日光在勤も相勤候上、親明跡組頭役も被仰付候御定之趣御改正被仰渡御座候御儀ニ奉存候、右勤年数ニ依て見習並・本見習等之差別、旧家と新家混雑不致御趣意之御儀ニ奉存候、然処文化十二亥年三月斎藤虎太儀見習並被仰付、翌四月本見習勤被仰付、同年八月親宗五郎跡組頭役被仰付、十組回勤吹聴罷越候、親勤年数者相当之儀も可有御座候得共、倅見習本見習数月之間も無御座、親跡引続組頭役被仰付候得者旧家・新家と混雑仕、甚紛敷候儀ニ御座候而引続キ組頭之家筋ニ相成候様奉存候、然上者御改正被仰渡候旧家と昇進之御趣意齟齬仕候様奉存候、此儀御賢察之上差別御座候様仕度御儀ニ御座候、

寛政四年の改革によって組頭昇進制が採用されたことは前述した。それ以前は特定の家が組頭を独占していた。ここに出てくる「旧家」がそれに相当する。一口に旧家といっても幾つかに類別できるが、それについては後章で検討したい。

ここで問題になるのは新しく昇進してくる組頭をどう扱うかである。旧家以外の家、つまり新家が昇進して組頭になった場合は、原則的に世襲された旧家と異なり、倅に跡を継がせるには、幾つかの条件があったと孟縉は記している。組頭勤年数が十数年を経過し、相応の倅が存在した場合は、その倅を見習並にする。それを数年続け、父親の勤続年が一五年を経過すると本見習になる。そして日光勤番を経験すると親の明跡と組頭役を襲うことができる。これによれば約一五年間、見習並や本見習を勤めた後に新家の場合は息子に組頭役を継がせることができたわけである。

しかし新家であろう斎藤虎太は文化一二年三月に見習並、同年四月に本見習、同年八月に親の跡を継いで組頭役になっている。わずか五か月で組頭に昇進したわけであり、これでは世襲の旧家と変わらず、差別すべきだと孟縉は主張したのである。

昇進組頭制の採用が千人同心の家格構造に大きな影響を与えたことは確かである。組頭の世襲制は旧家のみの特権ではなくなったのである。斎藤の場合は余りに短期に組頭に就任したので問題になったが、もし一五年以上の時間をかければ、問題にならなかったであろう。足高制が能力主義の採用ではなく、新しい家格の創出に貢献した好例である。ここで指摘しておかなければならないことは、組頭役は条件が許せばだれであっても平同心に開かれたものであったという点である。千人頭は旧家ではなく、平同心に多い新家に支配の基軸を置き、支配の正統性にした。平同心まで含めて千人同心一般を御家人（下級武士）と規定することにより、支配が可能になったと考えるべきであろう。逆に言えば千人同心が御家人と規定されることによって何を得るかを明らかにしなければならないが、それについては次章以下で触れることにする。なお付言しておくが、この千人同心全体を御家人とする言説は明らかに寛政改革前後に千人頭を中心に生成された言説である。千人同心という社会集団を対象に遂行され、基本的には了解されたが、千人同心の外部、村などの地域社会や公儀などの権力が了解したかどうかは別問題である。

二点目は千人同心と家族との関係を考察したい。

【史料20】

一、百姓伜方ニ組頭同居之事

御改正被仰渡候節、荻原又四郎様御組同心組頭峯尾富蔵儀散田村百姓親八兵衛方ニ同居、山本橘次郎組同心与頭小池勘兵衛儀中野村百姓祖父善右衛門方ニ同居、窪田岩之助様御組同心与頭当麻喜太夫儀大沼田村百姓弟半次郎方ニ同居、右之者共儀先年ゟ同居仕来り酒造或ハ質屋なとにて同居不宜候得共、是迄同居致来候ニ付被差置、此後右体商売屋ニ同居仕候儀不相成旨仰渡御座候而諸組相改申候、然処近来等閑ニ相成、甲州街道筋ニ而百姓伜方ニ罷在候組頭之内壱人旅籠渡世相始簷ノ下ニ行灯看板を出し、伜百姓之営ニハ可有御座候得共実ハ親なる組頭役

相勤候氏を以渡世の家名となし行灯看板に書顕す事他見不宜、文盲の致方甲州駅路にも御座候得者兼而ゟ世間風聞も仕罷居、親組頭之氏を家名と致候事如何敷、此儀御差留被成可然奉存候、若又伜儀渡世の妨ニも相成候段申上候ハヽ、無障家名ニ致、万屋ともいせ屋とも可致儀御座候、往還の人目ニ遮り不宜候、且又年を経候ハヽ、伜儀も親組頭跡御番代相続も可仕者ニも可有御座奉存候、

ここでは寛政改革時に四人の組頭が家族と同居していることが述べられている。ここで問題になっているのは彼等が同居している家が商売をしていたからであった。酒造と質屋である。酒造は小売りなども行なう場合もあったであろうから、酒屋のことと考えればいいであろう。質屋は当然武士にあるまじき金銭出納を行なう職業である。これらの商売を営む肉親との同居は寛政改革後に禁止されたという。しかし近年またその禁止が緩くなったとの認識が述べられている。ある組頭は甲州街道で旅籠を営む息子と同居していた。その行灯看板に記された屋号は、父である千人同心組頭の姓と同じであった。「他見不宜、文盲の致方」と孟縉は嘆いている。

また孟縉が最後に「年を経候ハヽ、伜儀も親組頭跡御番代相続も可仕者ニも可有御座奉存候」と書いていることに注意されたい。なぜ息子が武士に似つかわしくない商売をしてはならないかといえば、それは彼等がいずれ千人同心を継承する可能性があったからであった。要するに家という単位で考えなければ千人同心の身分規範は完結しえないのである。近世身分制の基本は家であるとするのが通説である。

しかしここで考えなければならないのは、家という存在も歴史的形成物だということである。千人同心の場合は一七世紀を通じて百姓家と融合していった、つまり百姓家に取り込まれていったわけであり、もともと千人同心の家があったわけではない。この点は城下町に住む武士とは根本的に違う。武士ならば城下町の屋敷に居住すれば武士の家族といえるだろうが、在方住居の千人同心の場合は、千人同心の家族は百姓の家族である。このことは寛政改革まで

は自明のことであったであろう。しかしこの改革で「御家人筋」を立てようとし、千人同心自身の御家人身分が強調されると、城下町に住む武士のように、千人同心の家族も「御家人」の家族として扱わなければ、整合性がとれなくなったのである。また史料20では組頭のみが問題になっているが、千人頭は平同心の御家人身分を強調しているので、平同心にとっても他人事ではないはずである。この点もう一つ家に関する孟縉の意見書をみてみよう。

【史料21】

一、地方引請人之事

御改正以来田畑引受人名前御届申来、其人相定め置候処、近来一統相弛ミ名前引替之節御届なとも等閑ニ相成有間敷儀ニハ御座候得共、引受人しかと相定置不申輩も可有御座、十組一統御取調御座候様仕度候、大勢之儀組頭も多分在住罷在、逐一不奉存候得共、昇進組頭之内壱人在住之者ニ而名主ゟ年貢其外村用触当等百姓連名回状ニ組頭の名前相認来、名主ゟ差出候儀御改正以来唯今迄右之趣ニ御座候、其村名主ニ私儀承合候処、名主申聞候者田畑ニ付何事も出来致候得者引受人与申者村内百姓之内壱人御座候段、先達而私共方江申聞置候得共、回状幷触当等ハ前々ゟ御組相勤候名前ニ而致来候段私江申聞候、此儀私儀弁兼候、引受人御座候ハヽ、年貢幷触当等ニ組頭名面ニ而百姓連名回状ニ致来候儀如何敷次第ニ奉存候、御趣意ニ相背是迄組頭相勤候段有間敷儀ニ奉存候、咫尺之内ニ罷在候者ニ而如此儀御座候得ハ遠方ニ罷在候者之儀如何ニ御座候哉、能々御賢察可被遊候様奉存候、

この史料21では寛政七年に設置された地方引受人に関してのものである。この制度は平同心も対象にした。しかし孟縉によればこの制度も近年は緩み、地方引受人を設置しない千人同心もいるとの見解が示されている。地方引受人を設置した目的は千人同心を百姓の家から分離し、「御家人筋」を立てることにあった。しかし元々千人同心とは百姓が兼ねるものであり、その千人同心を百姓の家から分離することが無理なのである。史料20で地方引受人が確立し

ている様相が読み取れないのは当然のことなのである。

しかるに孟縉は非現実的な構想を語っている。孟縉の知り合いの名主は田畑のことは田畑引受人に引き受けてもらうが、「回状幷触当」は千人同心の名前で連名しているとしている。村から年貢・諸役が賦課される場合は、千人同心の名前に対して行なわれるということであろう。地方引受人は別名を田畑引受人といい、文字通り千人同心が所持している田畑に対する事務だけを行なっているのである。しかし孟縉は年貢・諸役に関することも千人同心（組頭）ではなく、田畑引受人が行なうのでなければ「如何敷次第」だと認識しているようである。これは孟縉がこの時期の千人頭の基本統治方針である千人同心はすべて御家人という方針に沿って事態を判断しているからであろう。千人同心を武士と考えれば年貢・諸役に関わる必要はないのである。しかし実際の村での実情はそれとは反対のものであったことは、当の孟縉の記述から確認できるのである。なお田畑（地方）引受人はこの時点ではさほど浸透していなかったとするしかないが、後述する「横山宿一件」を経て、幕末期になると一程度の浸透をみた。その様相は後述する。

次いで千人同心身分の形骸化の具体像を検討しよう。

【史料22】

一、在々住居組頭平同心之事

組頭平同心在住致田畑引受人差出置候事ハ御改正已来十組同様之儀ニ御座候、然処内々ハ村役兼帯致支配地頭江罷出候輩も御座候由、勿論支配地頭江村役之名前別ニ出し置、伜も別の名を称し候得者村役を勤候名前はかりにて其人なく、地方用事の節御家人身分にて村役人となり、支配地頭江罷出候輩御座候而御制禁の一人両人御家人身分忘却致候者御座候而殊ニ平同心にても不相成次第ニ御座候処、組頭之内にも右体の人物御座候段及承候、平同心にても同様の儀ニ御座候間、能々御改御座候様仕度奉存候、

一、村役兼帯致候者、地頭支配所江弟又ハ伜之名を出し置、村内百姓最合（寄）等ニ罷出候儀不宜筋ニ御座候得共、村内納得致居不表立儀ニ候ハヽ、被差置候而も可然候得共、村内最合（寄）等其事品ニ寄差別可致儀ニ而或ハ地頭ゟにくしみを受候筋の用向ハ用捨有之儀ニ御座候、先達而組頭の内に地頭所ゟ千人同心住居不相成なと申聞候事も御座候得者外聞不宜候、組頭等にてハ尚更心得可申儀ニ奉存候、

一、平同心之内ニ而村役兼帯致候哉、又ハ其者伜なとの名代ニ而罷出候哉、駅宿江日〆立合ニ出候組同心御座候由、如何敷儀ニ奉存候、是又厳敷被仰渡御座候様仕度奉存候、

ここでは千人同心で村役を兼帯している実像が生々しく陳述されている。非合法であるため村役人としての名前は千人同心としての名前とは別のものを支配地頭に届けておく。息子も別の名を称しているので、千人同心と露顕することはない。つまり村役人は千人同心が内々勤めているので、届け出た名前の人物が実在しているわけではないのである。そして地方の用がある時は御家人身分であるにもかかわらず村役人として支配地頭のところに出向くのである。旗本の家臣は身分的には御家人より低位である。御家人身分の「村役人」との交渉は円滑には進行しないであろう。これは御禁制の「一人両名」に当たると孟縉はいうのである。このことは身分制が人称的に崩壊したことを示している。百姓なら村が人称性を特定して、その人物に百姓役を賦課させる。千人同心という身分集団においては集団が千人同心を特定して、その人物に千人同心の役を負担させる。寛政改革以前は千人同心は百姓が兼ねるものであるので、村と千人同心の間には矛盾は惹起しなかった。寛政改革によって「御家人筋」が立ち、百姓と千人同心の乖離が意識されるようになると、それまで問題のなかった関係が、あたかも問題であるかのように現出したわけである。身分制の観念的更新によって現実との矛盾が創始されたのである。その矛盾によって誰が千人同心なのか、誰が百姓なのかがクローズアップされ、人称性の崩壊が引き起こされる。このことは個の身体も社会的諸関係によって形成されてい

るという私的所有論的観点から捉えるべきだということを示すものである。関係が対象化されることにより変質し、それが新しい言説を生み、その過剰な言語遂行が人称性の崩壊という重要な結果を招いたのである。なお前述したように「一人両名」は千人同心独自の問題ではなく、当該時期の構造的問題である。このことは身分の越境状況という社会的構造のなかで千人同心の身分を位置づけなければならないことを示している。

史料22の二条目は実質的に千人同心で村役を兼帯している者が、村の百姓の寄合に出る場合のことが記されている。村役人ならば当然そのような機会もあろう。孟縉はそのようなことは「不宜」、望ましいことではないが百姓が納得しており、表立たなければ問題化する必要はないとしている。孟縉は千人同心を武士と規定しているので、百姓の寄合に出席すること自体が問題なのであろう。しかしその孟縉でさえ、そのような状況を追認するしかないのである。彼にいわせればそれは千人同心が非合法的に村と結託しているためであろうが、千人同心は元々百姓なのであり、百姓の寄合に出席することは自然なことである。御家人言説が社会的に遂行されたせいで、家や村から分離すべきだという倒錯を、千人頭やその周辺の孟縉たちが持ったというだけの話なのである。

なお孟縉は「地頭〻にくしみを受候筋の用向ハ」千人同心がしゃしゃり出ることは慎んだ方が良いとしている。このような用件で地頭所と折衝し、「千人同心住居不相成」と言われた千人同心組頭が存在したという事例が挙げられている。この点から「御家人筋」政策が、実は領主支配を無効化する方向性を含んだものだということを窺わせる。「御家人筋」政策は矛盾を孕んだものなのである。この点は後述する。

史料22の三条目は助郷に出る時に千人同心自身か、息子が日〆物代を勤めることが問題視されている。これは助郷が代表的な百姓役だったためである。役と身分との間には対応関係があることを考えれば、助郷を勤める者は百姓である。ここでも千人同心が助郷を勤めることが常態であったことを指摘しておきたい。

ここで本節をまとめておこう。「御家人筋」政策によって千人同心は御家人（下級武士）という言説が生成し、千人同心という身分集団に対して遂行されていった。その結果、千人同心集団内部ではこの言説は正統化され了解された。そのことは家格の混乱という問題を引き起こしたが、この点は修復可能であり、致命的な問題ではない。問題は家と村・権力との関係である。家については家族を御家人の家族とするのかという問題である。「御家人筋」政策を取る以上、家族まで含んで御家人と主張するのが最も合理的であり、千人頭も含めてその方向性で主張を展開する。しかしそれは村や権力にとっては容認できないことであった。村にとっては千人同心は百姓が兼帯するものであり、勤務の時以外は村の指示に服すべきものであった。それは領主権力も容認しているのである。その領主権力にとっては千人同心は武士身分を盾にとって支配を滞らせる阻害要因であった。要するに「御家人筋」政策は、千人同心集団内部のルールには受け入れられたが、外部との関係は構築できなかった。内部には御家人言説に関して、了解志向のコミュニケイション的行為が成立したが、外部とは構築できなかった。したがって千人同心集団と村・権力との関係は戦略的なものになっていく。

第二節　八王子千人同心五十人御咎一件

文政七年一二月、千人同心五〇人が一斉に処罰されるという事件が起こった[19]。この事件は『桑都日記』では「文政甲申禍」と呼ばれているが、先述した通り「八王子千人同心五十人御咎一件」という名称で、第二次大戦前から研究史が存在する。本節はこの一件を取り上げ、公儀の身分制に対する認識の特質を指摘したい。

この事件の背景として「文政六未同七申年七月頃」に千人同心と思われる人物は箱訴や張訴を繰り返したことが挙

げられる。その全ては判明しないが、文政七年六月一七日、評定所表門に貼られていた文書の内容は、橋本類八によって記録されている。この文書には千人同心小島文平・小山為八・馬場仁平の三名の名が連記されていたが、これはもちろん虚偽であろう。

張訴の内容は四箇条からなる。一箇条目は昇進組頭についてである。「昇進組頭者其身一代切ニ而世話役ヨリ繰上ニ相成事ニ御座候処、近来昇進之者ヨリ頭方ニ金子差出、倅江直ニ組頭役見習勤申付候様相成候」とあり、天正以来の旧家以外で組頭に昇格できる昇進組頭が批判されている。張訴文の起草者によれば昇進組頭は世話役から昇進するものであり、組頭の職も一代限りであったはずだと述べられている。しかし昇進組頭は千人頭に賄賂を贈り、息子を組頭見習にして組頭の世襲を図っている。このため千人同心全体としては「勤方励ミ薄相成」、志気が落ちていると指摘している。この点は先述の植田孟縉の記述した史料19に拠れば、十分あり得る状況であろう。昇進組頭の具体例は後述するが、やはり昇進した組頭が世襲化を企図したことは証明できる。また「志村又右衛門組松本斗機蔵儀ハ父六郎事松本右内ト申平同心相勤候モノニ候得共、如何ノ訳ニ而旧家組頭ニ相成候哉、御穿鑿被下役儀一代限り」にしてもらいたいと、松本斗機蔵を名指しで批判している。(20)『献芹微衷』の執筆で知られる松本は確かに志村組の組頭であった。斗機蔵の父は千葉六蔵といい、千人同心の家に生まれた人物ではない。彼の出生は不詳であるが、安永から天明の時期に八王子に来住し、旧家松本家の養子になっている。後述するようにこの時期は金銭と引き替えに養子に入る、実質上の身分の売買が行なわれている。松本の具体的事情はわからないが、金銭に物を言わせた相続とすれば、旧家としての正統性が問われても不思議ではない。

二条目は「組頭平同心迄部屋住之者見習申付節、又ハ番代被申渡候節」の入用について、千人頭の組ごとに額が異なっているので、統一して欲しいというものである。新規番入のときに「御披露目」として多額の金額を上司や同僚に渡す通弊は、この時期の幕臣、ひいては武士の特徴といえよう。その度合いが強い組と弱い組があったということであろう。これも一種の「賄賂」の強制といえよう。

三条目は「組々見習ヨリ相勤候者直ニ番代被申渡候者」は勤め年数で上席を決めるのか、番代された順で上席を決めるのか、組によって異なるとしている。これらのことは「頭ニ賄賂次第」だという。

四条目は来年行なわれる日光参詣に千人同心もお供をするが、その雑用費は千人同心が出し合っているのはいかがなものかというものである。これは千人頭は賄賂だけ貪り、肝心なところには金を出さないということか。

この張訴文から窺える千人同心社会の特徴は、貨幣を媒介にした経済社会になったということである。千人同心の旧家・組頭といった格式・役職も金銭で買えるようになった。張訴文の執筆者は、このことを問題にしている。問題はどのような観点から疑問を呈しているかである。執筆者は昇進組頭のことを問題にしているが、それは事実上世襲化することへの批判であり、昇進組頭制自体への批判ではない。むしろ世話役からの昇進が正当であるとの主張が垣間見える。寛政改革で実現した制度を賄賂が歪めていることへの批判なのである。故に執筆者は寛政改革で批判の主対象になっていた旧家の者ではありえない。文政六年一二月、旧家組頭の代表的存在である塩野所左衛門（適斎）とやはり旧家組頭の川村小七郎が月番千人頭の河野四郎左衛門に訴えられている[21]。内容は不明。これは張訴と一連の行動と考えるのが自然であろう。旧家松本家を継いだ斗機蔵も批判の対象になったことを考え合わせれば、批判者はむしろ旧家には批判的だと考えた方が良いであろう。寛政改革の政策方針を支持し、組頭への昇進を意図する新家及びその周辺が執筆者であろう。

さらに鑓奉行が千人頭に渡した「告諭文」からこの時期の千人同心集団の問題点を探ってみよう[22]。

【史料23】

千人同心之儀一体多人数殊ニ懸隔候場所之儀ニ付、取締方之儀者等閑不相成様常々申合、格別可被念入筈之処、近来者御家人風儀を取失ひ不行状之者共多く、其上他所より入込居候希有之者共有之、公事巧等相企、御家人幷家族之者共之内ニ茂荷担腰押等ニ携り候心得違之者不少、御箱訴等不軽儀其外門訴等不束之儀共度々ニ及ひ不埒之事ニ候、一体御箱訴之儀者御家人身分ニ而者致間敷事ニ候、若頭向江難申出趣意有之候ハヽ、名前相顕し御鑓奉行、又者御目付等江可申出筋ニ有之候、既ニ享保十三年七月中被仰渡茂有之、相達候通評定所御箱江書付入候儀者町人百姓訴之為ニ出し被置候儀ニ而御家人共上江相達候儀者頭支配、或御目付等江可差出儀ニ而箱訴之儀心得違候条、且在方住居之同心共御家人ニ有間敷村役名主代り茂相兼候沙汰相聞候間、猶此上遂詮議弥心得違之者於有之者厳重之御沙汰可有之、畢竟常々不取締之故と被存候、今般急度改正被致候者其内ニ者褒貶之者茂可有之間、被心附置可被申聞候、此以聊たりとも心得違如何之風聞茂有之候ハヽ、篤与相糺可被申聞候、無用捨御吟味之儀可申上間、取締方等閑ニ被相心得、他より相聞候者当人者勿論其許方ニ茂一同無念之筋ニ候条、弥以厳格ニ申合御家人之風儀幷頭組之規矩相立候様可被致候、常々質素第一ニ被心得御奉公筋相励、日光江戸往返等ニ茂道中筋権威ヶ間敷儀無之様組之者召連候小者迄精々可被申渡候、

此度其元方組同心共別紙書面之通立合之上夫々厳重可被申渡候、追而取計之儀者可被相伺候、

右者自分共江被仰渡候ニ付、為心得申聞候、心得違無之、銘々精勤可有之候、

（文政七年）申十二月　　　　千人頭

この史料23では、千人同心は遠隔地に住んでいることもあって、「近来者御家人風儀を取失ひ不行状之者共多く」との公儀の基本認識が示されている。そのような状態に拍車をかけたのが、他所から入り込もうとしている連中が、

訴訟騒ぎを起こしていることであった。一部の千人同心とその家族は、そのような騒ぎに荷担していると公儀は判断したようである。一連の箱訴・捨訴・張訴の犯人は特定されないのであるが、公儀は上記のように考えたのであろう。この点は張訴の執筆者を新家及びその周辺と規定したことを想起されたい。千人同心に新しくなった階層、もしくはこれからなろうという階層にとっては、寛政改革で決められた方針が、千人頭や旧家の恣意なく実現した方が、身分上昇が図れるのである。

しかし公儀とすれば箱訴のような騒ぎは、御家人身分に関わることであった。史料23には「御家人」という言葉が散見され、千人同心は御家人とすべきとの主張が成り立つように思われるかもしれない。この点について反論しておこう。

この点は史料23の御家人は先述した②の御家人概念、つまり徳川将軍家直属の家人という概念が使用されているといえば、それで一応は説明がつく。しかしここではさらに説明を加えよう。そもそも公儀は千人同心クラスを武士であるかどうか直接規定する必要があったのか。

端的にいって、そのような必要はない。文政七年「町方住居之御家人宅ニて、異変有之節、検使遣方等之儀」に関する評定所の議論をみると「明和之御書付ニ、御家人ニ候とも、町方住居いたし候分と有之候は、元来町人共所持地面ニ住居いたし候ても、不苦程之軽き身分の御家人」という文言が見出される(23)。軽き身分の御家人は町人地に居住しても問題がないとの認識であり、同一身分が同一の地に居住するという居住地原則の観点に立てば、軽き御家人は武士であろうと、百姓・町人であろうと、どちらでも大した問題ではないことになる。

その身分の居住地原則についてであるが、千人同心が問題を起こす集団である原因はこの原則に背いて、在方に居住しているためであるとの認識を公儀が持っていたことは明らかである。そのため「村政名主代り茂相兼」と、一人両人という身分規範の重要な違反が成立するのである。この居住地原則は千人同心の身分を考察する上で重大な概念であるが、千人同心社会にこの原則が適応されるのは、歴史貫通的ではなく、この時期辺りからと判断される。この点は次節で論じよう。

このことは先述した「百姓身分を決定するのは村」という共同体が身分を決定するという学説を想起させる。千人同心身分を決定するのは、つまり千人組の構成員を決定する主体は千人組自身である。公儀は何か問題が起きたとき、先例にまかせて判断するだけである。軽き御家人の身分までを積極的に規定する必要は、そもそもないのである。このことは千人同心身分を決定するルールは千人同心の生活世界が主体であったことを意味する。この点は後述しよう。

史料23で「御家人風儀を取失ひ」としていることは、具体的には新家千人同心とその周辺が起こした訴訟騒ぎと、一人両人であった。公儀はこの背景に貨幣経済の進展をみていたようで、千人同心に「質素専一」を求めている。史料23がいう「別紙」をみると、「金子口入等為致借請候儀者有之間敷」との文言がある。(24) そして綱紀を粛正して、来たるべき日光社参を成功させたいのであろう。

本節の最後にこの一件の処罰者についてみてみよう。表1は処罰者の一覧表である。処罰された千人同心はちょうど五〇名、十組全体に亘り、組頭・世話役・平同心と主な身分はそろっており、旧家組頭(一代平同心降格は旧家である)も新家組頭もそろっている。この辺りは一罰百戒的な意図を感じる。逆に言えば千人同心には叩けば埃が出る人物が多かったのであろう。

処罰者に死罪や追放はなく、人数は多くとも、後述する「七隊六箇条一件」に較べれば緩やかなものである。最も重い処罰は、強制的に番代させられる処分であろう。表では「番代」としておいた。

【表1】文政甲申の禍処罰表

No	名前	身分	処罰	理由	千人頭
1	風祭三重郎	組頭	一代平同心降格、慎	組内取締方不行届	河野組
2	筒井助右衛門	組頭	平同心降格、慎	組内取締方不行届	河野組
3	浜中善兵衛	世話役	平同心降格、慎	組内取締方不行届	河野組
4	常盤勘九郎	世話役	平同心降格、慎	浪人正田泰助掛り合一条御家人有間敷行状	河野組
5	羽生弁左衛門	平同心	叱り置	御家人有間敷心得違之行状	河野組
6	植田里助	平同心	叱り置	御家人有間敷心得違之行状	河野組
7	平野孫左衛門	組頭	平同心降格、慎	組内取締方不行届	中村組
8	清水新右衛門	組頭	平同心降格、慎	組内取締方不行届	中村組
9	北山為八	世話役	平同心降格、慎	御家人有間敷行状	中村組
10	中島奥五郎	世話役	平同心降格、慎	御家人有間敷行状	中村組
11	武藤才治郎	平同心	叱り置	御家人有間敷心得違之行状	中村組
12	小川次右衛門	平同心	番代	御家人身分有間敷一人両人之沙汰	中村組
13	奥沢伝左衛門	組頭	平同心降格、慎	組内取締方不行届	窪田(助)組
14	松村順兵衛	組頭	平同心降格、慎	捨訴等之義ニ付不埒の風聞	窪田(助)組
15	山口周助	組頭	平同心降格、慎	伜幸三郎御家人家族不相当之行状	窪田(助)組
16	磯沼馬之助	平同心父	急度叱り置、慎	御家人家族ニ有間敷不行跡	窪田(助)組
17	山口九十郎	平同心	叱り置	御家人有間敷心得違之行状	窪田(助)組

18	内田巳之助	平同心	叱り置	御家人有間敷心得違之行状	窪田(助)組
19	松本斗機蔵	組頭	急度叱り置、慎	組内取締方不穏	志村組
20	粟沢謙次郎	組頭	一代平同心降格、慎	捨訴等之義ニ付不埒の風聞	志村組
21	田中甫助	平同心	叱り置	御家人有間敷心得違之行状	志村組
22	馬場新兵衛	組頭	平同心降格、慎	組内取締方不行届	石坂組
23	大倉庄左衛門	組頭	平同心降格、慎	組内取締方不行届	石坂組
24	森田惣蔵	組頭見習	叱り置	御家人有間敷心得違之行状	石坂組
25	山崎郷右衛門	世話役	平同心降格、慎	御家人有間敷心得違之行状	石坂組
26	山崎角左衛門	平同心	叱り置	御家人有間敷心得違之行状	石坂組
27	秋山武兵衛	平同心	叱り置	御家人有間敷心得違之行状	石坂組
28	塩野所左衛門	組頭	一代平同心降格、慎	組内取扱方不行届、倅太郎御家人身分ニ有間敷不行跡	原組
29	川村小七郎	組頭	一代平同心降格、慎	如何之風聞も有之組内取締方不行届	原組
30	松本勝蔵	組頭隠居	急度叱り置、慎	我意強御家人家族ニ有間敷行状	原組
31	戸谷半十郎	世話役	番代	御家人身分有間敷一人両人之沙汰	原組
32	田中三右衛門	平同心	急度叱り置、慎	我意強組頭申儀不相用	原組
33	久田作右衛門	平同心	急度叱り置、慎	我意強組頭申儀不相用	原組
34	小嶋文平	平同心	番代	出入之腰押に携わり金銭受納	原組
35	菱山慎平	平同心	叱り置	御家人有間敷心得違之行状	原組
36	浜村喜兵衛	平同心	叱り置	御家人有間敷心得違之行状	原組

37	鈴木国太郎	組頭見習	見習勤取放、慎	捨訴之儀ニ付悪評を請け	荻原(弥)組
38	番場仁兵衛	平同心	番代	出入之腰押、一人両人の御家人身分有間敷行状	荻原(弥)組
39	日野福次郎	平同心	叱り置	御家人有間敷心得違之行状	荻原(弥)組
40	峯尾弥源太	組頭格	平同心降格、慎	村方江心得違之行状	荻原(順)組
41	橋本光五郎	組頭	平同心降格、慎	捨訴等之義ニ付不埒の風聞	荻原(順)組
42	小嶋奥右衛門	世話役	急度叱り置、慎	我意強組頭共申義不相用	荻原(順)組
43	小俣東四郎	世話役	番代	出入之腰押に携わり金銭受納	荻原(順)組
44	井上増次郎	平同心	急度慎	村内江心得違之行状有之	荻原(順)組
45	山本良助	組頭	急度叱り置、慎	組内取締方不行届	荻原(順)組
46	保坂庄右衛門	組頭	一代平同心降格、慎	組内取締方不行届	山本組
47	石川順兵衛	世話役	平同心降格、慎	常々心得方不宜、倅宗蔵身持不宜	山本組
48	山口多蔵	平同心	叱り置	御家人身分有間敷心得違之行状	山本組
49	河井兵吾	組頭	平同心降格、番代	御家人身分有間敷如何之沙汰	窪田(重)組
50	中村定五郎	世話役	急度叱り置、慎	御家人身分有間敷心得違之行状	窪田(重)組

表1では強制番代は№12・31・34・38・43・49が該当する。その理由が№49以外は訴訟の腰押か一人両人かであることに注意されたい。この二つの事由が公儀にとって最も憂うべきことだったのである。№49は組頭でいながら家出をしていたので、罪が重くなった例外的な事例である。

№16は千人同心ではなく、千人同心の父である。その他にも家族が処罰理由になっている事例がある（№15・28・

30・47)。千人同心が武家奉公人で百姓であるならば、千人同心の家族も百姓であるべきではないかという批判を防遏しておこう。

この点は処罰内容に注目すべきであろう。訴訟の後押や一人両人のような法に抵触する内容を犯した者は「番代」して、自身は千人同心を辞めなければならなかった。しかし家族の場合は「御家人家族ニ有間敷不行跡」と抽象的理由で、処罰も「急度叱り置、慎」つまり譴責処分のうえ謹慎と比較的軽い処分になっているに過ぎない。これは法に抵触したのではなく、倫理的違反に過ぎないからであろう。千人同心の家族が御家人の家族とされるのは倫理的理由からであり、法的に規定されたわけではない。№28と№47は平同心への降格が申し渡されているが、これは家族の不行跡以外にも理由があったからである。ただ倫理的にではあっても千人同心の家族が御家人の扱いをされた背景には言及する必要があろう。これについては次節で横山宿狼藉一件を考察してみる必要がある。

第三節　横山宿狼藉一件

「横山宿狼藉一件」の経緯について述べてみよう(25)。この一件は千人同心の存在を考える上で大変重要なものであるが、その発端は単純である。文政七年五月一四日、八王子八木宿に住む千人同心鈴木幸次郎の養父長三郎と同じく八木宿に居住している百姓弥四郎他二人が八王子横山宿にある旅籠屋で飲食し勘定のことで揉め、旗本大沢修理太夫知行所武蔵国多摩郡中野村の彦五郎を巻き込んで喧嘩になり、弥四郎他一人が負傷した。

八王子宿を管轄する公儀の代官江川太郎左衛門は手代柏木林之助を派遣し、旗本大沢氏はその家来を派遣し、さらに千人同心組頭も検使に出張った。千人同心組頭は「長三郎は御家人之家族」と主張し、さらに代官手代より上席に着座することを要求した。柏木も大沢氏の家来もこれを認めず一座は紛糾した。結局口書の宛所も連名にできず、「融通」して取った。座順はいうまでもなく身分序列を表わす身分表象である。近世社会では身分表象の不確立は、書類作成のような業務上の些事さえ不可能にしてしまうのである。

では千人同心側はどのような動きをみせたのであろうか。多摩郡楢原村居住の千人同心組頭橋本類八の日記によれば、「長三郎身分百姓ニ可致旨林之助申断候」、千人同心の養父長三郎の身分を百姓だと江川の手代柏木林之助が主張したと記されている[26]。このことを重視した千人同心は、五月二九日に「十組寄合」を開いて「長三郎御家人身分ニ相成候様申上候」と、出府する月番千人頭山本金右衛門に上申した。十組は千人同心のすべての組であり、千人同心の総意がまとめられたと考えられる。つまり在方居住の千人同心を含めて千人同心は、その家族までも御家人の家族とする見解を総意としたのである。なお橋本の日記によれば検使に訪れた組頭は神宮寺豊五郎と鈴木国太郎である。

後述するように千人同心たちは、寛政改革以後、世話役・月番所・番組合など千人同心が総意をまとめ、それを反映させる組織を作り上げていた。この時もそれが機能したといえよう。その総意は千人同心の家族も御家人の家族として扱うべしというものであった。この千人同心の総意に対する千人頭の反応も素早かった。翌月の六月にこの事件に関係して、千人頭から出された田畑引受人に関する通達を掲げよう[27]。

【史料24】

御達之覚

組々同心田畑引請人之儀、是迄厄介之弟並次男三男等書出候者モ有之候処、右者同心家族之儀ニ付、引請人ニ不相成候間、家族之者ヲ除キ、此度相改引請人早々書出候様可致候、弟並次男三男ニテモ、地方持高少々ニテモ有之候者ハ、一軒之百姓候間、引請人ニ相成候テモ不苦候、田畑（地方）引受人は家族もいたというより、家族であることが一般的であった(28)。しかし田畑を所持していて御家人の家族とは主張しづらい。史料24は、明らかに家族までも御家人という千人同心の総意を千人頭が承認し、評定所への出訴を有利にすべく下達されたといっていいであろう。千人頭が千人同心の総意を受容していることに注目されたい。

評定所での担当は勘定奉行石川忠房である。石川は同年七月に千人同心の家族に異変があった場合の取り扱い方について伺を評定所に提出している。「千人町組屋敷ニ住居いたし候ものは格別」その他の千人同心は享保・安永・寛政の先例に鑑み、「家族は百姓並」と主張した。このため長三郎のような千人同心の家族が対象になる場合、そもそも千人同心組頭が立ち会う必要はないのであるが、同心当人の事例で立ち会う場合は、「其支配領主地頭え人別帳差出置候」者が代官手代や旗本家来の上席に座るのは「取締ニも拘り」、「諸組与力同心等之振合」から考えても、代官手代―領主家来―千人同心組頭の順で着座すべきだと石川は主張した。

この石川の主張は幕領を預かる代官の利益に沿ったものであることは明らかである。特徴としては百姓の身分を画定するものとして、宗門人別帳に記載されているかが重視されていることが挙げられる。享保・安永・寛政といった先例が身分を判断する基準になっている。当該時期においても百姓身分の規準になるのは検地帳ではなく、宗門人別帳・五人組帳であった。近世初頭に検地帳によって百姓身分が決定され、それがそのまま継続したと考えるのは事実に反する。

また千人頭は「学問御試」（昌平黌の学問吟味）のときには千人同心の「次男三男厄介之もの」まで受けていると主張したようである。これは勿論そうであるが故に千人同心の家族は御家人の家族だという主張であろう。これに対して石川は「畢竟は其度々之申立方、混雑いたし候故」と千人頭の申し立て方が統一されていないからだと一蹴している。

ここからも公儀が積極的に千人同心の身分を確定しようとしていなかったことがわかる。公儀はその都度の申立に応じて、先例と「諸組与力同心等之振合」つまり同じような役職との関係、さらに「取締ニも拘り」支配の現実を加味して、結論を出そうとしたのである。ここからは身分を端々まで自己が決定するという公儀の絶対性は全く感じられない。身分集団を基本としてそのルールを調整することによって社会統合を図ろうとしているのである。

評定所は同七月二八日、鑓奉行・目付に次のように結果を伝えた(29)。

【史料25】

八王子千人同心家族共異変有之、検使之節、支配御代官手代・領主地頭家来等ニて相糺候砌は、同心組頭立合ニ不及、若同心之内、異変之節は、千人町組屋敷ニ住居之同心組頭立合、座順は手代家来等より上ニ相心得、且右組頭之内ニ出役差支、在方住居之組頭罷出候節は、手代家来之次席ニ可相心得旨、千人頭え可被申渡置候、尤右家族共欠落いたし候節、尋方等之儀も、百姓並御代官領主地頭ニて取扱候様、向々え申渡候間、組屋敷住居之もの共と、不混様可被取計候、

ほぼ勘定奉行の主張に沿ったものであるが、注目されるのは組屋敷居住の組頭は代官手代より上席、地方住居の組頭は領主家来より下席とした点である。この時期の公儀は武士は拝領地に住むべきという通念を持っていたとはいえるであろう。一方、地方住居の組頭は基本的には百姓で勤めの時だけ武士であると判断したのである。このことは長三郎のような千人同心の家族をどう扱うかに跳ね返ってくる。評定所は村落に住む千人同心の家族は百姓並に扱うというのである。これは地方住居の千人同心は組頭であろうと平同心であろうと基本的には百姓であることを意味している。

そして前述したように文政八年七月二八日、評定所の評議結果が鑓奉行等に通達された。この判決に千人頭は不服

【表２】横山宿一件反論表

No	内容
1	家内行跡を糺すことで御家人筋を立ててきたことと矛盾
2	家族以外から田畑引受人を選んできたことと矛盾
3	由緒ある旧家組頭の家族も地方住居ならば百姓並になることは矛盾
4	譜代を命じられた者が地方住居した場合矛盾
5	家族の問題を番組合で相談できなくなる矛盾
6	目上の家族が変死等した場合百姓並では孝道等に背くという矛盾
7	百姓である息子の身分に関する願を父が提出する矛盾
8	百姓並の母が病身の惣領の久離届を出す矛盾
9	千人同心や部屋住の者の妻を御乳持吟味に差し出す矛盾
10	書面類に千人同心の家族が無苗字になる矛盾
11	日光出番などで留守の節、留守家族への申聞方の矛盾
12	学問吟味に同心の息子を差し出せなくなる矛盾
13	同心の家族に対する帯刀奨励教諭との矛盾
14	倅に番代する時、村役人に反対されるかもしれない矛盾
15	見習勤を代官・領主に届けることになる矛盾
16	千人同心の家族が伝馬人足に出ることになるかもしれない矛盾
17	同心宅出火の時、地方の取り扱いを受けるかもしれない矛盾
18	同心家族が不当なことをした場合、百姓並の取り扱いをうける矛盾
19	同心家族に教諭が及ばず、不適当な人物が千人同心になる矛盾
20	同心家族の者が出奔した場合、百姓並の取り扱いを受ける矛盾
21	同心家族を千人頭が呼び出せなくなる矛盾
22	同心の家族が帯刀できなくなり、教諭ができなくなる矛盾

だったのか、反論の伺を書き、八月一八日、この伺は例書七通とともに鑓奉行から評定所に提出された。なお裁判の本筋というべき弥四郎たちへの「急度叱り置」という判決は九月二七日に石川が申し渡している。

しかし千人同心の家族をどう取り扱うかについては、先述した「千人同心五十人御咎一件」の影響もあり、改めて評定所で吟味の対象になった。そこで千人頭は改めて文政八年一〇月に二二箇条にも及ぶ反論の伺を鑓奉行に提出したのである。

千人頭の反論の伺は、大変長文なので内容を表2にまとめた。これはすべて地方住居の千人同心の家族を「百姓並」に扱うことの矛盾が書き上げられている。全体的な傾向を示せば千人同心の家族を「百姓並」に扱えという評定所の結論は、寛政四年から行われた、千人頭の言葉を借りれば「御家人筋」を立てる政策と矛盾するというものである。この政策は公儀直属の奉公人であることを自覚し、商業などの不正な産業に携わらないという倫理性に主眼があったわけだが、この時点では千人同心たちは千人同心＝御家人(下級武士)であることの根拠と認識していた。千人同心は総意として自分たちは家族も含めて御家人身分とし、千人頭にその旨を上申していたことは既に述べた。この反論書をみれば千人頭もそのような千人同心の認識を共有していたことがわかる。

千人頭によれば千人同心は御家人身分であったが、長い間地方入交りで住居してきたために「農家之風儀ニ成行」、それを矯正するために寛政の「御家人筋」政策が行なわれた。組屋敷住居の組頭と地方住居の組頭を峻別すること、後者の千人同心の家族を百姓並に扱うことは「御家人筋」政策、千人同心―千人頭の認識では千人同心を下級武士として扱うことと抵触するというのである。

幾つかの箇条について検討してみよう。次の史料26は表2のNo.2に該当する部分である。

【史料26】

一、寛政七卯年五月、安対馬守殿被仰渡、同心共田畑引受人之儀親類身寄等ニて極置候様被仰渡候ニ付、家族は相除、百姓親類身寄等え申談、引受人定置、万端地方之儀は引受人ニて取扱来候処、此度同心家族百姓並ニ被仰渡候上は、家族ニて取計候ハヽ、右引受人無之候ても、宜筋ニ可有御座奉存候、如何相心得可申哉、

ここでは寛政七年に設置された田畑引受人について記されている。この田畑引受人は家族を除く千人同心の親類身寄から人を選んでいる。しかし千人同心の家族が百姓並ならばわざわざ家族を排除する必要はないのではないかという主旨であろう。

しかしこの点は千人頭の虚偽であると判断できる。それは先掲史料24で明らかであろう。田畑引受人は千人同心の家族から選ばれていたのである。さらに先述した植田孟縉の意見書に記されていたように「引受人しかと相定置不申輩も可有御座」であり、必ずしも引受人が明確に指定されていたわけではないのである。千人同心を下級武士として捉える観点からは孟縉が構想したように「年貢其外村用触当等」百姓の役割範疇はすべて田畑引受人に任せた方が整合的であるが、実際はこの時点では実現してはいなかったのである。この点は百姓が兼ねるものという千人同心の基本形が、いかに強靱なものであったということを示している。次いで表2の№22をみてみよう。

【史料27】

悴次男三男厄介等ニ至迄、芸術相心懸候様、精々教諭仕、常々無刀抔ニて他出等不仕候様申聞、万一心得違之もの御座候節は、呼出し厳敷為申聞候儀も御座候、然ル処、此度被仰渡之趣ニ付ては、同心其身一人ニて見習ニも不罷出候悴は、百姓並と申儀可有之哉、左候得は、私共より呼出し教諭も仕兼候事ニ奉存候、是迄は家族迄私共全支配ニて、地所年貢等之儀は、其所之支配御代官・領主地頭之支配を請候事と相心得候得共、以来は同心相勤候当人之外は、御代官・領主地頭ニて、百姓並扱候得は、不束もの御座候節は勿論、常々教諭ニ差支申候、如何

相心得可申哉、

ここでは千人同心の息子に対する「芸術」つまり武術の習得について述べられている。千人頭は武術習得を教諭し、無刀で他出することを千人同心の家族であっても窘めてきた。しかし家族が百姓であれば、見習でなければ武術教諭ができなくなってしまうと千人頭は嘆いているのである。裏を返せば見習への武術教諭は当然ということになる。地所・年貢は代官・地頭の支配を受けるが、「是迄は家族迄私共全支配」と千人頭はこれまでは家族まで全て千人頭が支配してきたといっているのである。

しかしこの千人頭の主張もかなり過剰なものである。千人頭が寛政改革以降、学問とともに武術を奨励してきたことは事実である。しかしそれは千人同心本人か、せいぜい見習までであり、千人同心の男性家族全員とはいえないだろう。また村における帯刀は百姓との間で摩擦を起こす危険があり、家族まですべて帯刀をさせていたとは信じられない。また「家族迄私共全支配」とは人別が支配代官・地頭に提出されていたことを考えれば明らかに過剰な発言である。次いで表2の№16に関する史料である。

【史料28】

於村方、同心共次男三男等伝馬人足等に罷出候儀、其外商人躰仕候儀、堅及理解難相成旨申渡置候得共、百姓並取扱ニ相成候上は、如何様ニ私共理解為申聞候ても、村役人より帯刀差押、其上銘々心得候ニも、とても百姓並之儀ニ候間、千人頭申聞候儀は、支配ニも無之事故、取用候ニは不及と申、相用不申儀も可有之奉存候、左候得は、不取締之儀ニ成行、此上取締方私共中々行届申間敷奉存候、御改正之頃より、追々教諭仕置候廉々ニ相違仕、難渋仕候間、如何相心得可申哉、

史料28には伝馬人足に千人同心の家族が出る可能性を憂いた記述から始まる。嘉永二年三月根岸村に住む千人同心

榛沢惣次郎が、同心勤役中は「日光御伝馬」を除かれている事例を確認することはできる。(30) しかし家族まで伝馬役を除外されたことを示す史料は確認されない。これも千人頭が大袈裟な主張をした可能性が大きい。商人がましいことはしないという教諭を千人頭が行なっていたことは確認できるが、それがどこまで有効性をもっていたかは疑問である。そもそも村役人から帯刀を押さえられる以前に、伝馬役を千人同心が免除されたという事実自体が確認できないのである。

ただ千人頭の言い分も合理性がないわけではない。千人同心の家族まで御家人の倫理を求めているのは公儀なのだから。そのために有効な手段がとれないという千人頭の主張は首肯できる側面もある。この点は後に確認しよう。

千人頭は反論書の最後に先の「千人同心五十人御咎一件」の処罰例を持ち出し、表1の⑮の山口周助と⑯の磯沼馬之助の事例を引いて、「御家人家族ニ被仰渡候儀、難有奉存候」と山口と磯沼の家族を「御家人家族」の観点から処罰した公儀の判決に対して、御礼を述べている。先述したようにこの処罰は法的必要というより、倫理的必要から下されたものだと判断されるが、千人頭にすれば千人同心の家族は御家人の家族である証拠のように思えたのであろう。この点は公儀の裁許が誤解を生じさせる余地のあったことを指摘しておかなければならない。

千人頭の反論書を受け取った鑓奉行は、一二月七日に関係書類とともに評定所に提出した。そこには「御家人家族相立候様仕度」と千人頭の願いを叶えて欲しいと鑓奉行は添えている。鑓奉行は千人頭と意見をともにしていることは記憶に留めておきたい。

ではこれについて評定所はどのように答えたのであろうか。文政九年三月の記述をみると、地方に居住する千人同心の家族は百姓並に扱うという評定所の方針に変更はなかった。表2の№12の千人同心の悴が学問吟味に出ることの矛盾については悴を出さないようにすることにした。しかし学問や武芸の奨励は今後も続けるように要求している。

また№4の譜代については、家族まで御家人の扱いを受けるので「組屋敷内え引移可然」とした。要するに評定所は千人同心を御家人＝下級武士と認めることはなかったのである。ただし「在方住居之同心家族共、百姓並ニ取扱候迚、支配同心之家族ニ候得は、千人頭よりも、取締方心附等之儀、斟酌可致筋無之」と、千人頭が同心の家族を「取締方心附等」をすること、「芸術」を奨励することは認められた。評定所も千人頭の同心家族に対する倫理的影響力は承認したのである。そして譜代に仰せ付けられた者の家族は百姓並の取り扱いを受けないこと、組屋敷に引き移るべきであることが述べられていた。譜代の家族は一般的な同心の家族とは別だと評定所は認識していたのである。

このように千人同心は公儀から武士と認められることはなかった。しかし千人同心のみならず、鑓奉行―千人頭という頭支配系は御家人であることを前提にしており、千人同心＝御家人という意識は一定の社会化をみていたといえる。これを千人同心全御家人説と呼ぶ。これは一八世紀以来の状況から生み出された新しい意識である。一方、勘定奉行は領主支配の貫徹という観点から、このような概念を認めなかった。彼等にとっては組屋敷住居の千人同心のみが武士である。これを千人同心限定御家人説と呼ぶ。当該期には領主支配と頭支配の矛盾が顕在化したのである。千人同心の身分については鑓奉行―千人頭系と勘定所―代官系の二つに分裂し、評定所の裁許によって何とか社会統合が図られたのである。

おわりに

寛政改革以降の社会的展開は、千人同心の身分に対する認識を、二つに割ってしまった。鑓奉行―千人頭系の千人同心全御家人説と勘定所―代官系の千人同心限定御家人説である。鑓奉行も勘定奉行も正当な公儀の役職であり、大きな見解の分裂は由々しき問題であった。同一の身分の規定に関してこれほどまでに大きく見解が異なった理由は何なのであろうか。

その理由は構造的なものである。まず公儀には千人同心クラスの軽き身分を積極的に規定する必要はなく、身分集団間の調整に委ねればよかった。しかし千人同心という身分集団においては寛政改革以後御家人言説が形成され、その言葉が遂行され、社会に浸透した。それは千人同心という身分集団に了解され、千人頭も鑓奉行もその言説を共有した。千人頭が評定所に提出した反論の伺は千人同心の総意に基づき、千人頭や鑓奉行が承認した、言語遂行の頂点といえるであろう。そのような結果をもたらしたのは、後述する寛政改革で成立した組織が果たした役割もおおきかったであろう。

要するに千人同心全御家人説はこのような構造が創出した「創られた伝統」といえる。基礎構造基礎づけ主義パラダイムの身分論の観点からすれば、この説は単なる誤解に過ぎない。しかし身分的周縁論以降の視点からは、身分越境として捉えることができよう。このような構造を持つ千人同心に対して、御家人か御家人ではないかという観点から問うことには意味はなかろう。これは身分が輻輳的な性格を持つようになったことを意味する。このような「身分を超える」輻輳性は多くの身分集団で確認でき、個別の身分の個々の問題ではなく、身分制社会の全体秩序の問題である。むしろ個々の身分集団は大きな身分秩序の分節化と捉えた方がいいであろう。本稿ではこのような状況を身分越境と名付けたい。

次章では御家人言説の遂行が、他の身分集団にどのような社会的影響を与えたのかを考察したい。

註

（1）「旗本・御家人」（『国史大辞典』第一一巻、深井雅海執筆）。
（2）豊後中津藩士であった福沢諭吉は、「下等士族」から「上等士族」への昇進はほとんどあり得ず、言葉のなまりまで違っていたと記したことは著名である（福沢「旧藩情」『明治十年丁丑公論・瘦我慢の説』、講談社学術文庫）。
（3）『新訂寛政重修諸家譜』第二二巻（続群書類従完成会）八四頁。
（4）木村礎『下級武士論』（塙選書、一九六七）八七頁。
（5）松平太郎『江戸時代制度の研究』（新人物往来社、一九九四復刻）八〇五頁。
（6）高柳金芳『江戸時代御家人の生活』（雄山閣、一九八二）一七頁。
（7）森下徹『武士という身分』（吉川弘文館、二〇一二）四七頁。
（8）『御触書寛保集成』（岩波書店）第九九三号。
（9）新見吉治『改訂増補　下級士族の研究』（日本学術振興会、一九六五）補遺四二頁。
（10）大名が御家人と呼称された事例は、註（9）参照。また同心以下を御家人とする指摘も、前記木村や氏家幹人『小石川御家人物語』（朝日新聞社、一九九三、一八一頁）など枚挙に遑がない。
（11）前掲新見書によれば、寛政期に尾張藩では幕府に倣って従来の足軽を同心に、同心を与力と改称したことが記されている（九三頁）。これは紀州藩等他藩にも事例がある。
（12）鈴木寿『近世知行制の研究』（日本学術振興会、一九七二）。
（13）熊沢徹「幕府軍制改革の展開と挫折」（家近良樹編『幕政改革』吉川弘文館、二〇〇一、初出は岩波書店、一九九三）八五頁。

(14)『明治年間法令全書』第二巻、付録二十七。
(15)『明治年間法令全書』第二巻、第千百四。
(16)「同心」(『日本国語大辞典』小学館)。
(17)植田については村上直「植田孟縉と塩野適斎」(村上編『江戸幕府八王子千人同心』雄山閣出版、一九九三増補改訂)、馬場喜信『植田孟縉』(かたくら書店新書、二〇一一)参照。
(18)「御内意申上候書付」(『八王子千人同心史』資料編Ⅰ、八王子市教育委員会、一九九〇)第一三号文書。
(19)この事件の概要については、塩野適斎『桑都日記』巻之十五下(国立公文書館、請求番号一四〇—二九〇—二四)及び高橋磌一「八王子千人同心五十人御咎一件」(『高橋磌一著作集』別巻、あゆみ出版、一九八五、初出は一九三九)に拠った。
(20)松本については、大野延胤『松本斗機蔵』(近代文藝社、二〇一一)参照。
(21)塩野適斎『桑都日記』巻之十五上(国立公文書館、請求番号一四〇—二九〇—二三)。
(22)塩野適斎『桑都日記』巻之十五下(国立公文書館、請求番号一四〇—二九〇—二四)。
(23)石井良助編『御仕置例類集』続類集一(名著出版、一九七二)九五号。
(24)註(22)と同じ。
(25)石井良助編『御仕置例類集』続類集一(名著出版、一九七二)九六号。
(26)(27)橋本義夫編『村の古文書』一(多摩地方史研究団体連合会、一九五五)。
(28)幕末期の油平村には六人の千人同心がいたが、家族が地方引受人になっているケースが二軒、同じく下犬目村では二三人の千人同心がいたが、家族が地方引受人になっている場合が六軒、家族以外が就任している場合が一〇軒、不明が七軒である（『八王子千人同心』通史編、第一章第一節（3））。不明分は家族から選出された可能性が高い。この時期は千人頭による家族就任の厳禁が謳われている状況に鑑みれば、地方引受人は高かったといえよう。

(29)　註(25)と同じ。

(30)　中島敏雄家文書一〇七、四四五（入間市博物館）。

第三章　八王子千人同心の役職と格式

はじめに

前章では一九世紀において、御家人という言葉の遂行過程を追求することにより、千人同心の身分が分裂して理解されていたことに言及した。言葉を変えていえば、身分は輻輳的な性格を持つようになってきたのである。このことを身分越境と称した。しかしその背景には平同心の地位向上とそれに伴う千人組秩序の再定義があった。本章ではその状況を千人同心の役職と格式を通じて考察したい。比較的新しい役職として一八世紀中期から確認できる見習と同世紀末に成立した世話役と昇進組頭を取り上げる。旧家組頭は存在としては近世初頭から確認できるが、まさに旧家として再定義されるようになるのは、一八世紀になってからであろう。格式としては譜代を取り上げる。千人同心の譜代は合法的に「身分を越える」機能を果たした。

第一節　見習・世話役・昇進組頭

先ず最初に見習について取り上げよう。次の史料29には見習に関する評定所の見解が述べられている。(1)

【史料29】

（端裏）「講武所奉行相伺候

元千人同心荒井嘉十郎悴軍八身分取計方之儀ニ付評議仕候趣申上候書付

評定所一座」

去月廿六日評議いたし可申上旨被仰聞、御渡被成候講武所奉行相伺候千人頭荻原頼母元組同心荒井嘉十郎悴同見習荒井軍八儀、父嘉十郎御仕置被　仰付候ニ付而者軍八勤方如何相心得候様可仕哉之段取計方之儀相伺候趣ニ御坐候、

此儀嘉十郎悴軍八御奉公勤続方之儀勘弁評議仕候処、一体同人者同組同心見習相勤候与も素ゟ別規御抱入与申儀ニ者無之、嘉十郎病気等ニて自然御奉公難相勤候得者軍八江跡御番代等相願候ものニ可有之、一躰組同心等ニ而身分振候御仕置相成候もの之悴見習勤罷在候へ者何れ見習御免被　仰付候者普通之儀ニ而今般之嘉十郎犯科之次第者難相分候へ共、身分振候程之御仕置相成候儀ニ付、軍八儀是迄之通其儘可被差置筋無之候間、同人同心見習御免可被　仰付旨頼母江可申渡段講武所奉行江被仰渡可然哉ニ候得共、一体之始末御仕置筋与も訳違候間、大目付御目付江一応見込之趣御尋有之候方可然哉与奉存候、

右評議仕候趣書面之通御坐候、御渡被成候書付

この史料は講武所奉行と出てくるので、安政三年から慶応二年の間に作成されたものであることは明らかである。千人同心荒井嘉十郎が仕置になり悴で千人同心見習であった軍八について、当時の千人同心を管轄する講武所奉行が伺いを立てたのが、この史料29である。

まず評定所は見習は新規抱え入れではないとの明確な認識を示している。もしも在勤者が奉公できない状態になっ

たならば、見習がその跡に番代を願うものであるとしている。しかし「身分振候御仕置」、つまり千人同心を解職されるほどの御仕置ならば、いずれ見習は罷免されるのが普通だとしている。そのため講武所奉行には軍八の罷免を千人頭に命じればどうかとしているが、大目付や目付に嘉十郎の処罰内容について、一応の見込みを尋ねた方がよいとしている。ここからは見習が公儀の公式の役職ではなかったこと、基本的には千人同心の跡は、見習がいた場合は見習が願うことが判明する。

　では千人同心に関する見習の一般傾向について確認したい。表3は千人同心の由緒書から構成したものである。(2)これをみると筆者が確認した限り、見習を経験した千人同心は近世を通じて五一名である。「家の就任年」にはその家系が最初に千人同心に就任した年が記されている。天正・慶長以来の旧家から文化一一年の新家までさまざまであることが判明する。これは見習が千人同心の家格とは無関係に設置されたことを示している。

「禄高」は二〇俵が最高であり、半数程度の二六人が一〇俵一人扶持という千人同心最低の禄高である。「禄高」も見習設定の基準にはならない。「見習就任年」は文字通り見習に就任した年を示す。見習が最初に確認できるのは宝暦一一年である。それからは断続的に確認できる。千人同心が成立してから一五〇年以上経って初めて見習が確認できることになり、これが千人同心にとって初期からの本質的な存在ではなかったことは明らかである。千人同心が近世社会のなかで生み出したものといっていいであろう。

「見習就任年齢」は不明が多く、断定的なことはいえないが、平均年齢は約二三歳であり、見習は比較的若年層がなるものといえる。「勤続年数」は平均約一二年だが、幕末期の就任者は慶応四年に千人隊が解散してしまうので、短くなるのは当然である。最も長期の事例は20番の三五年だが、二番目は№14の三三年、三番目は№25の三一年である。№14と№25は平同心見習から組頭見習並に昇進するという特殊な事例である。

【表3】見習一覧表

No	名前	家の就任年	禄高	就任年	就任年齢	終了年	その後	勤続年数	備考
1	堀田四郎兵衛	寛文年中	10俵一人扶持	宝暦11年	不明	不明	不明	—	9年以上
2	鶴岡幸平	寛文2年	10俵一人扶持	宝暦12年	不明	不明	不明	—	8年以上
3	小野戸右衛門	貞享年中	16俵一人扶持	明和2年	不明	天明4年	本役	19	
4	加藤新右衛門	延宝7年	10俵一人扶持	安永2年	不明	寛政3年	本役	18	
5	澤田勘兵衛	元文4年	10俵二人扶持	安永6年	不明	安永9年	本役	3	
6	嶋崎善兵衛	宝永3年	14俵一人扶持	安永7年	不明	文化元年	本役	26	
7	野口伊右衛門	寛保4年	13俵一人扶持	安永7年	不明	寛政11年	本役	21	
8	石川政蔵	天正10年	11俵一人扶持	安永8年	不明	寛政6年	本役	15	
9	青木弥平次	安永5年	14俵一人扶持	天明6年	不明	寛政10年	本役	12	
10	榎本長右衛門	宝暦4年	12俵一人扶持	天明7年	不明	寛政10年	本役	11	
11	飯田次右衛門	天正10年	10俵一人扶持	寛政元年	不明	寛政10年	本役	9	
12	嶋村紋平	正徳5年	13俵一人扶持	寛政元年	不明	文化元年	本役	15	
13	井上松次郎	正徳2年	10俵一人扶持	寛政2年	不明	寛政4年	本役	2	
14	青木弥惣次	安永5年	14俵一人扶持	享和3年	不明	天保7年	組頭見習並	33	
15	鳥羽八郎兵衛	寛文8年	10俵一人扶持	文化元年	不明	文化13	本役	11	

16	水嶋五郎兵衛	享和3年	10俵一人扶持	文化4年	不明	文政13年	本役	23	
17	加藤熊蔵	延宝7年	10俵一人扶持	文化6年	不明	文政13年	本役	21	
18	比留間次郎右衛門	寛延3年	10俵一人扶持	文化7年	不明	文政13年	本役	20	
19	小野弥兵衛	貞享年中	16俵一人扶持	文化9年	不明	文政5年	退役	10	
20	宮岡三八	元文元年	15俵一人扶持	文化9年	不明	弘化4年	本役	35	
21	井上源五郎	正徳2年	10俵一人扶持	文化11年	不明	文政2年	本役	5	
22	横田左市	文化11年	10俵一人扶持	文化14年	不明	文政3年	本役	3	
23	瀧島安次郎	文化2年	10俵一人扶持	文政2年	不明	文政6年	本役	4	
24	嶋村忠八	正徳5年	13俵一人扶持	文政4年	不明	文政9年	本役	5	
25	吉野和平	天正10年	11俵一人扶持	文政7年	不明	安政2年	組頭 見習並	31	譜代
26	奥住嘉十郎	寛政4年	20俵一人扶持	文政7年	不明	嘉永2年	本役	25	
27	藤本兵次	不明	12俵一人扶持	文政10年	19歳	不明	不明	—	16年以上
28	嶋崎善次郎	宝永3年	14俵一人扶持	文政12年	不明	天保13年	本役	13	
29	加藤忠三郎	延宝7年	10俵一人扶持	天保5年	27歳	安政2年	本役	21	
30	須田周三郎	文化7年	15俵一人扶持	天保6年	不明	天保12年	本役	6	
31	田辺利八	天正19年	16俵一人扶持	天保8年	26歳	天保14年	本役	6	
32	横田穂之助	文化11年	10俵一人扶持	天保9年	18歳	弘化2年	本役	7	
33	田倉巳之助	元禄13年	10俵一人扶持	天保11年	31歳	天保14年	本役	3	

34	中沢平四郎	慶長5年	10俵一人扶持	天保12年	不明	慶応3年	退役	26	
35	嶋村半次郎	正徳5年	13俵一人扶持	嘉永7年	29歳	文久元年	本役	7	
36	比留間音次郎	寛延3年	10俵一人扶持	嘉永7年	36歳	元治元年	本役	10	
37	黒川庄之助	宝暦13年	10俵一人扶持	安政2年	17歳	元治元年	本役	9	
38	笹野直一郎	享保2年	10俵一人扶持	安政4年	31歳	慶応4年	解散	11	
39	嶋崎源五郎	宝永3年	14俵一人扶持	安政5年	12歳	慶応3年	本役	9	
40	宮岡弥格	元文元年	15俵一人扶持	文久元年	16歳	慶応2年	本役	5	
41	須田一作	文化7年	15俵一人扶持	文久元年	不明	文久元年	本役	1	
42	田辺小三郎	天正19年	16俵一人扶持	文久元年	24歳	慶応4年	解散	7	
43	加藤熊蔵	延宝7年	10俵一人扶持	文久2年	不明	慶応4年	解散	6	
44	野口光之助	寛保4年	13俵一人扶持	文久2年	16歳	慶応4年	解散	6	
45	鈴木清三郎	延宝7年	14俵一人扶持	文久3年	23歳	慶応4年	本役	5	
46	水嶋孫四郎	享和3年	10俵一人扶持	元治元年	16歳	慶応4年	解散	4	
47	木虎新五郎	元文元年	10俵一人扶持	元治元年	44歳	慶応4年	解散	4	
48	榎本菊次郎	宝暦4年	12俵一人扶持	慶応2年	不明	慶応4年	解散	2	
49	鳥羽記太郎	寛文8年	10俵一人扶持	慶応2年	不明	慶応4年	解散	2	
50	瀧島仙次郎	文化2年	10俵一人扶持	慶応2年	不明	慶応4年	本役	2	
51	中沢茂一郎	慶長5年	10俵一人扶持	慶応3年	16歳	慶応4年	本役	1	

「その後」は見習を勤めた後のことを記した。「本役」つまり千人同心になった見習は三四人であり、最も多い。やはり見習とは千人同心になる前提の役職と考えていいであろう。例外的に№19と№34は「退役」と本役になる前に退役してしまう。理由は両者とも「病気」である。なお「解散」とは千人同心が組織的に終焉した慶応四年六月まで見習だったことを示している。見習は世襲が公認されなかった千人同心が、自分の希望する後継者に職務を習熟させ、その人に対する相続を円滑にする機能を果たしたといえる。

次いで世話役については、『桑都日記』寛政五年五月の以下の記述が通説になっている。(3)

【史料30】

○千人隊士衆。毎隊士十人。令世話役。

称世話役者。始于茲。副組頭。得與隊中之事故。若有組頭之闕。則自世話役進而補闕。

千人同心十人ごとに、つまり千人頭一人につき一〇人、全体で一〇〇人の世話役がこの時創始された。組頭とともに隊のことに与る副組頭的役職であり、組頭に欠員が生じた場合は進んで組頭を補うという性格を持っていた。確かにこの記述は間違っていないが、これではあたかも千人組の支配のための存在としか位置づけられない。しかし世話役創始の経緯をみれば、それだけではない側面もみえてくる。

第五章で後述する通り「七隊六箇条」一件の時に、平同心は盛んに寄合を繰り返して惣代が直訴などを行なっていた。天明五年に千人頭山本橋次郎組の平同心のなかから一〇人が惣代に任命されている。平同心の総意をまとめ、実現するために惣代が選抜され、それを千人頭が制度化したと考えるのが自然であろう。おそらく他の組でも同様だったと考えられる。

では平同心惣代の活動を確認してみよう。山本組平同心惣代石川喜兵衛(元右衛門)が新しく番代した千人同心が初

【表4】石川喜兵衛御目見得立会表

年代	月日	内容
天明7年	10月26日	萩原茂吉御目見得
天明8年	2月22日	平野平左衛門・野口喜三太内目見へ致ス
寛政3年	7月5日	町田十次郎殿御目見ニ付千人町へ出
寛政4年	3月3日	原藤次郎・栗原七郎左衛門御目見へニ付千人町へ行
寛政5年	6月13日	大塚忠次御目見立会、森田乙八右同断

出典：『石川日記』第7巻

めて御目見得する時に立ち会った事例を拾い出したのが表4である。喜兵衛は天明七年一〇月二六日には萩原茂吉の御目見得に、天明八年二月二八日には平野平左衛門と野口喜三太の二人の「内目見」に立ち会っている。「内目見」とは正式に千人頭に御目見得する以前に内々拝謁するか、配下の組頭に会っておくかすることであろう。平同心は世襲の職ではないので、新しく抱え入れられる儀式は重要だといわざるを得ない。喜兵衛は惣代としてそのような平同心の地位を擁護する活動をしていたといえよう。

そして喜兵衛は寛政五年五月一五日に初代世話役に就任している。『石川日記』寛政五年五月一五日条には「新野平五郎・小池利助・石川喜兵衛・楠磯右衛門・佐々木茂兵衛・同確蔵・小野戸右衛門・柳沢幸右衛門・高橋権六・長田丹次、千人町月番頭へ出ル、世話役十人被仰付候」とある(4)。この点から山本組で一〇人の千人同心が月番千人頭から任命されたことがわかる。このうち石川喜兵衛は前述したように平同心惣代であった人物であり、小池利助も先述した通り平同心であり「七隊六箇条」一件で処罰された人物である。小野戸右衛門も犬目村の平同心である。世話役は平同心から選抜されたと考えていいであろう。

表4に戻ってみよう。喜兵衛は世話役就任以降も寛政五年六月一三日に大塚忠次・森田乙八の目見得に立ち合っている。つまり平同心惣代と同様な活動をしているわけである。両者の同質性がわかる。なお喜兵衛は寛政六年に世話役を退役している。

では世話役とはどのような特徴を持っているのであろうか。次の表5は、設置以来世話役に就任した人物の経歴を由緒書から作成したものである。まず全体的特徴をみてみよう。

全員で三四人の世話役就任者を集めることができた。「家の千人同心就任年」はその家系が千人同心に就任した年代を記載した。この特徴は旧家といわれる天正・慶長から千人同心を勤めた家系は三件しか確認できないことである。時代が下るに従ってその傾向が強くなり、特にNo.14以降は一九世紀に新たに千人同心になった家系が世話役になっている。これは世話役が旧家ではなく、その後に千人同心になった家系である新家が主体だったことを端的に示している。

「前代」とは親の最終的な役職である。ほとんどが平同心であり、それ以外は世話役五人、組頭二人、自身が家系最初の千人同心であった「初代」二名のみである。「平同心就任年」は当然本人が平同心に就任した年、「平同心就任年齢」はその時の年齢、「平同心在職年」は平同心に在職した年数である。平均就任年齢は約二三歳。平均在職年数は約一四年である。サンプル数が少なく、確定的なことはいえないが、年齢は時代とともに下がる傾向にある。これは平均年齢が約三七歳の「世話役就任年齢」も同様である。創立時には五〇代・六〇代の者もいたが、それ以降は六三歳が一人確認できるだけである。「世話役在職年数」は平均九年である。

「世話役退任後」の経歴については三つに分けられる。①組頭に昇進、②在職中に番代または死亡、③不明である。①は一〇人、②は二〇人、③は三人である。世話役は組頭の欠員を補うとされるが、意外にも昇進が確認できた人数は、在職のまま退役した人物の半数なのである。これらの点を踏まえて世話役の全体的特徴を指摘しよう。

世話役制度が安定するのはおおむね一九世紀になってからである。世話役は平同心惣代の前史を持つとはいえ、正式に発足するのは寛政五年五月である。当然本来の意味で世話役制度の恩恵を受けるのは、これ以降の平同心就任者

世話役				千人頭
就任年月	就任年齢	在職年数	退任後	
寛政５年５月	36歳	１年	享和２年までは平同心	中村
寛政５年５月	60歳	１年	世話役退任と同時に番代	山本
寛政５年５月	—	２年	世話役退任と同時に組頭	河野
寛政５年５月	—	３年	寛政８年11月番代	河野
寛政５年５月	50歳	４年	文政６年番代	山本
寛政５年５月	—	11年	世話役退任と同時に番代	荻原又
寛政５年７月	36歳	４年	享和２年までは平同心	中村
寛政８年４月	31歳	４年	世話役退任と同時に組頭	中村
寛政11年５月	—	26年	世話役退任と同時に組頭	志村
享和２年10月	—	22年	文政13年番代	山本
文化４年８月	—	25年	世話役退任と同時に組頭	志村
文化７年２月	—	８年	天保14年６月番代	河野
文政３年９月	—	14年	弘化２年11月番代	荻原新
文政10年10月	26歳	41年	明治元年まで世話役	山本
天保４年３月	—	３年	世話役退任と同時に組頭	石坂
天保13年４月	—	４年	世話役退任の年に病死	河野
天保12年12月	63歳	１年	天保13年までは世話役	志村
天保13年２月	32歳	24年	慶応２年正月に世話役のまま死亡	中村
弘化３年４月	41歳	０年	世話役退任と同時に組頭	山本
嘉永３年	—	６年	世話役退任と同時に番代、死亡	石坂
嘉永６年12月	—	13年	世話役退任と同時に番代、死亡	窪田鎮
嘉永７年４月	—	14年	明治元年まで世話役	石坂
嘉永５年３月	—	13年	世話役退任と同時に番代、死亡	窪田忠
安政４年５月	37歳	７年	世話役退任と同時に組頭	荻原弥
安政５年２月	—	９年	世話役退任と同時に番代、死亡	中村
安政５年12月	39歳	10年	明治元年まで世話役か	河野

【表5】世話役一覧表

No	名前	家の千人同心就任年	前代	平同心		
				就任年月	就任年齢	在職年数
1	石田六兵衛	寛文6年10月	平同心	安永5年4月	19歳	17年
2	石川元右衛門	天正10年	平同心	安永4年8月	42歳	18年
3	鈴木三郎左衛門	延宝7年	平同心	天明6年3月	—	7年
4	青木喜代右衛門	享保13年8月	平同心	宝暦元年11月	—	42年
5	小野戸右衛門	貞享年中	平同心	天明4年10月	41歳	9年
6	嶋村宮内	正徳5年11月	平同心	寛保2年8月	—	51年
7	杉本半兵衛	慶長5年	平同心	天明2年9月	25歳	11年
8	橋本類八	万治2年2月	平同心	寛政5年7月	28歳	3年
9	青木弥平次	安永5年12月	平同心	寛政10年10月	—	1年
10	加藤新右衛門	延宝7年	平同心	寛政3年9月	—	11年
12	中村八左衛門	寛政8年12月	(初代)	寛政8年12月	—	11年
13	青木与惣次	享保13年8月	世話役	寛政8年11月	—	14年
14	横田左市	文化11年11月	平同心	文政3年正月	—	0年
15	木虎虎之助	元文元年	平同心	文化12年10月	14歳	12年
16	奥住与平次	寛政4年2月	平同心	文化11年3月	—	19年
17	佐藤惣兵衛	文化13年3月	(初代)	文化13年3月	—	26年
18	山上平三郎	(不明)	平同心	文政3年9月	42歳	21年
19	大貫三太夫	天和2年3月	平同心	文政7年2月	14歳	18年
20	小野友三郎	貞享年中	世話役	文政6年6月	18歳	23年
21	奥住嘉十郎	寛政4年2月	組頭	嘉永2年5月	—	1年
22	飯田常蔵	天正10年	平同心	天保15年11月	—	9年
23	井上松五郎	正徳2年	平同心	天保15年4月	—	10年
24	宮岡三八	元文元年12月	平同心	弘化4年5月	—	5年
25	横田穂之助	文化11年11月	世話役	弘化2年11月	25歳	12年
26	野口郁三郎	寛保4年2月	平同心	天保7年10月	—	22年
27	佐藤東太郎	文化13年3月	世話役	弘化2年3月	26歳	13年

安政７年４月	―	７年	慶応４年２月に番代	――
万延元年４月	26歳	４年	世話役退任と同時に組頭	石坂
文久元年６月	―	２年	世話役退任と同時に組頭	――
元治元年５月	34歳	４年	世話役退任と同時に組頭	窪田銕
元治元年11月	26歳	４年	明治元年まで世話役	窪田助
慶応元年３月	26歳	３年	明治元年まで世話役	志村
慶応元年３月	36歳	３年	明治元年まで世話役	山本

である。表５でいえば№７以降である。これ以降の事例を考えると平均的な世話役就任者は二〇歳前後に平同心になり、十数年在職してから世話役に昇進するというコースを取る。そこで二つに分かれる。一つはそのまま世話役に留まる場合である。もう一つは組頭に昇進する場合である。前者の方が一般的である。後者は№16以降は昇進に最も時間がかかったケースでも四年であり、短期間に昇進していることがわかる。№20のように弘化三年四月に世話役に昇進し、九月には組頭に昇進している事例さえある。

しかし世話役の特徴として最も注目すべきは世話役のまま留まるケースがむしろ一般的だったという点である。これは世話役を組頭に昇進する「腰掛」ではなく、内在的な特質を持った役職と位置づけたときに初めて理解できよう。世話役はその前身は平同心惣代であり、平同心の利益を守ることこそがその主たる存在理由である。『桑都日記』の記述は支配に偏った偏頗な記述といわざるを得ない。その存在理由に即して考えれば、千人頭からの支配の色彩が強くなる組頭に昇進することは得策とはいえないのである。これが世話役に留まる場合が多かった理由であろう。

次いで昇進組頭について考察してみよう。表６も由緒書から作成したものである。一二件が組頭に昇進していることが確認される。一件ごとに確認してみよう。

№１の土肥彦右衛門は、寛政四年九月に富岡源右衛門の跡を継いで組頭になっている(5)。この直前に制定された昇進組頭制度によって組頭になった初期の世代に属する

28	瀧島馬太郎	文化２年７月	平同心	天保６年	—	25年
29	奥住嘉逸	安政３年11月	世話役	安政３年11月	22歳	４年
30	小島隆蔵	(不明)	平同心	弘化４年８月	—	14年
31	斎藤正太	(不明)	平同心	天保14年12月	13歳	21年
32	金子藍士	寛永３年９月	平同心	嘉永６年11月	15歳	11年
33	中村國太郎	寛政８年12月	組頭	嘉永４年５月	12歳	14年
34	戸田文平	寛政元年11月	平同心	嘉永３年11月	21歳	15年

といえるだろう。土肥については享和二年の由緒書に拠っているので、これ以降は確認できない。

№２の鈴木三郎左衛門は天明二年に同心見習になり、寛政五年五月、創設された世話役になっている[6]。その二年後には組頭に昇進し、三〇年在職して文政八年に息子清八に番代している。

注目されるのは清八である。彼は文政二年に組頭見習並になっている。清八は同心見習や同心になった形跡はなく、いきなり組頭見習並になっている。先述した植田も既述していたように、昇進組頭でも十数年組頭を続けると、悴を組頭見習並にして組頭役を継がせることは慣例化していたようである。鈴木の場合は組頭勤続二〇年以上経って、組頭見習並をしているのであり、この点では慣例通りである。

№３の橋本類八は楢原村の千人同心である。寛政八年四月に世話役に就任、寛政一二年に組頭に昇進し、享和二年に三七歳でその職に留まっていることは、この年作成の由緒書で確認できる[7]。類八の日記が断片的に残存しており、文政三年一〇月に長男三八郎が組頭見習を申し渡されていることが判明する[8]。それ以後の経歴は不明。

№４の青木弥平次は天明六年に千人同心見習、一二年後の寛政一〇年に本役になっている[9]。世話役には翌年に就任しているが、組頭に昇格したのは二六年後の文政八年である。一六年勤めて悴に番代しているが、悴の弥惣次は享和三年に千人同心見習になった後、三三年もその職を続け、天保七年に組頭見習並に昇格している。それを五

組頭							備考
見習	世話役	就任年月	就任年齢	退任年月	番代	就任期間	
—	—	寛政４年	49歳	不明	不明	10年以上	享和２年12月迄は組頭、平井村
—	寛政５年	寛政７年	—	文政８年	同左	30年	
—	—	文政８年	—	文久３年	同左	38年	
—	—	—	—	—	慶応４年	—	
—	—	—	—	—	—	—	
—	寛政８年	寛政12年	35歳	不明	不明	24年以上	文政７年迄は組頭
文政３年	不明	不明	—	不明	不明	—	見習就任は18歳
—	寛政11年	文政８年	不明	天保12年	天保12年	16年	
天保12年	—	嘉永４年	不明	慶応４年	慶応４年	17年	
—	文化15年	文政３年	53歳	安政４年	安政４年	37年	譜代
弘化３年	—	安政４年	55歳	不明	不明	８年以上	慶応元年12月迄は組頭、父の代に禄高加増
—	文政２年	天保３年	59歳	慶応４年	慶応４年	36年	譜代
安政５年	—	—	—	—	—	—	父が５俵加増
—	天保４年	天保７年	不明	嘉永元年	嘉永２年	12年	
—	嘉永３年	—	—	—	安政３年	—	
—	万延元年	元治元年	30歳	慶応４年	慶応４年	４年	
—	文化４年	天保３年	不明	嘉永２年	嘉永２年	15年	
—	—	—	—	—	嘉永４年	—	病気
—	慶応元年	—	—	—	慶応４年	—	
—	弘化３年	弘化３年	40歳	慶応４年	慶応４年	22年	祖父は世話役経験
—	文久元年	文久３年	不明	不明	不明	不明	祖父は村名主
—	安政４年	元治元年	44歳	慶応４年	慶応４年	４年	
—	元治元年	慶応３年	38歳	慶応４年	慶応４年	１年	祖父は世話役経験

【表６】昇進組頭一覧表

No	名前	禄高	家の千人同心就任年	父親	平同心			
					見習	平同心	就任年齢	見習並
1	土肥彦右衛門	10俵一人扶持	享保17年	平同心	—	明和８年	28歳	—
2－1	鈴木三郎左衛門	不明	延宝７年	平同心	天明４年	天明６年	—	—
2－2	鈴木清八	不明	同上	組頭	—	—		文政２年
2－3	鈴木三郎左衛門	不明	同上	組頭	—	文久３年		—
2－4	鈴木清三郎	14俵一人扶持	同上	平同心	文久３年	慶応４年	29歳	—
3－1	橋本類八	14俵一人扶持	万治２年	平同心	—	寛政５年	28歳	—
3－2	橋本三八郎	不明	同上	組頭	不明	不明	—	不明
4－1	青木弥平次	不明	安永５年	平同心	天明６年	寛政10年	不明	—
4－2	青木弥惣次	14俵一人扶持	同上	組頭	享和３年	天保12年	不明	天保７年
5－1	間野惣次右衛門	不明	天明元年	（初代）	—	天明元年	—	
5－2	間野惣次郎	17俵一人扶持	同上	組頭	—	—	—	天保５年
6－1	吉野六左衛門	11俵一人扶持	天正10年	平同心	—	寛政４年	19歳	—
6－2	吉野和平	16俵一人扶持	同上	組頭	文政７年	—		安政２年
7－1	奥住與平次	不明	寛政４年	平同心	—	文化11年	不明	—
7－2	奥住嘉十郎	不明	同上	組頭	文政７年	嘉永２年	不明	—
7－3	奥住嘉逸	20俵一人扶持	同上	世話役	嘉永６年	安政３年	22歳	—
8－1	中村八左衛門	不明	寛政８年	（初代）	—	寛政８年	不明	—
8－2	中村弥男助	不明	同上	組頭	—	嘉永２年	不明	—
8－3	中村國太郎	11俵一人扶持	同上	平同心	—	嘉永４年	12歳	—
9－1	小野友三郎	16俵一人扶持	貞享年中	同心見習	—	文政６年	17歳	—
10－1	小島隆蔵	不明	不明	平同心	—	弘化４年	不明	—
11－1	横田穂之助	10俵一人扶持	文化11年	世話役	天保９年	弘化２年	25歳	—
12－1	斎藤正太	10俵一人扶持	不明	平同心	—	天保14年	13歳	—

年間勤めた後に、天保一二年父から番代されて、正式の組頭職になっている。一七年勤めて番代している。

No5の間野惣次右衛門は、天明元年五月に新しく千人同心になっている。三六年勤めて世話役になり、さらに二年勤めて組頭に昇進した。(10)この職を三二年間勤めた嘉永五年三月に八七歳の時に譜代を命じられた。譜代については後述する。

悴の惣次郎は天保五年に組頭見習並に、弘化三年に組頭見習になっている。安政四年に父の番代に伴って組頭に昇進した時には既に父親の組頭勤務年数は二五年を超えていた。

No6の吉野六左衛門は、珍しく天正以来の家系であるが、組頭ではなかった。(11)寛政四年に平同心になり、二七年在職した後、世話役になった。世話役には一三年留まり、天保三年に組頭に昇進している。悴の和平は安政二年に組頭見習並になっている。父親の組頭昇進から二三年が過ぎていた。三年後に組頭見習に昇格した。ほぼ慣例通りの昇進過程である。

No7の奥住與平次は、文化一一年に平同心になり、一九年勤めて世話役になった。(12)在職三年で組頭に昇進、一二年勤めた嘉永元年組頭を退役し、翌二年に病気のため番代した。この奥住の事例で興味深いのは、悴を組頭見習並にも、組頭見習にもしなかった点である。この理由は組頭在職年数が一二年と比較的短いためだからではないだろうか。そう考えれば親の組頭勤続年数が悴の組頭見習就任の基準になるという慣例は、常に無視されていたわけではないことになる。與平次はもう少し在職したかったのであろうが、健康が許さなかったのであろう。

そのため嘉十郎は平同心から始めなければならなかった。嘉永三年世話役になったが、安政三年病気のため、悴の嘉逸に番代している。この奥住家の事例は一度昇進組頭になっても代々組頭を世襲することは容易ではなかったということを表している。

№8の中村八左衛門は寛政八年に又従兄弟のつながりで千人同心になり、文化四年に世話役になり、二五年間勤続し、天保三年に組頭に昇進している。(13)一五年勤めた嘉永二年に忰に番代している。中村もまた息子を組頭見習等にはしていない。これも一五年という組頭勤続年数が影響しているのであろう。彼の退役理由は「老衰」なのでこれ以上の勤続はかなわなかったのであろう。

№9の小野友三郎は貞享頃から平同心を勤めた家に生まれた(14)。祖父戸右衛門が寛政五年五月に世話役に就任し、同役は寛政九年に退役したが、千人同心自体は文政六年まで続けていた。忰弥兵衛は文化九年から同心見習であったが病弱であり、文政五年には死去していた。そのため戸右衛門が番代した相手は孫の友三郎であった。友三郎は二三年後の弘化三年四月に世話役になり、同九月に組頭になっている。異例の短期間の昇格であるが、前例がないわけではない。

№10の小島隆蔵の祖父は村名主で父は平同心であったようである(15)。隆蔵は弘化四年に平同心になり、文久元年に世話役、文久三年に組頭になっている。慶応二年の長州征討には組頭として出陣している。

№11の横田穂之助は文化一一年一二月に千人同心になった新しい家系に属する(16)。穂之助の父左市は文政三年から天保五年まで一四年間世話役を勤めて退役している。しかし番代したのは弘化二年なのでその間は平同心だったということであろう。穂之助は弘化二年に番代し、一二年勤めて安政四年に世話役に昇進、七年後の元治元年に組頭に昇進している。慶応四年六月の千人隊の解体まで勤めた。

№12の斎藤正太は犬目村の千人同心である(17)。祖父の斎藤五兵衛は世話役を勤めた。天保一四年一二月に番代し、二一年後の元治元年に世話役、慶応三年正月に組頭になり、千人隊の解散までその職にあった。

以下昇進組頭の特徴をまとめてみよう。組頭に昇進するには二つのコースがあったことが判明する。一つは世話役から昇進するコースであり、もう一つは組頭見習並―組頭見習から本役になるコースである。前者は家系で最初に組頭に昇進した初代が多い。その反対に後者は初代の組頭が二代目を見習並―見習にして組頭職を世襲していくときに用いられていることがわかる。このように新しく「組頭の家」が形成されたのは、千人同心の「家職化」が進行した証左であろう。

しかしすべての昇進組頭が息子を組頭見習並―組頭見習にしたわけではないことに注意を払う必要がある。2-3、7-2、8-2は組頭見習並―組頭見習にはなっていない。第八章で後述する9の事例では、自身が千人同心であり、息子を村役人にし、一人両人を巧みに避けながら、千人同心としての権威を維持しつつ、村落政治に影響力を行使しようとしている。組頭で一人両人は目立ちすぎるのである。これは昇進組頭が必ずしも息子を組頭見習等にしなかった理由の一つであろう。そうだとすればそれはそれで家の戦略の一環といえよう。

昇進組頭の分析の最後に世話役との比較を試みたい。先ず年齢についてであるが、組頭就任年齢は平均四〇歳余、組頭勤続年数の平均は、不明分と慶応四年分を抜いた六件で二四年余である。これに対して先述した通り世話役の平均就任年齢は三七歳、平均在職年は九年である。就任年齢は両者に大した異同がないのに、勤続年数は組頭の方が長いのは、組頭が「上がり」の職であり、それ以上の出世は望めなかったからであろう。しかし職ではないが、譜代の格式を与えられるということは考えられるし、実際に二件の昇進組頭が譜代になっている。譜代については後で触れるのでここでの説明は省略するが、組頭のモチベーションを維持する上では有効なものであったと考えられる。

また組頭には見習が設けられたが、世話役には設けられていない。それは世話役の主任務が平同心の保護という機能にあり、役職自体の価値はさほど自覚されなかったからであろう。一方組頭の方は、わざわざ見習並―見習を設けて特定の家系が独占的に組頭に就ける動向が確認された。これは組頭の役職自体に魅力があったことを示している。

寛政四年以降組頭には足高制が採用され、三〇俵が与えられるようになったことも一因であろう。もちろん一定の人数が世話役から組頭に昇進しており、世話役と組頭の両者が断絶していたわけではないが、基本的な性格は異なっていたと考えるべきであろう。組頭は寛政改革以前から持っていた千人組支配の中核という性格を払拭できなかったのである。

昇進組頭についてはこの役職を世襲化する家の存在を指摘したい。組頭を然るべき時期勤めて、息子に組頭見習並や組頭見習にさせ、組頭にするのである。世話役から昇進する場合は、世話役も組頭も定員が決まっており、都合良く明きがあるがどうかは保証できない。しかし組頭見習なら自分が辞めれば自然と明きができるのである。世襲を考えればこちらの方が合理的である。昇進組頭には足高が導入されたが、これは能力主義に帰結するのではなく、新しい家の成立に帰結するのである。

見習についても家の問題を指摘できる。世襲が公認されなかった千人同心たちが、千人同心職を家産として子孫に継承しようという傾向が見習として現出したものといえよう。しかし「病気」によって継承が不可能になる場合も確認される。平同心見習以外にも組頭見習並や組頭見習の場合も、結局は組頭を世襲できない場合もあった。これはどのような制度も人間の身体性を超克できないということであるが、特に家は人そのものの生産と消費―生と死―に密接に関わるのでこの傾向が強いのであろう。近世身分制の基盤が家であるからこそ、人の当然の誕生・成長・死亡は身分制のリスクにもなるのである。

これらの役職に共通してみえてくるのは、千人同心職の家職化である。昇進組頭も見習も息子が親の地位を円滑に受け継ぐ性格を持っており、世話役も千人同心の世襲に協力的だったことは確認できた。千人同心は幕府の役職であるが、近世後期には百姓の家によって再定義されたのである。このような輻輳性が千人同心が身分を越境していく、百姓身分を超えていく背景にある。

また見習については思ってもいない副産物を生んだ。見習設置の理由は、千人同心職の世襲にあったといえるが、その結果として見習は比較的低年齢者が多くなった。これが幕末の兵制改革をスムーズにした。幕末の軍制改革によって千人同心は長柄から西洋式歩兵銃に武器を変えることが不可避になったが、それはせいぜい四〇代より若い年代でないと有効ではなかった。千人同心は既にあった見習を有効に使用して、銃隊には若年層を配備することに成功した(18)。これは見習の本来的な目的とは別だが、幕末期には大きな意義をもった。

本節をまとめてみよう。見習は世襲を円滑に維持安定していくことに効果があったであろう。世話役についてはその独自性が注目される。通説が指摘するように組頭昇進の前提として世話役という役職があった側面も否定はしない。しかしその性格を強調するのみでは評価としては偏頗であり、世話役に留まる場合が多かったことにも注目する必要がある。表5№15の木虎虎之助が四一年世話役を勤めたのを筆頭に、二〇年以上勤めた事例が四件も確認できる。うち二例は組頭に昇進しているが、世話役が単に組頭に昇進するだけの形式的な役職だったとはいえないであろう。確認される限り世話役はすべて平同心から任命される。成立の経緯からみても、喜兵衛が新たに抱えられる千人同心の御目見得に立ち会っている点からしても、平同心の利益を擁護する役職であると考えられる。世話役に長く留まって活動することも平同心のためには必然性があったといえよう。これが必ずしも組頭に昇進しない世話役が多数に及んだ理由であろう。そしてこのことは昇進組頭の性格を考える上でも重要である。世話役も昇進組頭もその基盤は同じ平同心であり、変わらないのである。世話役が平同心擁護の役職であるならば、組頭もそのような性格を、少なくとも一面では持っていたといっていいであろう。

では寛政改革まで千人頭と対抗した旧家組頭はどのような動向をみせたのか。次節でみてみよう。

第二節　旧家組頭

文禄二年に千人頭は八王子千人町に組屋敷を拝領する。寛文七年の検地帳によれば、千人頭一〇人に平均一人五四四六坪、千人同心一〇〇人に平均一人三三〇坪の屋敷地を確認できる。この拝領組屋敷に居住した千人同心は多くは組頭とされる(19)。しかし明和六年千人頭原勝八の組では、一〇人存在している組頭の内、千人町に居住している者は三人に過ぎなかった(20)。他の組頭七人は宿村に住居している。また寛政元年の千人町の屋敷図から確認できる組頭数は二六人である(21)。一八世紀後半には組屋敷に組頭が居住するという一般的構造は認められない。原因としては一七世紀には千人同心の地位そのものが不安定だったこと、一八世紀には千人同心株売買が発生し、活発化したことが考えられる。

文化七年時点で千人同心が成立した天正・慶長から千人同心組頭を勤めている家系、所謂旧家組頭の家系は三二軒であった(22)。旧家に准じる徳川家光の代以来の組頭の家が一三軒、徳川家綱以来の家がやはり一三軒であった。表7は由緒書が確認できる旧家組頭を表にしたものである。No1～6が天正・慶長以来の旧家組頭である。No7は三代将軍徳川家光の代に召し抱えられた家系に属し、No8は四代将軍徳川家綱の代に召し抱えられた家系である。No7・8の家系も旧家に准じる扱いをされるので表に加えた。「禄高」は最低でも二〇俵である。表では省略したが皆、扶持米を一人扶持与えられている。千人同心の最も一般的な禄高は、一〇俵一人扶持であるから、旧家組頭の高は多かったといえる。

組頭になるルートは組頭見習を経る場合とそうでない場合がある。No3・4・5・7が見習を経る家である。最初に見習が確認できる年はNo3が延享三年、No4が宝暦一三年、No5が天明七年、No7が宝暦一三年である。つまり一

【表７】旧家組頭表

№	由緒書の当代	初代組頭就任年	禄高	組頭見習就任年齢	就任年齢	平均在職期間	居住地	由緒書年代
1	保坂庄右衛門	天正10年	20俵	―	21歳	約28年	組屋敷	安永９年
2	山本斧三郎	天正10年	23俵	―	14歳	約33年	組屋敷	安永９年
3	河西仙右衛門	天正10年	20俵	17歳	43歳	約35年	組屋敷	明治２年
4	三木愛之助	天正10年	34俵８升	17歳	28歳	約29年	戸吹村	弘化４年
5	秋山喜左衛門	天正10年	38俵	16歳	19歳	約24年	組屋敷	嘉永２年
6	丸山惣兵衛	慶長５年	27俵	―	19歳	約30年	雨間村	弘化４年
7	八木熊三郎	慶安元年	23俵	20歳	33歳	約32年	上川尻村	安政７年
8	平野孫左衛門	承応２年	20俵	―	17歳	約31年	館村	享和２年

出典『江戸幕府千人同心関係史料報告』、『城山町史』資料編近世

八世紀半ば頃から見習という制度が誕生したことがわかる。以後これらの家では基本的には見習を経てから本役に就任する。見習は世襲を前提にする。一八世紀中盤には事実上の世襲が一般的になったことが見習成立の背景にある。このことにより旧家組頭の家格が安定したことは想像に難くない。見習と本役の就任年齢は由緒書の当代のものである。見習になるのはおおむね一〇代後半から二〇歳前後であった。見習にならない場合は大体一〇代後半から二〇代前半に本役についているのに対して、見習を経る場合は二〇代後半から四〇代前半に本役に就任している。組頭役の平均在職年数は約二九年である。

居住地については表７№４の三木家の初代彦右衛門は組屋敷に住居していたが、いつの間にか転居し、嘉永七年には武蔵国多摩郡戸吹村に住居している[(23)]。№６の丸山家は旧家組頭だが、当初から武蔵国多摩郡雨間村に居住している[(24)]。幕末までこの地に住み、当該期の当主は第二次長州征討に従軍していたことが確認される[(25)]。№７の八木家は慶安元年に志村組千人同心組頭田辺治郎右衛門から初代友右衛門が番代され、代々志村組の組頭を勤めた家である[(26)]。組頭の跡を襲うとそのまま組頭になることがわかる。居住地は当初から相模国津久井郡(県)上川尻村であった。№８の平野家は承応二年に中村組の組頭平野九郎兵衛の跡を又従弟の続で

番代している。やはり組頭の跡を継ぐと組頭になるのである。この家系は文化五年一〇月には武蔵国多摩郡館村に居住し、組頭を勤めていることが確認できる[27]。

旧家組頭は近世初頭から安定した地位を築いていた印象があるが、しかし前章で述べたように一七世紀は千人同心の相続は不安定であったので、旧家組頭だけが安定していたとはいえない。組頭見習が確認されるのは延享三年からであり、それ以前はその地位が安定的だとは断言できない。次章で検討するように千人頭による相続の干渉を一定度抑制できるのは一八世紀中葉からなので、千人組全体が安定していくなかで旧家組頭の地位も安定していったと考えるのが自然であろう。組頭の居住地も必ずしも組屋敷に限定されていないことに注目していただきたい。組屋敷居住者も多いが、№6は成立当初から村落に居住しているし、№4も組屋敷から移転してもその地位を失うことはなかった。本来居住地と身分は因果関係にはなかったのである。千人同心全体の家が成立するなかで旧家組頭という概念が生じ、それが近世初頭から千人同心組頭を勤める家を再定義したと考えるのが妥当であろう。居住地原則は千人同心社会のみの現象ではないが、千人同心に即していえば、そのような再定義のなかで「創造」されていったといえる。

第三節　譜　代

本章の最後に譜代について触れる。次の史料は嘉永五年六月、千人頭が譜代について述べた部分である[28]。

【史料31】

御譜代被　仰付候者者地方住居ニ而も百姓人別五人組等者相除、御家人之御取扱ニ而居屋敷幷地方持高等へ相掛り候儀者地方引請人と申者素ゟ定り居候間、右之ものを差出為相勤、家続共迄地方之人別相除、御家人之御取扱

【表8】千人同心譜代表

No	名前	組頭就任年	譜代就任年	勤続年数	就任年齢	譜代理由	備考	出典
1	山本良助	天明5年	天保8年	63年	83歳	年来無懈怠勤務		月番日記3
2	河西利八	不明	天保10年	76年	不明	年来無懈怠勤務	平同心	江戸幕府千人同心史料
3	内田弥惣太	不明	嘉永3年	数年	84歳	数年出精	組頭	月番日記3
4	間野惣次右衛門	文政3年	嘉永5年	71年	87歳	年来無懈怠勤務	天保2年孝行で褒賞	多聞櫓1628
5	松本勇右衛門	文政11年	安政4年	65年	83歳	西洋銃陣稽古出精		月番日記3
6	吉野六左衛門	天保3年	安政4年	65年	83歳	年来無懈怠勤務	天正10年以来の家	月番日記3

之先例天保度御勘定奉行江掛合被下、江川太郎左衛門御代官所
ニ例御座候、住居之儀御尋ニ付委敷此段申上候、以上、

子六月　　　　　　千人頭

これによると譜代を仰せ付けられると在方に住んでいても百姓の人別や五人組から除かれ、御家人の取り扱いを受ける。地方についての用向きは予め設定されている地方引受人に任せる。家族まで御家人の取り扱いを受ける。天保期に先例があるという。要するに譜代になると御家人の処遇を受けるということである。

では譜代になった千人同心とはどのような人々であろうか。表8は譜代の千人同心をまとめたものである。一見してわかるように譜代が確認されるのは天保になってからである。つまり譜代とは一九世紀にならないと生じない現象なのである。

勤続年数ははっきりしないNo3以外は、六三年以上である。年齢は八三歳が一番若く、また数も三人もいる。役職としては一人を除いて組頭である。譜代任命の理由は精勤である。以上をまとめると譜代に任命される最大のポイントは年齢が八〇歳を超えるまで精勤することであり、勤務年数六〇年以上で、組頭を勤める者が多かったといえる。

相模国淵野辺村の平同心である小川三千太郎の幕末期の記録には以下のようにある。(29)

【史料32】

一、平同心ハ八拾歳迄相勤候得者為褒美屋敷拝領幷御加増、

一、拾人頭ハ六拾歳迄相勤候得者為褒美右同断之事、

この史料には譜代という言葉は出てこないが、そう考えていいであろう。№1と№6は譜代になった後に、五俵の加増を受けていることは証明できる。譜代になるには精勤という要素もあるので、年齢に達すれば自動的に譜代が与えられるということはなかったであろうが、幕末期には譜代になることは容易とはいえないが、一定の条件さえ満たせば不可能ではないと、一般の平同心にも認識されていたのである。それは文政以降譜代の数が増加していったことでも裏づけられる。

では拝領屋敷を与えられるとはどういうことなのであろうか。拝領屋敷とは八王子千人町にある拝領地に存在する組屋敷を指している。文政九年三月、横山宿狼藉一件の評定所の評議をみても「譜代被仰付候ものハ、家族百姓並之取扱ニ不相成は勿論之儀ニて、素より右躰之身分ニ相成候上は、苗字を省、五人組帳支配領主地頭え可差出筋も無之、万一在方住居ニ御譜代之もの有之候ハヽ、組屋敷内え引移可然儀ニ付、右之趣相心得候様、千人頭え可申渡段、被仰渡可然哉ニ奉存候」とある。(30)

村落に住居している千人同心の家族は百姓並であるのに対し、譜代になると家族までも支配領主に提出する五人組帳への記載を除かれることになる。そして譜代を命じられた千人同心が地方にいた場合は、「組屋敷」に引き移った方がよいとしている。№2の河西利八も譜代を命じられたときには「百姓方宗門人別・五人組帳相除、勿論家族共御家人之御取扱被成下、組屋敷住居之者同様」とされている。利八も組屋敷へ移った方がよいとされた。移転はできな

かったが、それは拝聴地に余分な面積がないためであった。

譜代について考える上で大切な点は、これが一九世紀になって創案された新しい制度だったことである。宗門人別帳記載の有無、居住地の二点から考察してみよう。譜代になれば村の宗門人別帳から除外される。また千人町の組屋敷は公儀の拝領地なので、居住地原則の観点に立てば、ここに居住する者は百姓とはいい難い。このような観点に立てば譜代は武士といわざるを得ない。しかしここで思い致さなければならないのは、これが「再定義」だということである。一九世紀の「身分越境」が広範になると、論理的にはすべての身分集団に身分の「再定義」が求められる。千人同心も例外ではなかったのである。千人同心に与えられた譜代は、千人同心史上初めて武士として評価できるものである。この背景には拝領地に居住する者は武士という居住地原則を確認することができる。武士になった譜代は武士が住む拝領組屋敷への移住が望ましいとされた。身分と居住地との一致は近世身分制の大原則とされるが、近世初頭にはそのような傾向性は存在するが、「祖法」が確認されず、再検討の余地があるともされる[31]。しかし千人同心の場合は一九世紀にならないと問題とはされていない。譜代という存在がこの問題を顕在化させたのである。つまり、こうはいえないだろうか。一九世紀になり近世権力は身分制の再定義を余儀なくされた。その再定義の結果として居住地と身分を峻別すべきという言説が生じた。傾向性と明確な言説による定義は言語遂行の過程上は別個の事態である。

譜代は八〇歳以上の人間が任命された。その点、敬老を重んじる極めて江戸時代的な格式といえる。しかしその内実は千人同心の家族をも含めた完全な武士化を可能にするものであり、その乱用は身分制を無効化する危険性と隣り合わせといえよう。

寛政改革以降千人頭は一般的な平同心を統治の基盤にした。彼等の保護、昇進、世襲を担う役職が必要になった。

それが世話役・昇進組頭・見習である。彼等を心意統治する必要からも、また地域社会における他の身分集団と対抗する必要からも、千人同心全御家人説を採用した。それは結局公儀には認められなかったが、譜代は公認された。千人同心は譜代になることによって公的に身分を超えることができた。実際に譜代になれた人物は少ないが、その意義は大きい。

おわりに

本章では千人同心の役職と譜代という格式を検討した。一八世紀半ばには千人同心たちは同職の世襲化の維持を目指しており、見習が当該時期に成立したのもそのような状況でより直系への相続を確実なものにしたいという志向の表れと考えられる。世話役はそのような平同心の利益を守ることが平同心惣代以来の主任務であった。昇進組頭は基本的には千人組支配の中核として位置づけるべきであろうが、世話役から昇進するケースもあり、そのような性格を幾分かは受け継いだのであろう。ここで考えなければならないことは、当該期の千人頭による平同心支配は、近世初期にみられた恣意性を脱却し、平同心の利益擁護を図らなければ貫徹できなかったことである。そのため千人組支配の中核である昇進組頭も平同心の利益を擁護する必要があったわけである。役職自体の性格ではなく、職務遂行の過程で平同心を保護しなければならなかったのである。

以上役職を検討したが、共通していえるのは平同心による千人同心職の家職化である。第七章で後述するように当該時期には平同心の家は比較的安定し始める。千人同心職も家に取り込まれ、家を維持発展させるための家職になった。そのような動向が元来幕府の軍事職であった千人同心組織を変質せしめ、上記の役職は濃淡はあるが、平同心の保護を行なうものであった。

旧家組頭が近世初期から組頭を事実上世襲していたことは事実であろうが、それは役職上の問題であり、特別な家系として由緒を持っていたわけではない。次章で述べるように一八世紀半ばに千人同心株が成立し、流動性が激しくなり、平同心の地位が向上すると、旧家組頭も自己の家系を特別視し、見習が制度化される。これは平同心見習よりわずかに早い。千人組全体の再定義のなかで旧家組頭という概念も生じたといえよう。

譜代についてまず指摘しておかなければならないことは、千人同心が百姓身分を超える最も確かな方法だったということである。譜代になれば御家人の取り扱いを受けることが公認されたのである。逆にいえば、譜代にならなければ御家人の取り扱いを受けなかったことになる。公儀は千人町の拝領組屋敷住居の千人同心は御家人という居住地原則に則った見解を示している。これは一九世紀にならなければ確認できない「創られた伝統」である。しかし拝領組屋敷に居住できる人数には限りがあり、誰もが住めるわけではなかった。譜代になるには精勤と長期勤続という条件があり、誰もがなれるわけではないが、一定の条件をクリアすれば武士になることができるという制度、千人同心、特に組頭には魅力的だったに相違ない。公儀の譜代設置の目的もこのような精勤の慫慂という点にあったのであろうが、それが普及したのは、「身分越境」に即した百姓身分から武士身分への超克を可能にしたからであろう。

以上千人同心の役職と格式について検討した。これらは静態的な変わらないものではなく、時代に即応したものであることがわかる。

註

（1）「元千人同心荒井嘉十郎忰軍八身分取計方之儀ニ付評議仕候趣申上候書付」（国立公文書館多聞櫓文書二二三一四九）。

（2）由緒書の出典については、第四章註（4）（7）を参照されたい。
（3）『桑都日記』巻之十四中下（国立公文書館、請求番号一四〇―二九〇―二一）。
（4）『石川日記』第七巻、一〇五頁。
（5）享和二年一二月「千人頭中村組同心由緒書」（『江戸幕府千人同心関係資料調査報告』、東京都教育委員会、一九八八）。
（6）明治二年一二月「鈴木家由緒書・親類書」（註5書）。
（7）享和二年一二月「千人頭中村組同心由緒書」（註5書）。
（8）橋本義夫編『村の古文書』一（多摩地方史研究団体連合会、一九五五）。
（9）明治三年四月「青木家由緒書」（註5書）。
（10）慶応元年一二月「由緒書」（国立公文書館多聞櫓文書一六二八）。
（11）明治三年一二月「吉野家由緒書」（註5書）。
（12）明治二年一一月「奥住家由緒書」（註5書）。
（13）明治三年「中村家由緒書」（註5書）。
（14）弘化四年一二月「小野家由緒書」（註5書）。
（15）明治三年一二月「小島家親類書」（町田市立自由民権資料館）
（16）明治二年一一月「横田家由緒書」（註5書）。
（17）明治二年一〇月「斎藤家親類書」（註5書）。
（18）『八王子千人同心史』通史編、五九六頁。
（19）村上直「八王子千人同心の成立」（『八王子千人同心史料』、雄山閣出版、一九七五）三二頁。

(20) 塩野適斎『桑都日記』巻之十二(国立公文書館、請求記号一四〇―二九〇―一六)。
(21) 馬場憲一「江戸幕府八王子千人同心の系譜」(『学芸研究紀要』第九集、一九九二)。
(22) 『桑都日記』巻之十四下(国立公文書館、請求記号一四〇―二九〇―二二)。
(23) 「(嘉永七年)八王子千人同心在村者一覧」(村上直編『江戸幕府千人同心史料』、文献出版、一九八二)。
(24) 『秋川市史』(秋川市、一九八三)八六七～八頁。
(25) 『御進発御供中諸事筆記』上・中・下(秋川市教育委員会、一九七七～八〇)。
(26) 『城山町史』資料編近世、四三六～四四六頁。
(27) 註(23)と同じ。
(28) 『八王子千人同心関係史料集』第三集(八王子市教育委員会、一九九〇)一八頁。
(29) 嘉永六年三月二六日「千人之事」(『近世文書いろいろ』2、相模原市立博物館、二〇〇五)二二一頁。
(30) 石井良助編『御仕置例類集』続類集一(名著出版、一九七二)九六号。
(31) 平井上総「中近世移行期の地域権力と兵農分離」(『歴史学研究』第九一一号、二〇一三)。筆者は、平井の指摘は近世後期の言語による身分の再定義、つまり言語論的転回によって初めて位置づけられると思料する。

第四章　八王子千人同心株売買の実態

はじめに

前章では平同心の地位向上がもたらした役職の変容を中心に論じた。その前提になっていたのは千人頭の統率力の低下であり、課題として残ったのは平同心の地位が向上する具体像である。本章では八王子千人同心株売買の検討を行なうことで両者を明らかにしたい。また前章では千人同心職の家職化を問題にしたが、家やそれをめぐる社会的環境も考えてみたい。

江戸幕府直属の同心であった八王子千人同心の身分が株になり、金銭で譲渡されていたことは広く知られている。馬場憲一はこの株売買証文の検討を行ない、証文を三つに分類した(1)。一つには養子相続で、馬場はこれを正徳五年から確認され、「『名跡』継承という形態がとられながら千人同心の身分が金銭の拝受によって継承されていった」、つまり養子という形式をとった事実上の金銭による千人同心株の売買とした。またこれは近世前期から中期を特徴づける売買の一形態であるともした。二つには由緒番代で、これは「千人同心の身分の名跡を継ぐことなく単に金銭によって売買譲渡していく形態」である。時期は元文元年からみられ、寛政三年以降は一例を除いて由緒番代しかみられないとした。また幕末期には仮番代という由緒番代が派生する。三つには俸禄米の一部譲渡で、これは宝暦一二年の一例のみであり、変則的な形態である。つまり馬場にあっては俸禄米の一部譲渡を例外とし、おおむね養子相続↓由緒番代り↓仮番代りと時期的に推移していったことになる。

しかし馬場の指摘には疑問が存在する。まず第一に養子相続と養子相続の形態をとった事実上の千人同心職の売買とが峻別されていない点である。養子相続自体は正徳五年以前も存在したであろうし、近世後期にも多く存在したことは明らかである。問題はそれが事実上の売買に当たるかどうかであり、この点が馬場は曖昧なのである。本章ではこれを意識し、単なる養子による相続を養子相続とし、養子相続の形式をとった事実上の売買を養子番代ということにする。また馬場が由緒番代とした史料には、由緒の文言が確認されないものがある。本章では由緒の文言が確認されるもののみを由緒による売買が行なわれたと認識し、由緒番代と称することにしたい。

思うに馬場の成果にこのような問題があるのは、千人同心の身分を御家人と規定したことが一因なのではないだろうか。このことにより千人同心は御家人株を持っていることが前提となり、株がいかに生じたのかという経緯に対する検討がなおざりになった。本稿では千人同心は元来武家奉公人であると認識する(2)。武家奉公人株が発生するのならそれ相応の経緯があったはずである。株という概念が歴史的文脈を無視して出現するはずはない。千人同心株自体、歴史的な概念である。このことを明確にすることが本稿の課題になる。ここで株についての基本的な考えを述べておきたい。千人同心は身分であり、人格的な関係である。その人格的関係が形骸化して身分がもっていた特権が顕在化し、「財」として意識された段階をもって千人同心株という制度の成立としたい。そして「財」としての有用性さえ意識されず、経済的利潤のためにだけ所有されるようになることをもって千人同心株という制度の確立ということにする(3)。

第一節　八王子千人同心株売買の基礎的条件

第一項　八王子千人同心株売買証文の検討

表9は研究史に鑑み、千人同心株売買証文と目された種類の史料を筆者が管見の限り集めたものである。ここからは正徳五年から明治三年までの三四点の史料が確認できる。[4] 馬場が指摘した通り、千人同心株売買は基本的には一八世紀以降のこととしていいであろう。なお、原本が確認できなかったものは除外した。

表題をみると当該証文においては、統一した表題が存在しない。ここからは権力によって形式の統一を要請されたわけではないという千人同心株売買証文の性質が読み取れよう。あくまでも当事者間の関係が前提なのである。また「株」という表現が予想外にみられないということも表題の特徴である。みられるのは№22の一例のみである。

譲渡人は千人同心株を譲渡した人物、被譲渡人は千人同心株を譲渡された人物である。したがって被譲渡人が譲渡後に千人同心に就任することになる。禄高は最低六俵から最高三三俵二人扶持までである。金額は最低一七両で最高一一〇両、禄高を無視して平均すると四二両強である（№29・30・32は支払が特殊なので平均からは除外した）。金額はゆるやかに上昇していき、幕末に下落する、と大雑把にはいえそうである。また№23から№27までは六〇両を下らず、一八三〇年代末から一八四〇年代末前後は千人同心株が最も高騰した時期だと考えられる。幕末になると支払方法そのものが変更される。

番代の理由をみるとほとんどの場合、本人の病気が記されている。そして息子が不在、もしくは跡を継げない旨が書かれている。さらに事例によっては親類に相応の者がいない。親類の者から跡を継ぎたいという希望がない旨が記

禄高	金額	馬場	理由	備考
不明	23両	養子	養子	千人頭への願明記、 本人病気
30俵２人扶持	51両	未検討	なし	千人頭への願明記、 身上不勝手、組頭
12俵１人扶持	17両	由緒	無記載	本人年寄・悴病気
33俵２人扶持	110両	未検討	養子	千人頭相続承認、 本人病気、実子なし
11俵１人扶持	24両２分	養子	無記載	千人頭相続承認、 本人年寄・悴幼年
10俵１人扶持	25両	由緒	一家	本人病気・男子なし
６俵(18俵の内)	22両２分	俸禄米	無記載	千人頭への願明記、 不勝手
15俵１人扶持	50両	未検討	養子	千人頭への願明記
12俵１人扶持	33両	養子	養子	千人頭への願明記、 本人病身
10俵１人扶持	23両	養子	養子	以下千人頭の記載なし、 本人病身、惣領義絶、次男幼年、親類相応の者なし
10俵１人扶持	29両	未検討	無記載	本人病身、男子なく、 近き親類も相応の者なし
13俵１人扶持	37両２分	由緒	無記載	本人病身、男子なし、 親類相応なし
15俵１人扶持	45両	由緒	無記載	本人病身
12俵１人扶持	32両	未検討	由緒	本人病身
10俵１人扶持	29両３分	未検討	無記載	本人病身
11俵１人扶持	26両２分 ２朱	由緒	由緒	本人病気・実子なし、 親類願いなし
20俵１人扶持	56両（実際47両）	由緒	無記載	本人病気(旅懸奉公不勤) ・実子なし、親類願いなし

【表９】千人同心株売買証文表

No	年代	表題	譲渡人	被譲渡人
1	正徳５年11月29日	一札之事	内川源内	米山文左衛門
2	享保16年６月25日	相渡申御扶持御切米之事	御扶持御切米渡主 佐藤文右衛門	秋山冨八郎
3	元文元年12月25日	相譲申御扶持切米之事	金子十郎左衛門	宮岡武左衛門
4	延享２年閏12月	譲渡申証文之事	養父八木喜右衛門	八木孫右衛門
5	延享３年６月	譲証文之事	雨間村諸伝右衛門	牛沼村諸源右衛門
6	宝暦７年10月	譲り渡申八王子千人同心御扶持切米証文之事	嶋崎仲右衛門	嶋崎斧右衛門
7	宝暦12年３月	譲証文之事	永野三郎左衛門	宮岡十郎右衛門
8	宝暦12年12月	譲り渡申御切米御扶持方之事	御切米御扶持譲り主 十蔵子春木万吉	野嶋多吉
9	宝暦14年４月	譲り渡申御切米御扶持方之事	御切米御扶持譲り主 平野平兵衛	河野善次郎
10	明和元年12月	一札之事	西村丈右衛門	西村市郎左衛門
11	安永２年４月	譲証文之事	太田佐助	乙幡市郎右衛門
12	天明４年11月	一札之事	米山幸蔵	石川喜兵衛
13	寛政３年12月	譲渡申一札之事	山上常吉	青木源吾
14	寛政６年正月	譲渡申御切米御扶持方之事	中村万吉組同心当人 伊沢馬之助	落合太吉
15	寛政７年10月	譲り渡し申一札之事	譲主山下半次郎	原久米八
16	寛政８年12月	譲渡申一札之事	石川伊平次	中村安八
17	寛政９年11月	御番代相譲申一札之事	栗原庄次郎	栗原兵左衛門

10俵１人扶持	28両	由緒	由緒	本人病気・親類願いなし
13俵１人扶持	38両	未検討	無記載	本人病身
10俵１人扶持	30両	未検討	由緒	本人病気・親類願いなし
10俵１人扶持	30両	由緒	由緒	遠縁、本人病身
12俵１人扶持	40両	未検討	無記載	金子は実子文左衛門が受け取る、本人老衰
（13俵９升）	61両	未検討	養子	本人病気
10俵１人扶持	62両	未検討	無記載	目見金宅見分諸入用・所物入用、本人病気
18俵１人扶持	85両	由緒	由緒	病癪
15俵１人扶持	70両	由緒	由緒	遠類、本人病身、実子、相応の者なし
19俵１人扶持	100両	由緒	由緒	本人病身、実子なし、親類願いなし
10俵１人扶持	45両	由緒	由緒	本人病身、悴病身、親類願いなし
14俵１人扶持	１年３両ずつ	仮番代	無記載	10年契約、本人病気
（記載なし）	１年４両２分ずつ	未検討	養子	仮番代、日光番支度金５両、相応の者なし
12俵１人扶持	60両	由緒	由緒	相応の者なし
（記載なし）	１年10両ずつ	未検討	無記載	仮番代
16俵１人扶持	10両	未検討	有縁	印章付、本人病身
10俵１人扶持	14両２分	未検討	無記載	印章付、本人病身、相応の者なし

18	享和３年７月	譲証文之事	小谷田市五郎	水島金平
19	文化11年７月	一札之事	長谷見政五郎	小嶋源之丞
20	文政３年12月	一札之事	当人高沢吉太郎	鈴木栄蔵
21	文政８年５月	一札之事	西村源七	井野倉之助
22	天保５年３月	千人同心株譲渡シ申証文之事	（河野伝之丞組同心高城新兵衛）	上長□村又次郎
23	天保８年５月	議定証文之事	平沼善七	平沼佐七
24	天保11年７月	一札之事	八王子本宿榛沢逸作	根岸村惣次郎
25	弘化２年８月	譲渡申儀定証文之事	北嶋太市	野口八三郎
26	弘化３年12月	譲状之事	原半左衛門組 森梅太郎	五十子幸太郎
27	嘉永３年正月	譲状之事	峯尾□□	清水茂八郎
28	文久元年９月	譲渡申議定証文之事	山本粂蔵	大野清次郎
29	元治２年４月	相頼申一札之事	荻原新之助組同心 岡部良蔵	上大久野村肝要 八郎兵衛
30	慶応２年５月	為取替申対談議定之事	山上平三郎	幸三郎
31	慶応３年２月	譲り渡申御奉公証文之事	明組千人隊御奉公譲り主河野五郎兵衛	河野幸三郎
32	慶応４年４月	約定一札之事	榛沢熊太郎	当人市川初蔵
33	明治２年12月	為取替申対談議定一札之事	中平井村青木作十郎	原小宮村 白石佐五右衛門
34	明治３年６月	譲り渡申一札之事	小池忠右衛門	無記載

されている。こうしてみると千人同心の跡は息子が継ぐことが最も望ましく、次いで親類が継ぐことが希望されたことになる。ところで親類とはどこまでの親等を指すのであろうか。後に考えたい。

「馬場」は先記馬場憲一が行なった千人同心株売買の分類である。「未検討」とは馬場が検討していない史料であることを示す。「理由」は史料に明記されている譲渡理由である。明確に記されていない場合は「無記載」とした。馬場は元文元年の№3を由緒番代りとした。しかし実際には「由緒」という文言が最初に出てくるのは№14の寛政六年以降のことである。この点も後述したい。

№33の「有縁」を「由緒」に含むと考えれば、「養子」と「由緒」「無記載」以外は「一家」しか確認されない。先述のように研究史においては「養子」と「由緒」が強調されてきたが、「無記載」も多くあることは否定できない。表9でも一四点確認できる。決して無視していい数字ではない。そして「一家」が掲載されている№6は、この表にまとめられた史料のなかで唯一印鑑が押されていない史料である。このように「無記載」や「一家」を含めて千人同心の番代をトータルに説明することが本章の課題である。

備考には番代に関する千人頭の対応を記しておいた。№9までは№3・6を除いて千人頭へ番代の願を出すこと、もしくは許可を得たことが記されている。№6は先述したように一家間で取り交わされた史料なので、この種の記載がなくても当然である。以上のように考えると、№9が作成された宝暦一四年までは基本的には千人同心の番代に当たっては千人頭の許可が必要であったと考えられよう。一七世紀において相続に関して千人頭が主導権を握っていたことは次の史料を検討してみても明らかである(5)。

【史料33】

一札之事

一、我等組拾俵ニ壱人扶持之同心、我等裏判之金子拾六両致借金懈怠申候処ニ、其方右之金子不残出シ、跡役勤可申由申ニ付、此度右之金子請取同心ニ拘《抱》申候、諸御役等念を入勤可申候、若其方御奉公相勤申義不罷成事出来申候者、右之金子不残返弁申、御切米取上可申候、為後日一札仍而如件、

元禄拾弐年卯十二月

志村勘左衛門（印）

窪田三右衛門（印）

長坂善兵衛（印）

青木太兵衛殿

この史料33に出てくる窪田三右衛門については確認ができなかったが、志村勘左衛門は千人頭で諱は宣之。(6) 志村は裏判を押して千人同心の借金を保証したのであろう。おそらくその千人同心とは長坂善兵衛であろう。新たに千人同心に抱えられる青木は、その借金を肩代わりすることになる。しかし志村は青木に職務の精勤を義務づけ、それが実現できない場合は肩代わり分を返し、切米を取り上げる、つまり解職するとしている。抱え入れにおいて千人頭が厳格に対処し、主導権を掌握していたと理解できる。

元禄期には確認できる千人頭の抱え入れに関する主導権は、漸次衰退していく。その原因は他ならぬ千人同心株売買の成立、確立であろう。

なお表9の7の史料は「俸禄米の一部譲渡」として研究史上千人同心株売買証文として位置づけられている。この史料自体は大変興味深いが、他の史料と同列に扱うのは望ましくなく、派生的な存在として別稿を期したい。

第二項　千人同心の由緒と相続

表10は確認できた八王子千人同心の由緒書から、千人同心の家系の初代が何時から千人同心に就任したかを、一〇年刻みに示したものである。由緒書について筆者は一三一家の千人同心家の由緒書を確認した(7)。由緒書が作成された時期は最も古いもので安永九年二月であり、最も新しいものは明治三年一二月である。平均的には残っておらず、近世後期はサンプル数が足りないことは否めない事実である。

千人同心は天正一〇年、天正一九年、慶長五年の三回にわたって段階的に成立したとされる。表10の一五八〇年代、一五九〇年代、一六〇〇年代の「成立」に記した15・2・4は、いずれもこの年代に就任した千人同心の人数である。初代であるため当然番代の続柄は存在せず、「総件数」の欄に記載した。

一六一〇年代には新しい千人同心は確認できない。一六二〇年代には新しく千人同心になった家が二件確認できる。これは従来千人同心だった家から譲渡されたものである。由緒書には譲渡人と被譲渡人の続柄が記されている場合が多い。「従弟」「従弟違」「又従弟」である。また続柄がなく由緒をもって譲渡したという趣旨があった場合は「由緒」にカウントした。両者の関係を示す記述がない場合は「不明」にした。実子や養子へ番代した場合は家系が変わったと認識されないので、この表には加算されていない。つまり養子番代は反映されていない。実子・養子・弟・孫(例外的に父親)への番代は「直系番代」ということにする。

被譲渡者の性格をみて指摘できることは又従弟の多さと由緒の少なさである。又従弟は全部で五八件確認できる。従弟は四件、従弟違は七件でこれらは例外的なものであり、親族内での相続は又従弟が圧倒的だったといっていいであろう。もう一点の由緒番代は先述のように研究史上大変重要視されてきた。しかし由緒書をみると一八一〇年代にならないと確認できず、全体で五件しか判明しない。ただ由緒番代が現れたこの年代から又従弟以下の親族に対する

【表10】千人同心新規就任数表

年代	成立	従弟	従弟違	又従弟	由緒	不明	総件数
1580年代	15	—	—	—	—	—	15
1590年代	2	—	—	—	—	—	2
1600年代	4	—	—	—	—	—	4
1610年代	—	0	0	0	0	0	0
1620年代	—	0	1	0	0	1	2
1630年代	—	0	0	0	0	0	0
1640年代	—	0	0	2	0	6	8
1650年代	—	0	0	2	0	4	6
1660年代	—	0	0	4	0	1	5
1670年代	—	1	0	2	0	1	4
1680年代	—	0	0	0	0	2	2
1690年代	—	0	0	3	0	1	4
1700年代	—	0	1	3	0	1	5
1710年代	—	0	0	3	0	0	3
1720年代	—	1	0	3	0	1	5
1730年代	—	0	0	8	0	1	9
1740年代	—	0	0	5	0	2	7
1750年代	—	1	2	2	0	1	6
1760年代	—	1	1	2	0	0	4
1770年代	—	0	1	9	0	1	11
1780年代	—	0	1	3	0	1	5
1790年代	—	0	0	5	0	1	6
1800年代	—	0	0	1	0	1	2
1810年代	—	0	0	1	1	1	3
1820年代	—	0	0	0	0	0	0
1830年代	—	0	0	0	0	0	0
1840年代	—	0	0	0	1	0	1
1850年代	—	0	0	0	3	2	5
1860年～	—	0	0	0	0	0	0
年代不明	—	0	0	0	0	7	7
合計	21	4	7	58	5	36	131

番代が完全に消滅してしまっている。この点は先述した由緒書の残存状況にも起因するので、後で別な角度から考察したいが、その前に一点だけ確認しておきたい。又従弟といった親族関係を示す言葉は千人同心株売買証文には記載されない。従来の研究史は売買証文を中心に検討されたため、親族関係という論点は死角になっている。この点は御家人株に関する研究でも同様といえよう。この点を本章では留意したい。

ここで由緒書の虚偽性に関する認識について述べておきたい。一般論からいっても由緒書に記載された事実が、すべて史実とはいえない。まして相続に関しては公儀は血縁を重視したため[8]、又従弟であっても同族であることを述べておく方が有利であったとも考えられる[9]。確かに由緒書に記された又従弟など血縁を表す記載がすべて事実とは断言できない。しかし筆者は以下に述べる理由により、一程度の事実性を見出すことができると考える。

全国的に武家奉公人を分析した磯田道史は、一七世紀における足軽の召し抱えは、身長制限などの身体的特徴を重視する一代抱えが一般的であったが、次第に「養子」のような血縁擬制や「看抱」と呼ばれる株譲渡の制度が発展していったとした。このことにより「藩主導の個人能力重視の選抜方式から、足軽が相対で株を売買・譲渡して後任候補をきめ、事後的に藩に承認させる方式に変化」していった[10]。この点に鑑みれば千人同心株の成立は相続に対する主導権を千人頭から千人同心へ移行させる上で、与って力があったといえるであろう。なお磯田によれば足軽が後継者の主導権を得たといってもそれは世襲化には繋がらず、むしろ他人に株が譲渡される傾向が強いとした。この点も千人同心株を考察する上で重要である。

千人同心に話を戻そう。延宝六年千人頭石坂勘兵衛は千人同心に欠員が生じた場合は、千人同心の「子弟」で補うとした[11]。石坂は千人同心の相続を子弟から選べといったわけではないが、欠員を「子弟」から選ぶという動向は「子弟」の地位を高め、相続に際しても「子弟」から選ばれる動向が生まれたと仮定できる。少なくとも欠員を「子弟」

から選ぶことを千人頭が公認した以上、相続に際しても「子弟」を対象とすることを拒否するのは難しいであろう。

では「子弟」とはなんだろう。後年のものだが、千人同心の「親類書・遠類書」をみると、親類には叔父・伯母・従弟・従妹が名を連ねているのに対し、「遠類書」には大叔父・大叔母・従弟違・又従弟が記されている。千人同心の場合「子弟」は遠類、つまり従弟違までは入るとした方が表10と整合性がとれる。従弟違とは「父母のいとこ」を指し、「又従弟」とは「父母のいとこの子」を指す。(12) かなり広範囲な概念である。千人同心を他家に相続させる場合、本人が親類と相談することが千人同心株売買証文に明記されることが多く、そうなれば親類に適任者がいなければ遠類に話が持ち込まれるのは自然な流れではないだろうか。江戸時代の通婚圏が狭かった点を考慮すれば、又従弟が比較的近所に居住している確率は高かったはずである。

以上のように由緒書の記載はすべて信用できるわけではなく、形式的に又従弟とした事例もあったろうが、千人同心の欠員を又従弟で補うことを千人頭が公認していた点、実際に又従弟が相続する蓋然性が高かった点を考慮し、由緒書に記されている記述も一程度の信憑性をもっていると考えられよう。

『千人頭月番日記』には千人同心の昇進や降格・相続等について千人頭が審議し、その結果が記録されている。寛政八年一二月から元治元年四月までの月番日記が断続的に残されている。(13) この史料を分析したものが表11である。つまりこの表は由緒書では稀薄になっていた一九世紀の状況が反映されたものである。「直系番代」は悴・養子・弟・孫・父への相続を意味している。弟を養子にして相続させるという事例も存在する。年齢は一五〜一九歳が最も多く一九人であり、年齢が上るにつれて漸次減少していく。六六〜七〇歳の二人は子から父へ相続された事例であり、例外的なものである。「従弟番代」も二件確認できる。「従弟番代」は「由緒番代」とは峻別された概念として認識されていたことは指摘しておきたい。「由緒番代」も一五件確認できる。一番多い年齢は二六〜三〇歳であり、「直系番代」より年齢が高い。これは「由緒番代」には多額の金銭が必要になるので、ある程度経済力がついた年齢でないと不可能だったためであろう。

表11はおおむね一九世紀の事例であるが、従弟番代を直系番代と考えればこの時期の番代は直系番代と由緒番代の二つに絞られることになる。先述のように一八世紀には又従弟への番代が中心であり、由緒番代は一点も確認できなかったのである。この推移も整合的に説明されなければならない。

【表11】番代類型別表

年齢	直系番代	従弟番代	由緒番代
14歳以下	—	—	—
15～19	19	—	2
20～25	14	—	2
26～30	13	—	4
31～35	10	—	1
36～40	5	1	1
41～45	4	—	2
46～50	2	1	2
51～55	1	—	1
56～60	—	—	—
61～65	—	—	—
66～70	2	—	—
合計	70	2	15

出典：『八王子千人同心関係史料集』1～4

第二節　養子相続から養子番代へ

第一項　養子番代の淵源

本節では養子番代について検討したい。まず表9No1の史料をみてみよう(14)。

【史料34】

一札之事

一、我等儀病身ニ付御奉公難相勤候ニ付、此度貴殿養子ニ仕、跡式相渡シ可申と内相談相極メ申候、然共年内余月無之ニ付、来春ニ罷成、御頭様江可奉願候、然ル処ニ当暮仕廻兼申候ニ付、敷金弐拾三両之内只今三両請取申候、

来春御頭様江跡式貴殿へ奉願被仰出候ハヽ、残金弐拾三両之内ニ而我等借り置候連判借幷無尽掛金等御積り次第引落残金勘定次第御望次第以証文請取相済可申、万々一御頭様御前相済不申候ハヽ、来正月扶持ゟ春夏冬三度御切米其方へ相渡シ可申候間、御請取可被成候、□□(虫損)之義申間敷候、為後日之我等証人ニ罷成候、仍如件、

内川　源内(印)

荻原小五郎様組証人

五兵衛(印)

大横丁ニ而証人

庄三郎(印)

正徳五年未ノ十一月廿九日

米山文左衛門殿

史料34は独特な内容を持つもので、以下の史料のどれとも違っている。正徳五年千人同心内川源内が病気のため奉公ができなくなり、米山文左衛門という人物に「跡式」を譲るという内相談をして話をまとめた。しかし千人頭への願は年末のため翌年に行なうことにした。これは年末の多忙を避けたと理解される。しかし「当暮仕廻兼」、年が越せないために「敷金」ニ三両の内三両を前もって内川は受け取ったのである。「当暮仕廻兼」という切羽詰まった表現はこの後の史料にはみられないものである。「敷金」は「婚姻の際の持参金」という意味があり(15)、ここでは養子に入る際の持参金と解釈できよう。この持参金ニ三両は「我等借り置候連判借幷無尽掛金等」などと清算されることになる。もっとも既に三両は前借しているので引当金は二〇両になる。なお相続に関して千人頭の拒否が現実のものとして切実に考慮されているのもこの史料34のみである。他の史料は千人頭の存在を記

している場合でも比較的形式的なものである。千人頭の相続への干渉は次第に形骸化していったと思われる。「連判借」とは浅草の札差から同じ千人頭の組の者と連判して借りた借金である。源内がいくら借りたのかは不明であるが、元禄一二年の千人頭中村組の事例では連判借は一五両である[16]。この他にも「無尽掛金等」があるのだから源内の手許にはいくらも残らなかったであろう。逆にいえば源内はそれだけ経済的に追い詰められていたと考えられる。

史料34の証人として五兵衛・庄三郎が名を連ねている。少なくとも五兵衛は「荻原小五郎様組」なのだから千人同心であることは間違いない。筆者は先に近世前期には千人同心は苗字を名乗れなかったと指摘したが[17]、これもその証左である。

では史料34の意義は何なのであろうか。筆者はこの時点では千人同心株という概念は成立していないと考える。源内は年も越せないほど経済的に困窮していた。何としても金が欲しかったのである。そのため文左衛門に養子に入ることを条件に二三両もの大金を出させたのである。これは文左衛門が是が非でも千人同心になりたかったからではない。なぜなら千人頭の了解が得られるかどうかは不明だからである。文左衛門の行為は、むしろ困窮した源七に対する扶助という性格が窺えるのではないだろうか。馬場はこの史料について「千人同心の身分が金銭の拝受によって譲渡されていった」と評価したが、不当であろう。この史料34は単に持参金をもって養子に入る事例に過ぎないのである。養子相続の形骸化を示す色彩はない。したがって史料34は千人同心株売買証文とはいえない。ただ持参金をもって養子に入るという慣習が、養子番代の淵源であるとはいえよう。

しかし淵源というのであればもう一点考察しなければならないことがある。それは借金が過重で奉公の遂行が不可能になった千人同心を借金の肩代わりを条件に、千人頭が主導して番代させる慣行である。この主導性が次第に下降

していき、ついに譲渡者とその関係者にまで辿り着いたという方向性である。次の史料を検討してみよう。(18)

【史料35】

相譲申御扶持御切米之事

一、我等儀身上不勝手ニ付御奉公難相勤候所ニ、貴殿跡役御望ニ付、其段頭江願書差出シ候得者、願之通被申付候、依之諸親類相談ヲ以、我等御切米三拾俵弐人扶持貴殿方江相渡、旧借有之候ニ付、金五拾壱両只今不残慥ニ請取、組頭跡役貴殿江相渡候、当亥ノ七月御扶持ゟ貴殿江御請取、御切米之儀者、当亥ノ冬御切米ゟ貴殿方江御頂戴被致、組頭役勤仕可被成候、勿論当春拝借金三両者、其元ゟ御上納可被成候、外ニ浅草御蔵宿方ニ而年賦金壱両弐分残有之候、是又貴殿ゟ可被相済候、此外ニ一切指引払方無之候、縦横合之借方払方候共、毛頭貴殿御構被成間敷候、我等此以後之儀者、右之金五拾壱両之内ニ而飯米雑用分ニ田畑相調置、作徳ヲ以末々快相暮候、万々一我等身上如何様成儀有之候共、貴殿方江御厄介、日本神八幡罷成申間敷候、若不埒申出候ハ、加判之者共立合、貴殿江御苦労掛申間敷候、為後日加判仍如件、

享保拾六年亥六月廿五日

御扶持御切米渡主

佐藤文右衛門(印)

証人

河西　源蔵　(印)

同

山本　重次郎(印)

秋山冨八郎殿

千人同心組頭佐藤文右衛門は「旧借」五一両、「当春拝借金」三両、札差の「年賦金」一両二分を秋山冨八郎に負担してもらうことを条件に、千人同心組頭の禄米三〇俵二人扶持を譲っている。もちろん千人頭に願書を出しており、千人頭の承認を受けてのことではある。しかし秋山が「跡役御望」になったと記載されており、当事者間の関係が否定されたわけではない。史料35は千人頭の支配の下にありながら、抱え入れの主導権が譲渡人へ移りつつある状況を示しているのではないだろうか。まだ譲渡人と被譲渡人の間に主体的な関係が構築されていないので、千人同心株が成立したとは言い難いが、このような被譲渡人を選択していこうという動向は株という概念の成立には重要であると思われる。

なお「旧借」分の五一両はすべて借金の返済に充てなくてもよかったようで、幾許かを割いて田畑を購入し、その「作徳」で以来生活していくと記されている。以前触れたように一七世紀末には千人同心が田畑を購求しようという動向が目立った。その目的としては生活面の安定が挙げられるであろう。このようにして千人同心は百姓が兼帯するものになっていたのであろう。

次いで譲渡者と被譲渡者の関係について考察したい。史料36（表9№3）をみてみよう。(19)

【史料36】

相譲申御扶持切米之事

一、私儀年寄御奉公相勤り不申、其上悴儀病身ニ而跡目相続致候体ニ無之候間、其段申上、貴殿江御奉公相譲り御切米高拾弐俵壱人扶持相渡申所実正也、私方扶助金として新金拾七両給之慥ニ請取申候、然上者右御扶持切米相譲り申候、御切米御扶持方ニ掛り候借金等一切出入無之候、勿論御給分之儀諸親類方より一言之違乱申もの無之候、為其親類加判を以譲り証文相渡申所仍如件、

元文元年辰十二月廿五日
御扶持切米渡主
金子十郎左衛門（印）
十郎左衛門世悴
同　六郎兵衛（印）
親類
石井　権右衛門（印）
加判
尾兼　治部八　（印）
宮岡武左衛門殿

この史料は武蔵国多摩郡大久野村（日の出町）の千人同心宮岡家に伝来した史料である。馬場はこの史料を由緒番代の史料としたが、どこにも由緒という文言は出てこない。内容は金子十郎左衛門が高齢になり、悴は病身であるため、宮岡武左衛門に千人同心職を譲るというものである。注目すべきは「諸親類方より一言之違乱申もの無之候」と親類の承認が強調されている点である。「親類」が押印しているのも番代における親類の存在の大きさを物語っている。千人同心が番代する場合、まず悴が候補になり、支障があると親類が候補になる。史料36では悴の六郎兵衛も自ら「御奉公相譲」ることを承認し、親類もその旨を承認している。では奉公を譲られる宮岡武左衛門とはどのような人物なのであろうか。

宮岡家には由緒書が残存している[20]。これによれば武左衛門（由緒書では十郎左衛門）と十郎左衛門は又従弟の関係にあたる。つまり親類に適格者がいない場合は又従弟への譲渡が検討されたということになる。なお前者が後者に譲渡した金は「扶助金」と呼ばれていることに注目されたい。これは病身のために千人同心を息子に譲渡できずに困っている家に対する同族の扶助とするのが素直な解釈ではないだろうか。史料34については譲渡人と被譲渡人の続柄は不明であるが、否定する要素もなく、同族であると仮定しておく。つまり史料34・36は困難を抱えた家に対する同族団の扶助が本質であり、それに千人同心職が利用されたに過ぎない。千人同心株という概念はまだ成立しておらず、したがって上記の史料は千人同心株売買証文とはいえない。史料37（表9№5）は延享三年の武蔵国多摩郡雨間村（あきる野市）諸伝右衛門が牛沼村諸源右衛門に番代した史料である。(21)

【史料37】

譲証文之事

一、我等儀拾壱俵壱人扶持ニ而千人同心勤来候処、当春ゟ俄病身ニ罷成、御奉公難相勤候、勿論忰も有之候得共、幼年者殊ニ是も病身ニ付、御奉公相続難成相見江候故貴殿名跡ニ御願申上候処ニ御頭様ゟ御目見江御奉公相続被仰付難有仕合候、依之御奉公貴殿方江相譲申候、右祝金末々為養育金文金弐拾四両弐分不残慥ニ請取申処実正御座候、然上者御奉公ニ付親類者不及申、我等共子々孫々ニ至迄少も相構無御座候、随分御奉公大切ニ可被相勤仕候、尤後々末々如何様之儀御座候共金銀ハ不及申、何ニ而茂無心ヶ間敷儀一切申間敷候、為後日加判証文仍而如件、

雨間村当人　諸　伝右衛門（印）

同村加判　白井　仁兵衛（印）

延享三年寅六月日

牛沼村　中村　逸八郎（印）

白井友右衛門（印）

牛沼村

諸源右衛門殿

馬場は史料37は養子相続を示す史料としたが、史料には養子とも由緒とも記されていない。筆者はこの史料を養子番代か由緒番代かと考察することに意義があるとは思わない。史料37の諸伝右衛門と諸源右衛門は同姓ということもあり、同族と思われる。また白井姓の人物が二人連署しており、ここでも同族団の関係が想定できる。史料37には経済的困窮を示す記述はないが、本人は病気であり、息子は幼年のうえ病身とあっては明るい見通しはみられない。そのような家に対して同族団は千人同心職を引き受けてやり、金銭も譲渡するのである。つまり同族団による相互扶助が史料37の本質なのである。ここでは譲渡金のことが「祝金」と呼ばれていることに注意したい。ここでは千人同心職の譲渡が素直に寿がれている。それは末々「養育金」として機能することが認識されている。この名称は以後千人同心の番代の譲渡金の名称として定着していくことになるが、後年は名目的に使用されている印象が強い。しかしこの段階では本当に同族の養育を意図するものだったのである。次項ではその同族団についてさらに考えてみたい。

第二項　同族団による千人同心職の共有化

次に掲げる史料38（表9№6）は先述した通り表9収録の内で唯一印鑑が押されていないものである。(22)

【史料38】

譲り渡申八王子千人同心御扶持切米証文之事

荻原安次郎様御組

一、御切米拾俵ニ壱人扶持　千人同心　嶋崎仲右衛門

右我等儀前々ゟ八王子千人同心相勤来り候処ニ永々病気ニ而行歩不自由ニ罷成　日光御火之番猶又欠（駆）走之御奉公難相勤候、尤代番相勤可申男子茂無之候間、今度親類共相談ヲ以其元一家之儀ニ有之候間、右御奉公譲渡シ申度達而申談候処ニ御承引有之候ニ付、我等儀□致安緒（堵）書面之御扶持切米相渡申候所相違無御座候、依之此度老母并我等為養育之金子弐拾五両只今御渡被下慥ニ請取申候、此上右御奉公ニ付親類共者勿論若外ゟ相障指滞候義茂有之候ハヽ、証人加判之者急度埒明可申候、少茂御気遣無之御奉公大切ニ御勤可被成候、為後日譲証文指出申所仍如件、

宝暦七丑年十月

御扶持切米渡シ主　嶋崎仲右衛門

従弟　嶋崎友右衛門

立会　清水甚右衛門

地方与頭証人　孫右衛門

右同断　□右衛門

従弟証人
甚左衛門

嶋崎斧右衛門殿

史料38は他の史料にはない実態を垣間見ることができる。千人同心嶋崎仲右衛門は長い間病気のため歩行が不自由になった。そのため日光火の番を勤めることができなくなった。日光火の番は千人同心の代表的公務である。防火警備であるため、千人同心は鳶口を持って激しい活動を要求される。病弱な人間には不可能である。日光火の番には親類などに代人を立てることも確認できるが(23)、この場合は仲右衛門に実子がいなかったようで、そのため替わりに役を勤めてくれる人物が必要になった。後年の証文では日光火の番を勤められないと抽象的にしか記されていないが、ここでは非常に具体的に記してある。歩行不自由になった仲右衛門とその老母に対する扶助の色彩が濃厚なことが特徴である。それは「養育之金子」という言葉からも窺うことができる。

史料38によれば番代に際して「親類」たちが相談したことが記されている。では親類の範囲はどこまでなのであろうか。ここには「従弟」が二人も名を連ねている。「従弟」は親類を代表していると考えるべきであろう。「親類」でも候補者がいない場合は「一家」が対象になる。

嶋崎家には明治二年の由緒書が残されている(24)。それによれば仲右衛門は斧右衛門の「父」とのみ記されている。斧右衛門が番代した宝暦期には「一家」という同族団の規定性が強く、後年と比較すればイエの独立性は弱かった。直系性があまり意識されない以上、千人同心の後継者は「一家」内から選ばれるのであれば何も問題ない。しかし明治初年には確乎としたイエ意識が確立している。直系による相続が望まれる以上、仲右衛門と斧右衛門の関係も親子であることが望ましい。それが「父」という表現になったのであろう。このように考えると番代に当たりイエにばかり着目するのは不当である。番代についての考察は、イエ概念の成立をも含む同族団・社会関係の変容という視点を取り入れないと超歴史的存在になってしまう。この点は従来の研究史に欠落した点である。

ここで同族団について指摘しておこう。かつて民俗学では本家分家関係といった抑圧的な同族団研究が盛んであったが、近年では福田アジオが「家々の形成過程が上下的な本家分家の関係を形成せずに行われたことが少なくない」と指摘している。(25)同族団は講中や組合・地親類などの互助組織と相俟って、近世村落を構成していたとされる。本項でもこのような研究動向を受けて、同族団を抑圧的とのみとは考えず、他の団体と有機的に関係し、相互扶助的な機能を持った系譜的な同一性を有する団体と規定する。

以上まとめてみると一八世紀初期には直系への相続を除くと養子番代と「無記載」の番代が確認された。また又従弟へ番代している事例も確認された。言葉を変えていえば、又従弟への番代は証文には理由が記載されず「無記載」になる。しかし番代のみに着目しても本質は理解できない。この時期はイエ意識が確乎としては確立しておらず、同族団に包摂されていた。同族団による千人同心職の共有化という視点を導入しないとこの時期の千人同心番代を理解することはできない。しかし一八世紀中期に家の継承・発展が志向され、千人同心職が注目されると、状況は変わってくる。次の史料をみていただきたい。(26)

【史料39】

譲渡申証文之事

御切米高三拾三俵弐人扶持

一、我等之儀病身ニ罷成、御奉公難相成、其上実子茂無御座候ニ付、貴殿ヲ養子ニ致、御奉公相譲申度旨、願書を以御頭様江奉願候所無相違被仰付候、依之、御扶持切米書面之通り譲渡申候、然上者、随分御奉公大切ニ可被相

勤候、仍我等母子為養□《育》金百拾両慥ニ請取申候、此金子を以渡世致シ、向後我等義、いか様之儀ニ付不如意ニ罷成候共、我等母子一切貴殿介抱ニ罷成申間舗候、若左様之儀申掛候ハ、加判之者立会急度埒明、少茂貴殿御苦労ニ懸ヶ申間敷候、

一、御奉公ニ付、拝借金其外御蔵前者不及申、御組之内借金出入一切無御座候、勿論日光御番中借用金、其外買懸等曾而以無御座候、尤御奉公ニ付脇ゟ一切構無御座候、若出入ヶ間敷義申者御座候ハヽ、加判之者立合急度埒明、貴殿御苦労ニ懸申間敷候、為後日加判之譲証文入置申候、仍如件、

延享二年丑閏十二月

養父　八木喜右衛門(印)
親類　八木　丈治郎(印)
証人　城定　平馬　(印)
同断　向坂文右衛門(印)
同断　風祭　彦兵衛(印)

八木孫右衛門殿

史料39(表9No.4)は相模国津久井郡上川尻村(相模原市)に居住した八木家に伝来した史料である。「養子」という文言が確認される。しかしそうすると気になる文言がある。「向後我等義、いか様之儀ニ付不如意ニ罷成候共、我等母子一切貴殿介抱ニ罷成申間舗候」。千人同心を譲った喜右衛門には母親がいたようである。その喜右衛門母子は養育金一一〇両を受け取った後は、どのような経済的苦境に陥ろうと、孫右衛門の介抱にはならないと誓っている。要するにこの段階では養子相続は形骸化して千人同心職を譲渡する口実になっていたのであろう。孫右衛門家は既に慶安元年に千人同心組頭を田辺治郎右衛門から譲り受けていたので、(27)千人同心に就任する権利を複数所持していたことに

なる[28]。後年の孫右衛門家では複数所持した千人同心株を有効に使って息子を幕府御家人に送り込んでいる[29]。つまりイエの発展のために千人同心職を複数所持することが志向されたのであろう。

先述したように番代の類型を超歴史的概念として実体化することは無意味である。一八世紀初頭はイッケのような同族団に千人同心職は共有されていたと考えるのが妥当である。養子をとるか、又従弟などの同族内の適格者へ番代するかは二義的な問題である。大切なのは同族団による相互扶助行為の実践であった。この段階では千人同心株という概念は存在していないと判断した方が自然であろう。それゆえ史料38までの史料は千人同心株売買証文とはいえない。しかしこのような人格的関係が形骸化してくると、番代は相互扶助行為を超えた意味を持ってくる。イエの発展のために千人同心職を希求するという志向である。史料39の段階では千人同心株という概念は存在しているといっていいであろう。

したがって史料39は千人同心株売買証文といってもいいが、しかし株という用語は使用されていないことに注目したい。この段階では形骸化したといっても、千人同心の勤務が放棄されたわけではなかった。むしろ勤務を果たすことにより、次の展開が期待されたのである。また千人同心株入手の目的は、息子を御家人に送り込むステップであり、イエの発展のためであった。そのための手段として千人同心職が利用されており、経済的利潤の追求が目的ではない。千人同心株は金銭で売買されたが、その目的は利殖ではなく、家への貢献といえよう。同族団からイエが相対的に自立すると、千人同心職は同族団だけではなく、イエの発展のために利用されるようになる。しかしこれは同族団が無力化したというわけではない。

先述の福田の言葉を想起していただきたい。同族団や家、そして組合のような地縁的互助組織が縦横に機能するのが近世村落なのである。一八世紀中葉の千人同心株の成立はこのような近世村落の成立と関連するが、それは同族団等の人格的な結合の規定が払拭されず、千人同人の身分に内在的な有用性が見出されており、「財」にはなっても、株が確立したとはいえないであろう。

第三節　由緒番代の変容

第一項　由緒番代の発生

本項では由緒番代の発生について考察したい。表10から明らかなように、由緒書においては由緒番代が確認できるのは一八一〇年代からである。それと呼応するようにそれまで主流であった又従弟への番代は確認できなくなる。番代証文においては表9から明らかなように寛政六年から由緒という文言が登場する。これ以後も番代証文や月番日記において養子番代が見られなくなるわけではないが、減少傾向といっていいであろう。では由緒番代と養子との関係をどう規定すればいいのであろうか。また由緒番代は先述の馬場の言葉のように単に金銭によって千人同心株を売買するものとしていいのであろうか。史料40（表9№14）は由緒という言葉が明記された最初の番代証文である。[30]

【史料40】

譲渡申御切米御扶持方之事

一、拙者儀多年病身ニ罷成、御奉公難相勤候ニ付、貴殿由緒有之ニ付、此度拙者跡御番代御抱入奉願候、御切米高拾弐俵ニ壱人扶持貴殿江相譲申処実正候、依之養育金して三拾弐両被相渡慥ニ請取申候、然上者親類共者不及申、外ゟ構一切無御座候、尤近親類之内可相勤者無御座候ニ付、貴殿相譲申候間、向後御奉公大切可被相勤候、勿論以後貴殿江厄介ニ相成不申、組懸之借金等少茂無御座候、為後日譲証文仍而如件、

寛政六年寅正月

中村万吉組同心
当人　伊沢　馬之助（印）
河野四郎左衛門組同心
世話人　羽生　藤　太（印）
中村万吉組同心
世話人　虎見　市郎左衛門（印）
同
世話役　大野　儀兵衛（印）
同組
組合組頭　渡辺　作右衛門（印）
同組
月番組頭　八木岡岡右衛門（印）

落合太吉殿

史料40が前章で分析した証文と大きく異なるのは差出人の肩書である。先掲の史料では千人同心が連名する場合でもその肩書は「証人」や「親類」等であった。ここでは「世話人」「世話役」「組合組頭」「月番組頭」である。「世話人」については馬之助と太吉の間を仲介した人物と想定できる。「世話役」は正式には寛政五年に成立した組頭補佐というべき役職であるが、実際にはこの役職は馬之助のような平同心の利益を守る役職であった(31)。「組合組頭」の組合は寛政四年に成立した千人同心の地域別組織であり、地域社会のなかで孤立しがちな千人同心の結束を保障する場であった[32]。「組合組頭」は当然そのような「組合」を代表する存在である。「月番組頭」は千人同心たちの「自治」的活動の基盤である「月番所」の中心人物である[33]。

「世話役」以下は寛政四年から千人同心に対して開始された一連の改革によって成立したものである。筆者はその特徴を平同心たちの利益を体制的に保証することにより千人頭の支配を再構築することだと考えるが、そう考えれば「世話役」以下が連判していることの意味が理解できる。千人同心にとって番代は重要である。たとえ実子に相続させるにしても、親類以外に譲渡するにしても、主導権は千人同心が掌握しなければならない。千人同心は武家奉公人であり、抱入は千人頭の恣意による。一九世紀には事実上の世襲が実現していたが、それは慣習に過ぎない。まして由緒番代は家系が変わる番代である。公儀は親類への相続を基本としていたので、承認されない可能性は潜在的に存在する。「世話役」以下の公式な役職にある者が連判することにより、由緒番代が正当化されるのである。彼等の連判は千人頭の干渉を排除し、千人同心の利益を擁護する目的だったのである。

第二項　由緒番代の対象者

次に由緒番代で問題になるのは千人同心株を譲渡した人物と譲渡された人物との関係である。由緒番代が研究史でいわれるように金銭を目的とした単純なものならば、両者は親族関係でない方が自然である。

寛政五年、千人頭から組頭へ申し渡された史料[34]をみると、以下のことが記されている。平同心が番代を申請する場合、対象が悴の場合は平同心月番と世話役が出向いて願書を受け取り、月番組頭に渡す。「身寄番代」の場合は身寄の家を月番組頭・組合月番組頭・平同心月番・世話役が対象者の家に出向き本人の操行や田畑所持の状況を調査して、願書は平同心月番と世話役が受け取って月番組頭に渡す。前項で登場した役職の者が番代に当たって実情を調査していることがわかる。千人頭の影響はなく、彼等の承認こそが番代の成功に直結したことは明白である。では身寄番代とは何なのであろうか。これは忰の場合より厳しく吟味されていることは明らかである。次の史料41（表9No.16）をみていただきたい。(35)

【史料41】

譲渡申一札之事

高拾壱俵
壱人扶持

右者拙者儀永々病気ニ而御奉公難相勤候所、実子無御座、其上近親類之内ニも可相願相応之者無御座、依之以由緒ヲ貴殿江御番代相願申候、然ル上者為養育金弐拾六両弐分弐朱不残慥ニ請取申候、且拙者身分ニ如何様之儀御座候共、貴殿厄介ニ相成申間舗候、此御奉公ニ付親類ハ不及申、外ゟ構無御座候、依之親類加判一札仍如件、

寛政八年辰十二月

当人
石川伊平次（印）
親類
加判　田中安左衛門（印）

中村安八殿

これによれば千人同心石川伊平次には実子はなく、近い親類にも千人同心に相応の者はいなかった。これにより中村安八に由緒をもって二六両二分二朱の養育金で千人同心株を譲った。この史料が由緒番代を示すものであることは確実である。伊平次は自分の身に何があっても貴殿の厄介にはならないと養子番代証文によく見られた表現を使用し

ている。この番代に当たっては親類の承認が意図されていることが確認できる。親類を代表して千人同心と思われる田中安左衛門が加判している。史料40では千人同心の正規の役職についている者が連印していたが、ここではそのような者はいない。多分親類との同意を得てから、正規の役職者に連印してもらうのであろう。

この中村家には由緒書が残っている[36]。それによれば伊平次と安八は又従弟になっている。このような事例は他にも確認できる。千人同心西村源七が井野倉之助に対して「貴殿遠縁之続を以千人組同心由猪《緒》御番代奉願」に記述している[37]。身寄番代とは要するに遠類対象の番代の総称であろう。そして「身寄」は「由緒」と認識されており、身寄番代と由緒番代は基本的には同様の性格を持つといえよう。以前から家系が変わる番代は存在したが、特別な名称は与えられていなかった。それが一八世紀末に身寄番代という名称が与えられたのである。由緒という名称は身寄の別称としては近世でも用いられた。しかしこれを金銭を媒介にした番代としたのは、現在の研究者共同体である。由緒番代は初発的には又従弟への番代と同質なのである。そう考えれば表10でそれまで主流だった又従弟への番代が全く確認できなくなると、由緒という文言が登場した理由がわかる。又従弟への番代が続いていたとしても、由緒書には由緒によるものと記されるようになったからである。表11において直系への番代と由緒番代しか確認されなかったのも同じ理由であろう。由緒番代は単に金銭を媒介にしただけではなく、元来は「遠類」が対象だったのである。

しかしなぜ「無記載」であった遠類に対する証文に「由緒」という言葉が使用されるようになったのかは考慮しなければならない。史料41には「拙者身分ニ如何様之儀御座候共、貴殿厄介ニ相成申間舗候」とあり、従来にも記されていた金銭の追加要求を否定する文言だけではなく、どのようなことがあっても厄介をかけないという記載は、同じ同族団の所属者に対しては冷淡すぎるであろう。同族団の親密性は希薄である。これは養子番代と同じで由緒番代においても、形骸化が昂進されたということであろう。由緒という言語が同族団的紐帯を表現するものから、市場経済を媒介にした関係を表現するものに変容したことが背景にある。次項ではその変容について触れよう。

第三項　由緒番代の変容

次の史料42（表9No.22）は千人同心株という言葉が記されている唯一の株売買証文である。[38]

【史料42】

千人同心株譲渡シ申証文之事

河野伝之丞組同心
高城新兵衛（印）

一、御切米高拾弐俵
壱人扶持
此譲金四拾両也
但シ文字金也

右者我等父高城新兵衛儀、年来御組同心御奉公相勤罷在候処、及老衰追年御奉公難相勤候得共、為冥加御奉公成丈ヶ相勤、弥御奉公相勤り兼候節者当人一同得心之上貴殿江譲渡シ候、対談を以前書譲金四拾両之内当金拾五両也致借用只今慥ニ請取申処実正ニ御座候、残金之儀者貴殿御目見之節御渡シ可被下候、尤其節追て此度借用金拾五両者壱割五分之利分を以年々無滞急度相済可申候、若又滞候ハ丶、右残金御渡被下候節御引落被成候而も其節一言之儀申間敷候、且右株譲渡シ之儀ニ付外ゟ故障申もの一切無御座候、万一六ヶ敷義出来候ハ者我等方ニ而引請、貴殿江聊御苦難相懸申間敷候、為念御組同心株譲渡シ金子請取申証文入置申候処仍如件

三井村

天保五甲午年三月
金子借用人　文左衛門（印）

親類　孫重郎（印）
同　武右衛門（印）
若柳村
請人　八右衛門（印）

上長□村
又次郎殿

この史料42は、相模国津久井県三井村の千人同心高城新兵衛の子文左衛門が作成したものである。譲渡されたのは津久井県上長竹村又次郎であろう。新兵衛は老衰のため奉公が難しくなったが、今すぐに辞めるほどではない。できるだけ勤めて、そうできなくなったら、又次郎に千人同心株を譲るとした。このように又次郎は将来千人同心を勤める権利を四〇両（前金一五両）で前もって購入したのである。これは「先物取引」にたとえられよう。残金二五両は千人頭に御目見する時に、つまり又次郎が正式に千人同心に就任する時に渡す。また利分として一割五分を毎年文左衛門から又次郎へ送る。もし滞った場合は後金を受け取る時に清算する。なおこの文書の主体者は新左衛門ではなく、その子文左衛門であり、彼の肩書は「金子借用人」になっている。ここからは金銭授受を主目的とした契約という性格しか読み取れない。

さらに文左衛門が千人同心を番代しない理由が全く不明である。従来の同種の史料には実子に相続できない理由が明記されるのが普通だったのであるが。また又次郎と新兵衛の続柄も不明である。さらに津久井県は千人同心の分布が希薄なところであり、嘉永七年時点では三井村には小野澤勘次郎という千人同心が一人存在しているだけである(39)。上長竹村には千人同心は一人も存在しない。この点を考察すると新兵衛と又次郎の間には親族関係は存在しない可能性が高いであろう。やはり「株」という概念が成立したため、同族団の範囲を逸脱し、貨幣の欲望に任せ自由に相手を求めたと指摘できる。

史料42からみられる特徴は社会関係の更なる物象化である。まず千人同心本人ではなく、その息子が契約主体になっていることは相続が完全に千人同心主導になったことを示す。さらにそれを「先物取引」するということは、物象化がさらに更新したことを表わしているといえよう。また文左衛門の肩書からは株を元に金子を借用したとしか思えない。なお、この史料には「養育金」というこれまで常套的に用いられてきた表現すら現われていない。

ここでまとめておこう。この時期の千人同心株売買証文の特徴は、ついに「株」という名称が現われたことである。もはや千人同心株それ自体に有用性が認められるというよりも、千人同心株でいかに経済的利潤を出せるかが追及される。史料42のようにまだ譲渡していない千人同心株によって総額四〇両もが獲得できるのである。もちろん全ての千人同心がそうだったわけではないだろうが、以後の千人同心株売買は従来とは異なった色彩を帯びていく。例えば表9№23～27から「株」確立後に如何に購入金額が上がったかがわかる。約四〇両が平均額だったのに六〇両に跳ね上がり、最高一〇〇両にもなっている。「株」の成立が金額を押し上げていることは明らかであろう。この潮流は幕末に軍事調練が始まるまで続いたが、本章では紙数の関係で省略する。

おわりに

本章は、従来の研究史が養子相続と養子番代を曖昧にしていた点、ほぼ一九世紀になるまで千人同心株売買証文には由緒という文言が出てこないにもかかわらず、由緒番代りとされていた点に着目した。千人同心株売買証文と呼ばれる文書群を分析すると、実はこの証文群のなかでは「株」という言葉は天保五年の一例しか確認されないこと、その直後から一八四〇年代が千人同心株の最も高値だったことが確認された。また株を譲渡された相手は、直系以外は一八世紀までは又従弟が一般的であったが、一八二〇年代からは確認されなくなり、変わって由緒番代が出現することが判明した。

一八世紀初期の千人同心職は、同族団の相互扶助活動の一助として譲渡されていた。一八世紀中期に家が同族団から相対的に自立すると、イエは発展の戦略として養子番代によって千人同心株を複数所有する事態さえ生じた。千人同心株は「財」として有効に使用され始めたのである。一八世紀末、千人同心の利益が保護されるような改革が行なわれたこともあって、相続における千人同心の主導性が一層強まると、家系の変わる又従弟への番代を「身寄番代」と呼ぶようになった。「身寄番代」は由緒番代ともいい、一八世紀末期から一九世紀初期には、遠類への相続を示すのが一般的であり、金銭を媒介とした利殖のための株売買という色彩は希薄であった。しかし又従弟への番代が確認できなくなる一八二〇年代前後からは「財」としての有用性さえ喪失し、交換して利潤を得るという性格がクローズアップされ、譲渡金も上昇していった。由緒番代の特質が「単に金銭によって売買譲渡していく形態」であるとすれば、それは厳密にはこの時期以後に成立するというべきであろう。

註

（1）　馬場憲一「江戸幕府御家人株売買の実態について」（『古文書研究』第三六号、一九九二）。

（2）　拙稿「八王子千人同心にみる身分制社会の崩壊」（『国史学』第一六二号、一九九七）。近年では山本英貴が千人同心を抱席の御家人としている（「八王子千人頭・同心の身分について」『八王子市史研究』第三号、二〇一三）。山本は「吉岡氏の主張により、千人同心は現在、武士と農民の双方に身を置いた郷士集団として理解されている」としているが、筆者は千人同心は百姓だと主張しているのであり、全くの誤解である。このように山本の解釈には問題が多い。

（3）小幡道昭「商品」（『哲学・思想事典』、岩波書店、一九九八）参照。

（4）表9作成にあたっては、『江戸幕府千人同心関係資料調査報告』、『城山町史』資料編近世、『八王子千人同心史』通史編、『多摩市史』資料編2、『日野市史』通史編、馬場註1論文、「中村家文書」「網代家文書」「河野家文書」「高尾家文書」（以上あきる野市五日市郷土館蔵）、「小島家文書」（小平市中央図書館蔵）、高城治平氏所蔵資料（神奈川県立公文書館蔵）、「大棚村文書」（慶應義塾大学文学部古文書室蔵）、「中島敏雄家文書」（入間市博物館蔵）、『新八王子市史』資料編4を利用した。

（5）『新八王子市史』資料編4（一二五〜六頁）。

（6）『八王子千人同心史』通史編、七八頁。

（7）表10作成にあたっては、『江戸幕府千人同心関係資料調査報告』、『日野宿関係史料集』五、『城山町史』資料編近世、『旧入山村の探訪』、『新選組・八王子千人同心史料編』（井上源三郎資料館）、『国立市史』中巻、「中村家文書」（あきる野市五日市郷土館蔵）、「石井コレクション」（江戸東京博物館蔵）、「小島家親類書」（自由民権資料館蔵）を利用した。

（8）一例だが、享保四年三月、幕府は「元来一家ニ而当時取かわしも致候程之内ニ而相応之者を可相願筈」「他人を聟養子ニいたし候ハ同性之内養子ニ可致相応之者無之時之儀ニ候」という文言を含む法令を通達している（『大成令』（一）、汲古書院、五二三〜四頁）。

（9）尾脇秀和は江戸時代は「他人を「従弟」と称して身分を相続させる方法も、常套手段として用いられた」「非血縁者を血縁者だと偽る上で、従兄弟ほど便利な続柄もなかったであろう」とした（尾脇「従弟」『鴨東通信』第九三号、二〇一四、一頁）。確かにそのような側面を否定はしないが、又従弟が全て非血縁者と考えるのは非合理的である。

(10) 磯田道史『近世大名家臣団の社会構造』(東京大学出版会、二〇〇三)一八五～六頁。
(11) 『桑都日記』巻之七下「延宝六年五月条」(国立公文書館蔵、請求番号一四〇―二九〇―九)。
(12) 『日本国語大辞典』「従兄弟違」「又従兄弟・又従姉妹」の項。
(13) 『八王子千人同心関係史料集』第一～四集(八王子市教育委員会)。
(14) 『江戸幕府千人同心関係資料調査報告』(東京都教育委員会)一九九五頁。
(15) 『日本国語大辞典』「敷金」の項。
(16) 『東京府民政史料』(龍溪書舍、一九九二、初版は一九二〇)二二八～九頁。宝暦四年三月「一札之事」では札差和泉屋源兵衛に一二三両の借金があった秋山伝左衛門の跡を、これを肩代わりした永井藤五郎が襲い組頭に就任している(『武蔵村山市史』資料編近世、五八四頁)。なおこの史料は千人頭ではなく組頭が署名押印している。この時点でのこの種の抱え入れの主導権は千人頭から組頭へ下降したと考えるのが自然であろう。
(17) 拙著『八王子千人同心』(同成社、二〇〇二)二四頁。
(18) 『新八王子市史』資料編4、二二六～七頁。
(19) 註(14)と同じ。
(20) 明治二年「宮岡家由緒書」(註14書に収録)。
(21) 註(14)書、一九六頁。
(22) 註(14)書、一九六～七頁。
(23) 寛政二年一二月「千人町回状之写」(『八王子千人同心史』資料編Ⅰ、七一頁)。
(24) 註(14)書、一四四頁。
(25) 福田アジオ『近世村落と現代民俗』(吉川弘文館、二〇〇二)一二頁。

(26)『城山町史』2資料編近世、四三五頁。
(27)「由緒書幷親類書控」(『城山町史』2資料編近世、四三六〜八頁)。
(28)磯田によれば「足軽層では一家族から親子兄弟が複数同時に出仕することも行なわれた」という(註10書、一八五頁)。
(29)この点は註(17)拙著、一二五〜六頁参照。
(30)「高尾家文書」5―9(あきる野市五日市郷土館蔵)。
(31)世話役については、註(17)拙著第四章参照。
(32)番組合については、拙稿「八王子千人組における番組合の成立とその意義」(『國學院大學紀要』第五一号、二〇一三)参照。
(33)月番所については、拙稿「八王子千人組における月番所の成立とその意義」(『日本歴史』第七八三号、二〇一三)参照。
(34)「組頭江申渡」(『八王子千人同心史』資料編Ⅰ)一〇九〜一一頁。
(35)『東京都古文書集』第一三巻　中村家(東京都教育委員会)一三〇頁。
(36)註(35)書、一〇八〜九頁。
(37)『多摩市史』資料編二近世(多摩市)四五〇頁。
(38)「高木治平氏所蔵資料」六(神奈川県立公文書館写真版)。
(39)『江戸幕府千人同心史料』(文献出版)三八七頁。

付記　八王子千人同心株については、拙稿「八王子千人同心株売買の変容」(東四柳史明編『地域社会の文化と史料』同成社、二〇一七)も併せて御覧いただきたい。

第二部　身分越境による組織と社会の変容

第五章　八王子千人組における月番所の成立とその意義

はじめに

第一部では千人同心が百姓身分を超える具体的経過とその背景を考察した。一八世紀中期以降百姓の家は経済面等の多角的発展を目指し、その一環として千人同心職の家職化を実践した。千人同心株売買の展開と千人頭の支配力の低下と相俟って、そのような動向は千人組の組織に影響を与え、変質させていった。その際には御家人という言語が使用され、この言葉は身分的規範を超えようという百姓の家が、「身分を越える」時のキーワードになった。

ではなぜ御家人という言語が重要視されたのであろうか。前述したように寛政四年に寛政改革の基調に基づき、千人同心の風儀を矯正し、身分を立て直すために「御家人筋」であることを強調する政策が取られた。この政策は幕府直属の武家奉公人としての自覚を持たせ、商人同様の風俗を矯正することに主眼があった。この時期以前に千人同心を御家人とする史料は確認されない。本書ではこの政策を「御家人筋」政策と呼ぶ。「御家人筋」政策が実行されるためには、千人頭は千人同心自身による身分集団内の自律的活動を公認せざるを得なかった。そして千人同心はこれをさらに発展させるために、御家人＝下級武士という自己認識に基づき、運動を展開していった(1)。つまり千人同心を御家人とする「常識」は、歴史的事実ではなく、一八世紀末以降の歴史意識が再定義した「由緒」なのである(2)。千人頭は「御家人筋」政策を実践するために、この「誤解」を訂正しなかった。このようにして倒錯は社会化していったのである。

本章では以上のような認識に基づき、百姓の家による千人同心の家職化が千人同心の組織をどう変容させたのかを月番所に着目して実証する。そのためにはまず寛政改革以前における八王子千人組の矛盾について考察を加えたい。

第一節　「七隊六箇条」一件と平同心寄合

第一項　「七隊六箇条」一件の経緯

ここではまず『桑都日記』にいう「七隊六箇条」一件を取り上げる(3)。八王子千人組が担当した日光火の番に使用する小屋の改修が発端になり、安永一〇年二月二四日、日光火の番担当以外の千人頭七名が、組頭に対して六箇条の「改易旧制」を命じた。組頭は一〇俵一人扶持を自らの扶持米とは別途に給され、日頃からこの禄米で同心を一人養っておき、日光火の番の時には召し連れ、諸事に当たらせていた。これを抱持添という。六箇条の内容は不詳であるが、この抱持添の廃止は含まれていた(4)。組頭たちはもちろん納得せず、千人頭との対立を深めた。この時期の組頭は世襲が原則であり、隠然たる力をもっていた。

同年一〇月一七日、今度は平同心の惣代相沢孫右衛門等が、老中久世広明に直訴している。その内容は「平同心共組頭与御切米俵分之儀願出候由」というものが主である(5)。浅草の幕府米蔵から支給される切米は、組頭の分と平同心の分と明確に分けて欲しいという主張である。この直訴の効果はあり、天明二年一〇月三日、「千人町後藤与平次殿、浅草御切米組頭平組ト相分り之由、江戸詰御頭様より申来り候間昼立ニ罷出候(6)」と組頭と平同心の切米分離が実現されたことが判明する。後藤は平同心の惣代を勤めた人間なので[7]、当然平同心の利害代表者である。浅草で受け取った切米は八王子の千人頭の屋敷に運ばれる。千人同心は、一一月三日に俵分のための寄合をわざわざ開いている[8]。一一月一九日には「夜中御頭様へ出引分ケ之事」とあるように、切米の支給が行なわれた[9]。この処置に対して、組頭のなかには反対する意見もあった。通常、切米は組頭の印鑑を以て蔵宿から引き渡される。このことは切米の分配に関して組頭が強い影響力をもっていたことを意味する。多少取り込んでしまっても、従来からの慣習と主張されれば反論は難しい。平同心はこのような慣行に依拠した特権を批判したかったに違いない。

組頭は前述のように千人頭とも対立していた。天明二年六月に千人頭志村組の組頭全員が志村に提出した「覚」から、その対立構造を探ってみよう[10]。この史料は千人頭の「新規」の方針に対して組頭が異議を申し立てたものである。

第一条は「私共組頭役之儀、往古より代々役ニ勤来候処、以来御頭様思召ヲ以可被　仰渡候事」である。明確な処罰として追放・降格させられるほかは、原則的には組頭職は世襲されていたとの主張である。第一章で述べたような一七世紀の不安定な世襲状況は、ここでは隠蔽されてしまっている。このような社会通念は一八世紀末に生成した「創られた伝統」としていいであろう。これに対して千人頭は自らの意向によって組頭を自由に選びたいといったのである。

第二条は先述の抱持添の廃止の件である。千人頭からは「以来平同心江金子差出突合頼」むようにせよという命令があった。抱持添を廃止し、必要な場合のみ金で平同心を頼めばいいと千人頭は命じたのである。

第三条は日光へ行く伝馬のことで、これは諸道具等を組頭が用意する関係から、彼等が独占的に使用してきた。それを組頭のみならず全員順番に乗せるようにしろというのである。

第四条は千人組の入用金は、これまでは一〇〇人で割る、八〇人で割る、持高で割るなどいろいろな方法が採られてきたが、これからは一〇〇人で割る方法を取ることにしろというものである。八〇人で割るとは、組頭とその抱持添を除外して割り掛けるということを意味する。つまり一〇〇人割りは組頭にとっては不利な方式である。

以上のような組頭登用制、抱持添の廃止、伝馬の公平負担、一〇〇人割の恒常的採用は、組頭の弱体化と平同心の地位向上を狙ったものである。当然組頭は納得せず、志村組の組頭一〇人全員が、千人頭の通達を「甚迷惑」として受け入れることを拒否した。しかし千人頭も要求を撤回することはなかった。天明二年八月二七日、「七組惣代」の組頭前嶋新兵衛・風祭彦右衛門が、老中久世広明に直訴をして千人頭を訴えている(11)。しかしこの時は大した問題にならず、すぐに釈放された。

天明三年正月七日、平同心小池利助は切米を受け取るために浅草の御蔵に出向いた(12)。しかし切米を受け取ることができなかった。先述のように前年から組頭の分と平同心の分は、俵を分けて受け取ることになっていたが、石坂彦三郎組組頭の丸山五右衛門と山本橘次郎組組頭の冨沢彦右衛門とが、これを「旧例ニ欠候」と受け取ることを拒否し、切米を蔵宿に預けたままにしたのである。蔵宿から米を受け出すには組頭の印鑑が必要だった。しかし切米が受け取れない平同心は生活が立たないため大騒動になった。結局町奉行牧野成賢が担当し、裁きが行なわれた。

この騒動が起きたので先述の直訴のことが改めて問題となった。三月二六日に八人の千人同心が下獄している。八人とは惣代として老中直訴を行なった組頭風祭彦右衛門と前嶋新兵衛、切米を受け出すことを拒否した丸山五右衛門と冨沢彦右衛門、そのことに関係した石坂彦三郎組組頭秋山茂左衛門と高橋六右衛門、平同心の老中直訴の平同心惣代だった相沢孫右衛門、もう一人石坂組組頭宮崎小右衛門も投獄されているが、彼の詳しい事情は不明である(13)。

四月四日にも千人同心六人が下獄している(14)。山本組組頭本間伴助と窪田幸平組平同心秋山要助・中村右源太組平同心武藤幸七・窪田喜内組平同心戸塚忠兵衛・河野松蔵組平同心原吉左衛門・石坂彦三郎組平同心後藤伴七である。本間以外は平同心惣代になって老中に直訴した罪によるのであろう。

判決が出たのは天明四年三月二七日であった。表12はその判決で処罰された人名をまとめたものである。備考のAは老中に直訴した組頭惣代で、Bは同じく平同心惣代である。Cは直訴の当事者ではなく、協力者の組頭で、Dは同

【表12】七隊六箇条一件処罰表

名前	千人頭	身分	処分理由	旧家	備考
風祭彦右衛門	志村造酒之助	組頭	老中直訴	旧家	A
前嶋新兵衛	河野松蔵	組頭	老中直訴	—	A
秋山要助	窪田幸平	平同心	老中直訴	—	B
中村宅右衛門	窪田幸平	平同心	老中直訴	—	B
武藤幸七	中村右源太	平同心	老中直訴	—	B
戸塚忠兵衛	窪田喜内	平同心	老中直訴	—	B
相沢孫左衛門	山本橘次郎	平同心	老中直訴	—	B
原吉左衛門	河野松蔵	平同心	老中直訴	—	B
河井安左衛門	窪田幸平	組頭	直訴の不始末	—	C
志村半之丞	中村右源太	組頭	直訴の不始末	—	C
粟沢伝五郎	志村造酒之助	組頭	直訴の不始末	—	C
風祭三左衛門	河野松蔵	組頭	直訴の不始末	—	C
渡部林蔵	石坂彦三郎	平同心	直訴の不始末	—	D
小池利助	山本橘次郎	平同心	直訴の不始末	—	D
秋山茂左衛門	石坂彦三郎	組頭	蔵米不受理	旧家	E
高橋六右衛門	石坂彦三郎	組頭	蔵米不受理	—	E
保坂庄右衛門	山本橘次郎	組頭	蔵米不受理	旧家	E
河西仙右衛門	山本橘次郎	組頭	蔵米不受理	旧家	E
伊奈平左衛門	窪田喜内	組頭	直訴の不始末	—	F
山口平馬	窪田喜内	組頭	直訴の不始末	—	F

出典：『八王子千人同心史』資料編Ⅰ、三号文書

じく協力者の平同心、Fも同罪だが病気中で代人に申し渡さなければならなかった人物である。

表12で最も注目されるのは蔵米を平同心に渡さなかった廉で処罰されたEである。組頭と平同心の俵分が行なわれた時、石坂組と山本組の組頭丸山と冨沢が受け取ることを拒否し、切米の支給が滞った件について、同じ組の組頭が責任を取らされたのである。彼ら四人の内三人までが天正以来の旧家であり（秋山・保坂・河西）、丸山も慶長からの旧家である。俵分に反対していた勢力は旧家（世襲）の組頭と考えていいであろう。

量刑は組頭・平同心は一律押込五〇日。表には掲載しなかったが千人頭は差控五〇日で重刑とはいえない。石坂彦三郎・荻原頼母は日光在勤のため、山本橘次郎は病気のため、志村造酒之助・河野松蔵は幼少のため罪一等を減じられた。表12のBの相沢と秋山は獄中で死亡している。下獄したが処罰表に載っていない冨沢彦右衛門・後藤伴七も獄中で死亡、同じく宮崎小右衛門・丸山五兵衛・本間伴助・武藤幸七も出獄直後に死亡している(15)。四月二九日には千人頭預になっているので、一月ほどの入獄だが、過酷なものだったのであろう。同年七月六日に千人頭、翌七日には組頭・平同心が赦免された。

では、この「七隊六箇条」一件の意味は奈辺にあるのであろうか。当該時期は千人同心の株売買は大きく進展し、経済的な力をつけた百姓が大量に千人同心に就任した。彼等からみれば組頭が持っている特権は不合理にみえたし、もっと透明性の高い制度を望んだに違いない。一方千人頭にすれば旧家の組頭は直接千人頭と対立してきた存在であり、これを抑えることは統治上必要だったのである。「七隊六箇条」一件は千人頭と平同心による挟撃によって旧家組頭の特権が批判された事件であり、その背景には旧家組頭ではなく、新しく千人同心になった新興層に立脚して支配を円滑ならしめたい千人頭の統治戦略の転換という構造的な問題があったと考えられる。平同心に即していえば、組頭のもっていた慣習的な特権を廃止する方向性が重大であった。これは身分集団内の「公平化」を志向するものであった。次項では「七隊六箇条」一件の背後で行なわれていた平同心の活動に注目したい。

第二項　惣代寄合の開催

武蔵国多摩郡上椚田村（八王子市）に居住していた千人同心（平同心）石川家は、享保五年から日記を記している。表

【表13】千人同心寄合一覧

年代	寄合	組寄合	惣寄合	惣代寄合	組合寄合	その他	合計
安永９年以前	10	5	0	0	0	1	16
安永10年	7	0	2	0	0	1	10
天明２年	10	0	0	1	0	1	12
天明３年	26	0	2	7	0	1	36
天明４年	9	0	2	7	0	0	18
天明５年	9	0	2	7	0	3	21
天明６年	4	0	0	2	0	0	6
天明７年	2	0	0	1	0	0	3
天明８年	4	0	1	3	0	1	9
寛政２年	4	0	0	0	0	1	5
寛政３年	9	0	0	1	0	1	11
寛政４年	10	0	0	0	2	0	12
寛政５年	7	0	0	0	0	0	7
寛政６年	0	0	0	0	0	0	0
寛政７年	0	0	0	0	0	0	0
寛政８年	0	1	0	0	2	0	3
寛政９年	0	0	0	0	2	0	2
寛政10年	1	0	0	0	0	0	1
寛政11年	2	0	0	0	0	0	2
合計	114	6	9	29	6	10	174

出典：『石川日記』第１～８巻

13はこの『石川日記』を検索して、千人同心関係の寄合の記事がある事項を抜き出したものである。最終年を寛政一一年にしたのは、この当時の執筆者である千人同心石川元右衛門（喜兵衛）が、この年の一二月に死亡しているためである。本項の記述は特に断らない限り、この『石川日記』に依拠する。

この表をみると『石川日記』を徴する限り、寛政一二年以前に少なくとも一七四回の寄合が確認できる。時期に注目すると安永一〇年、つまり「七隊六箇条」一件を契機に寄合が活発化したことは明らかである。享保五年からの六〇年以上の期間で一六回しか確認できないものが、この安永一〇年は一〇回も確認できるのである。次に寄合の名称について考えてみよう。宝暦六年正月二三日の「千人丁宗格院へ大寄合ニ出」という記述が「寄合」という語の初見である。寄合が『石川日記』で意識されるようになったのは、一八世紀後半になってからだという点を確認しておきたい。「大寄合」という表現は以後出てこないので分析はできないのであるが、とりあえず「惣寄合」と同質なものと考えておく。宗格院は千人町にあった曹洞宗の寺院で、石川家を支配する千人頭山本氏の一族が、文禄二年に開山したと伝えられる。このためもあってか、石川家とも関係が深い寺院である。なお宗格院で開かれる経費については、「宗格院寄合入用」として千人同心に割り掛けられている(16)。

寄合について『石川日記』には「千人町寄合」としか記されていない場合が多い。千人町で寄合が持たれたことはわかるが、逆にいえばそれ以外はわからない。これは表13には「寄合」とだけ記した。一一四回確認できる。しかしその性格をまったく推測できないわけではない。「組寄合」とは千人頭がそれぞれ率いる組の寄合であるが、これが安永一〇年以降一回しか確認できない。組は千人組の基礎組織であり、この寄合がまったく存在しなかったとは考えられない。「寄合」の中に「組寄合」が相当程度含まれていることは想像に難くない。

「惣寄合」は九回確認できるが、内容がわかるのは天明五年七月七日に「千人町ニ惣寄合有、日光去々卯年長番ニ付」とある一回のみである。日光火の番の日数が超過してしまったのであり、その負担の分担をめぐって話し合ったのであろう。この議論は千人同心全体と関わるので「惣寄合」という形式がとられたのであろう。

「惣寄合」で注目したいのは時期である。安永一〇年から天明五年まで一年を除いて二回ずつコンスタントに開かれている。この時期は前述の「七隊六箇条」一件が起こった時期である。この対応として寄合が活発に開催されたと考えるのが自然である。こう考えれば「寄合」が天明三年に三六件と一年間では最高の数に上ることも説明できる。この年は「七隊六箇条」一件が正念場を迎えた時期なのである。千人同心たちは千人同心全体に関わることは「惣寄合」「寄合」を開いて対処していたのである。

「惣代寄合」は天明五年以後も断続的に開催されている。「七隊六箇条」一件以後にも存続していることに注意されたい。惣代ができたきっかけは、この一件かもしれないが、それ以後も定着した存在になっていることがわかる。その経緯を考える上では天明五年の『石川日記』の裏表紙に記された以下の記述が参考になる。「一山本橘次郎組組頭平ト冬御切米より引分り、平八十人ニて御切米勘定致申候、八十人之内ニて惣代十人被仰付候」。先記のように「七隊六箇条」一件の結果、組頭と平同心の切米が分けて勘定されることになった。平同心八〇人、つまり千人頭一人が率いる一〇〇人の内、組頭と持添抱を除く平同心の惣代が千人頭により任命されたのである。千人頭は「惣代」を選んで平同心の動向を規制するどころか、逆に公認したのである。これは新興の同心に支配基盤を置こうという動向の表れであろう。

「番組合寄合」は寛政四年に初めて登場する。これはそもそも番組合がこの年に新しくできた組織であるから当然である。以後この寄合は定期的に開催される。番組合については第六章を参照。

ここで寄合の内容に関して考察してみよう。安永五年二月一二日の「寄合」は、「又々千人町ニ寄合有、御供八人江金弐両宛八拾人より合力」とある。これは折からの日光社参に山本組から八人の同心を出した。その負担を共同で分かち合うための寄合であった。主に日光に関わる負担の「合力」が寄合の主題の一つだったのである。天明二年三月八日には「千人丁寄合有ル、願入用大勘定致申候、夜中帰ル」とある。元右衛門は平同心であるから、「七隊六箇条」一件に関して平同心が訴訟に関する入用を清算したと考えるのが自然であろう。このように寄合は平同心に、必要な役の負担の共有化や訴訟費用の分担化を話し合う存在であったのである。

このようにみてみると、千人同心は一八世紀末、具体的にいえば安永一〇年から活発に寄合を行なったことは確かである。内容は「七隊六箇条」一件などの対処や訴訟・日光関係の経費の支出、切米の分配などである。ここで指摘しなければならないことは、「寄合」は結果からみて平同心の権利拡張に利したということである。これは切米の分配に典型的であるが、後世への影響から考えた場合もっとも強調すべきなのは惣代制の確立である。

惣代は「七隊六箇条」一件でいわば自然発生的に生まれたものである。永続性を保証するものではなかった。しかし平同心たちは惣代寄合を存続させ、活動を続けていた。実際問題としては平同心八〇〇人の意見を集約するとなると、一定数の惣代は必要不可欠であろう。天明五年以降惣代は千人頭に公認された。平同心たちが下から作り上げたものが制度化されたのである。惣代制は「寄合」の活性化がもたらした最大の成果の一つであろう。これにより平同心は恒常的に自らの意見を実現できる方法を手に入れたのである。そして『石川日記』で確認された寄合は、月番所の活動に収斂されていく。

本節の最後に寛政改革期への展望を述べておこう。寛政四年老中松平乗完の指示により千人組に対する改革が断行されたが、目的は組頭を掣肘し千人頭の支配を円滑化することと、在方に広く散在し、「商人同様之体」をなしていた平同心の風儀を矯正することにより、風俗取締を行ない、身分秩序を再生することにあった(17)。前者では組頭登用制、抱持添の廃止等「七隊六箇条」一件で千人頭が主張した点を取り込むことにより現実化した。後者では先述のように「御家人筋」の強調を背景に、番組合設置や武芸奨励によって実行が図られたが、「七隊六箇条」一件で平同心がみせた志向の取り込みも行なわれた。前記平同心惣代は寛政五年に世話役と改称されたが、その際組頭に欠員が生じた場合は、世話役から補うという方針が謳われた[18]。平同心から組頭への昇進ルートが開かれたのである。身分秩序の再生のためには平同心の自律性の実践が現実的には必須だったのである。寛政五年に設置された月番所も、切米の公正な分配という平同心の切望に応えるためにその活動を認め、身分秩序の再生「御家人筋」政策の貫徹を図るというのが千人頭の意図であった。

第二節　月番所の成立と活動

第一項　月番所の成立

本題に入る前に一点だけ確認しておく。寛延二年八月の史料では千人同心が扶持米を受け取る場所を「頭御台所」と表現している[19]。もちろん千人頭屋敷の台所である。やがて千人頭の支配的イメージが強いこの言葉が改称され、月番所となったと考えられる。だから月番所はそれぞれの千人頭の屋敷に置かれた。

寛政五年四月、千人頭を支配する鎗奉行新庄与惣右衛門は、以下のような通達を千人組に触れている[20]。「先年七組出訴之一件」、つまり「七隊六箇条」一件以来いまだに「遺心」も残っている。「自今無腹蔵一統申合和熟致し」、「組頭者平同心共依怙贔屓不在、権威成儀無之引立候様取扱可申候、平同心者万端組頭江遂相談任差引不敬之義有之間敷候」、「遺心」は組頭と平同心の「和熟」によって解決するという方針が示されている。「七隊六箇条」一件の過程で切米の公正な分配が平同心によって希求されたことが明らかになった。つまり切米等の公正な配分を保証する機関＝月番所が必要になり、前節で検討した寄合の制度化が図られたのである。

同じ寛政五年四月、「組頭月番幷平同心月番休足幷精事所」を千人組の入用で取り立てることが鑓奉行から千人頭に命じられている。(21)月番所が月番組頭を中心に運営され、同心たちの休息所であるとともに「精事」—細かい事務処理のことか—をするところであることが判明する。平同心月番は五月朔日から詰めることが求められており、この時をもって月番所の成立といっていいであろう。

最も古い組頭月番日記は、寛政五年一〇月、千人頭山本組組頭小池勘兵衛の手になるものである。(22)このなかで先ず目を引くのは、千人頭からの命令の通達である。御乳持御用や武術・学問吟味など幕府が広く直奉公人全体を対象に通達したものから、千人頭の出府を伝えるものまで内容は多岐であるが、千人頭の指令を伝達するという点では同様である。千人頭による千人組支配を支える中核的な活動といっていいであろう。月番所の性格を考える上では、このような千人頭の支配を補完する側面も軽視してはならない。千人頭は自律的組織の上に自らの支配を成立させざるを得なかったのである。

さらには組頭月番日記からは千人同心が月番所を介して千人頭に提出した文書の内容もわかる。婚姻・死亡・出産・出産の忌明とすべて千人同心と家族の身体に関わるものであることが特徴である。武家奉公は市場を介在させた賃労働ではない。全人格の支配である。然る故に主君による生殺与奪が認められていたわけであるが、日常的にはこのような身体の変化に関する届によってそれは表現されたわけである。しかしこの一九世紀には経済的に力をつけた民衆による千人同心株の取得が進んでおり、市場原理による文明化作用により全人格の支配といった建前は色褪せていった。

切米は先述した通り、旧家組頭と新家との対立の焦点になったものであり、その公正な支給は重大な問題であった。この組頭月番日記では一一月二九日に月番所で切米が支給されていることが確認できる。また千人同心には切米とは別に扶持米も毎月一度支給された。扶持米の支給に当たっても当然ながら公正な支給が望まれたであろう。原文には「右廿日・廿一日両日御扶持方無滞相渡シ候、尤頭宅取込故山本良助方ニ而相渡ス」とある。支給日は二日あること、実際には組頭山本良助の家で引き渡されたことがわかる。月番所で支給されなかったのは、千人頭山本氏の息女が一〇月二〇日に死亡したためであった。そのため千人頭の屋敷内にある月番所での配給が見送られた。扶持米は原則的には月番所で支給されたことが確認できるとともに、この行為が常に千人頭の監視下で行われたものではないこと、言葉を変えていえば月番所の存在が、千人頭とは相対的に自立した性格を帯びていたことを示すものである。

月番所は各千人頭の屋敷内に設けられたが、当然横の連繋も求められた。この中核を担ったのは月番千人頭の月番所である。一〇月二日には「窪田岩之助殿御宅江十組月番組頭組合定性名帳為調罷出」とある。この時期千人組では改革の時にあたり、全千人同心を対象に人名簿の作成を行なっていた。この千人同心全体を通じた作業には当然連絡機関が必要であった。ここでは窪田岩之助という月番千人頭の月番所に各組の月番組頭が集まっている。彼等は当然各組の月番所の代表である。要するに各月番所はそれぞれの組の内部問題を処理する傍ら、月番千人頭の月番所を中心に全体的問題を処理するという重層的構造を構成していたといっていいであろう。「七隊六箇条」一件の時に宗格院が担った機能を月番千人頭の月番所が担ったのである。

一〇月は二日・二〇日・二五日・二九日に全体の寄合が開かれている。八王子市場の見廻りを従来二組で行なっていたものを一組にする、江戸在住の千人頭の依頼を受け、訴訟のための証人を十組組頭の内から一人江戸に派遣すること、天正以来の旧家組頭を報告すること、千人頭山本氏の息女の死亡などが議題になっている。二五日には千人組の「雑用」の割掛が行なわれている。この割掛では組頭は二重に「雑用」を支払っている。千人組一組につき銀六三匁二分四厘であったが、この内組頭一〇人で五四匁三分、残り八匁九分四厘を九〇人で負担した。この時一組全員九〇人であるから、九〇人のなかには組頭も当然入っている。この点は組頭には不満もあったようであり、二九日には十組組頭の惣代が組頭に役扶持を下賜するよう願っている。いうまでもなく「雑用」の公正な割掛は、平同心を中心とした多くの千人同心にとって希望するところであったであろう。組頭の負担が重かったのは、旧家組頭の特権削減と新家の組頭登用に基づく安定した支配を希求した千人頭の政策と相即する。

以上のように、月番所は生活に密着した雑事から切米・扶持米の支給までさまざまな課題を事務処理し正当化していった。自らの組のみではなく、千人組全体の利益を図るという重層的な構造を有していたのも特徴である。その背景にあったのは、前代に築いた自律的活動であり、月番所の活動はそれの実現である。

第二項　月番所と扶持米分配

寛政六年一二月二二日に千人頭は配下の同心たちに以下のような廻状を触れた。月番所が文章化された規定に基づき運営されたのは、世襲組頭等の恣意的運営を避けるためであろう。以下の史料は石坂組に触れられたものである。(23)

【史料43】

一、毎月御扶持方米月番所江積置候内者詰番平同心之外増番平同心壱人不寝之番為致、右御扶持方米念入心添候様月番組頭より得斗申談候様可有之候事、

一、月番組頭之儀者只今迄之通り相心得可申候事、

一、万一御扶持方米紛失於有之者拾俵以下者其月之月番組頭差出、拾俵有余弐拾俵迄者残九人之組頭差加可申候、

其余之紛失於有之者頭より茂取繕差遣可申候事、
一、詰番平同心幷増番平同心之儀御扶持方米紛失有之候而も弁米者無之候得共、不寝之番いたし候上者万一紛失有之候而ハ不軽儀ニ付、右無念之儀急度可申渡事ニ候間、兼而其旨可被申聞置候事、
一、万一月番所焼失有之候砌者成丈御扶持方米取出候様可致儀ニ者候得共、手配も不行届、多分右米焼失有之候節者無余儀ニ付其組内之損毛可被相心得候事、
右之趣ニ相心得可被申候、以上、
寅（寛政六年）
十二月
窪田　喜内（千人頭）
荻原又四郎（千人頭）
組頭中
右之通り被申渡候、依之順番之儀者最初ゟ之詰番順ニ而毎月十九日廿日、七月十二月九日十日夜一夜替御勤可被成候、請取方之儀者例月廿日廿一日、七月十二月十日十一日、右日限以来無間違御請取可被成候、万一村方不納等之節者其時ニ可得御意候、以上、
月番
正月十五日
森田宇右衛門（千人同心組頭）
木村七左衛門殿（以下一五人略）

一条ごとに意味を取っていってみよう。

一条目は、扶持米が月番所に集積された時には、通常の詰番平同心一人に加えて、もう一人平同心を増員して不寝番をするというものである。後段の記述により、不寝番の日は通常の月には一九日から二〇日、七月と一二月は九日から一〇日であることが判明する。扶持米を分配する日は前者が二〇～二一日、後者が一〇～一一日である。

二条目は、成立時月番所の中心が月番組頭であった点を考慮するなら、月番所における月番組頭の指導性を千人頭が公認したものと考えてよいであろう。このことの意義は大きい。なぜなら従来千人組において支配の中核を握っていたのは組頭を世襲してきた旧家だからである。この箇条はそのような状況を否定し、「御家人筋」政策で成立した組頭登用制を想定し、特定の組頭に権力が集中しないように、月番組頭が月番所を主宰するのである。

三条目は、集積した扶持米を紛失した場合である。一〇俵以下であったら月番組頭が弁償する。一〇俵を超えて二〇俵までは一〇人の組頭の共同責任になる。二〇俵を超えた場合に初めて千人頭が力を貸す。要するに月番所の責任は基本的には組頭、就中月番組頭が負うものとの認識が示されているわけである。

四条目は、やはり扶持米を紛失した場合であるが、今度は平同心の詰番二人のことである。平同心には弁償の必要はなく、千人頭から「無念」が申し渡されるに留まった。

五条目は、万一月番所が火事になった時にはできるだけ扶持米を持ち出し、それが及ばない時にはその組の損耗であると心得よとされている。火事で扶持米が焼失した場合にも千人頭個人が責任をとるわけではなかったのである。

このように月番所は千人頭の屋敷内にあったが、月番組頭が監督し、千人頭は限定した責任しか有しなかったことは明らかである。なお享和二年一〇月二六日の千人頭の通達(24)によれば、一人の平同心が詰める日数を一五日から五日に削減し、従来千人頭から与えられていた一人扶持は廃止になっている。扶持の廃止は千人頭の関与がさらに希薄になったことを示すと考えられよう。月番所といえば切米・扶持米を支給する場所というイメージが当時からあり、それは間違ってはいないが、月番所の活動はそれに留まらず多様であった。次節ではその自律的活動に焦点を合わせてみよう。

第三節　月番所の自律的活動

第一項　月番所の運営

本節では「勤向申合書」と呼ばれる史料を検討して、月番所がどのように活動したのかをみてみよう[25]。これは千人頭志村組の組頭たちの申し合わせである。享和元年六月に申し合わせが行なわれ、その後改めて天保九年八月に再度この申し合わせが確認された。月番所そのものの規定ではないが、月番所についても多くの記述があり、検討に値する。

まず月番所の人員である。月番所の中心は月番組頭である。一〇人いる組頭が順番に月番になる。月番になった組頭は「毎日朝五ツ時より夕七ツ時迄詰きり」で、月番所に詰めることになる。他の組頭の手を借りたい場合も当然出てくるであろうが、その場合に補助する組頭の順番も予め決まっていた。この詰番順は張紙として張り出されていた。公平性が明示されたわけである。平同心も詰順が決まっていた。また扶持米が運び込まれた時などは不寝番の増員が行なわれたが、増員の順番も決まっていた。月番組頭―詰番平同心が月番所の人員の中核であり、臨時に増員される組頭・世話役・平同心がこれを補助した。

月番所には「御用書物入簞笥幷硯箱御用意、筆墨紙調置」く必要があった。法令等千人組に関係する書類や文書作成に必要な硯・筆・墨・紙は当然ながら常置しておかねばならなかった。また月番所では月に薪代二〇〇文・水油代一〇〇文・茶代一〇〇文かかり、炭代も一〇月より三月まで月二俵、四月より九月まで同じく一俵かかった。これらの経費は「入用帳面」に記すことが定められていた。ではこれらの経費はどのように負担されていたのであろうか。

相州津久井県の千人同心小野沢家には切米支給時の受取が残っている[26]。千人同心小野沢勘次郎が「辰五月」に作成した受取には元金として三分と六分四厘が記載されている。これが小野沢に支給される切米の全額であろう。引高として蔵宿引三匁七分五厘、用意金六匁、割物三匁九分五厘が計上されている。蔵宿引とは札差に払う分であろう。用意金とは「日光御番」に備えて積み立てておく分と考えられる。日光御番のための用意金は、頼母子講の形で切米支給時に積み立てられていた。割物については先述の「雑用」と同様なものであろうが、先の宗格院での寄合の入用が千人同心たちに割り掛けられていた点を勘案するならば、これの全額もしくは一部が月番所の経費に充てられたのではないだろうか。

その他の経費については、切米や扶持米の支給時にこぼれた米である「落米」を「月番所費用」に充てることが記されている。経費が不足した場合は「組頭之無差別出金」、つまり所属の千人頭に関係なく組頭が共同負担することも決まっていた。月番所は月番組頭を中心に運営され、世話役・平同心の担当者が補助し、その経費は組頭を中心に千人組全員の共同負担の色彩が濃いといえる。

第二項　切米と借用金

千人組は毎年三回、原則的には二・五・一〇月に幕府から切米を支給された。先述した通りこれは千人組にとって重要な事項であったが、申合書によれば以下のような要領で運営された。まず浅草の札差から「勘定仕切書面」が通知されると月番組頭は廻状を触れ、組頭を残らず召集し、月番所で前記書類を点検する。この際、世話役が一人立ち会う。前述した通り世話役の前身は平同心の「惣代」であり、元来は旧家組頭の特権色が濃かった組頭を監視し、平同心に不利な勘定がされることを予防する意味があったのであろう。

勘定に問題がなければ担当の組頭が江戸に出府し、札差から米金を受け取り、一泊して翌日八王子に戻る。米金は月番所に運び込まれ、組頭三人・世話役一人が泊まり込んで番をする。八王子に戻った翌日の早朝から各千人同心への割り渡しが始まる。割り渡しを受けた千人同心は「御切米割渡帳」に印鑑を捺す。月番組頭と世話役はこの帳面を当日中に提出しなければならない。提出先の記載はないが千人頭であろう。病欠などで当日押印が揃わない場合は、遅延届を差し出し、翌月一五日までに「御切米割渡帳」を提出する。どんなに遅くなっても翌月中には提出しなければならない。なお切米は三季とも二七日までに割り渡すことが原則になっていた。

幕府に直属する奉公人が切米支給を受ける札差から借金を重ねたことは周知のことに属する。千人同心もまた例外ではない。そのため札差からの借金に関する規定も申合書には存在する。組頭等が江戸に出府して切米を受け取る時、割り渡しが済むまでは借金をすることが禁じられている。無秩序の借金を避けるためであろう。

千人同心が札差から借金をする場合は、①②二つのケースに分けて考える必要がある。

①は、日光火の番に代表される千人組の公務の執行等止むを得ない理由で借金をする場合である。その場合は月番所で管理していた「仕切書面」に記載される。つまりこの場合は月番所が一程度の責任を負うということであろう。この場合もＡＢ二つのケースに分けて考えることができる。Ａは「連判借用」で、組頭五人の連判、世話役・平同心四〇人の連判による二通の手形によって借金をすることができた。額は札差と当事者が相対で決めるが、当然高額だったと考えられる。この連判借用は「便利」ではあるが、借金が嵩む心配があるので、遅くとも天保九年には禁じられた。Ｂは「分限高之借用」で、これは千人同心の分限(禄高)に応じた借用金である。当然禄高を担保にした借用であろう。これは月番組頭が管轄して「仕切書面」に記載される。要するに公務など止むを得ない事情で借金をする場合は月番所の管理の下、返済不能な高額にならない配慮がなされたということであろう。

札差からの借金②は「相対借用」である。これは札差への私的な借金である。これも従来は月番所で管理されていた。しかしこれも遅くとも天保九年からは月番所は関わらなくなる。経済社会に生きる千人同心は、当然リスクは伴うがまとまった金銭が必要な場合もあるであろう。月番所では千人同心の公務については円滑な実施を企図し、千人同心の保護も配慮するが、私的な経済活動には干渉しないという方針を取るようになったということであろう。これは経済社会で成功し、千人同心株を購入し、新たに千人同心になった人物に代表される新興の千人同心に適応した志向である。これは月番所の活動の基盤が奈辺にあったのかを示している。

第四節　月番所の実態

第一項　月番所の空間特質

本節では月番所の活動の実態を考察してみたい。使用するのは千人同心組頭であった伊藤与八郎が記した天保六年七月から一一月の日記である(27)。

まず月番所の活動実態で指摘したい点はその非近代的性格である。合理的に組織を運用していこうという指向はまったくといっていいほどない。まず七月朔日に与八郎は「今日より高城忠三郎月番之処、十日迄代替呉候様申聞候」とあり、急遽月番組頭を高城と交代したことが判明する。七月三日に与八郎は千人頭の賄金を札差板倉屋仁右衛門に請求するなどの公務をこなしているので、交替が行なわれたことは間違いない。閏七月一四日、高城忠三郎の代わりに大貫八左衛門が月番を交代しており、このような事例は多かったことがわかる。月番組頭は整然と規則正しく交替が行なわれるものではなく、当事者の都合が優先されたようである。また七月一一日に「一、今日より高城忠三郎殿へ月番相送申候事」とあるように、一一日には予定通り月番を交替した。同じ日に「一、今日より禁酒いたし候」と記してあるのは、個人の嗜好ではなく、月番組頭の存在に関わることである。

というのもこの日記には飲酒にまつわる記述が多いのである。「一、千人丁風祭三十郎月番所江罷越、升屋江参一杯為給候間、罷越候様申聞候間参、其より窪田鉄三郎様罷出、御同人様御同道ニ而八日市三河屋ニ而うなぎ喰相越候、夜ニ入罷帰り、御同人様、藤太、三十郎、升蔵、与八郎、八九郎、右ニ而罷出候処、跡より木住野甚平、筒井助右衛門罷越有り合壱朱ツ、、翌十日ニ藤太江遣候、夫より帰り懸いせやニ而焼酒五合取、植田元五郎方三十郎両人ニ而罷越、翌朝まで同人宅ニ平臥いたし候」(七月九日)。

九日には千人町に住む千人同心風祭三十郎が月番所にやってきた。三十郎が来た目的は八王子の商人大坂屋庄吉から借金した一両の内二分を与八郎から受け取るためであった。三十郎は与八郎を升屋に誘った。もちろん一杯飲むためである。与八郎等はそれから千人頭窪田鉄三郎等と八王子八日市宿の三河屋に行き、うなぎを食べた。後から二人参加者が増え、それから与八郎と三十郎は伊勢屋で「焼酒」を五合買って、横田元五郎の家で飲み、翌朝まで寝ていた。勘定は一人一朱ずつ、与八郎は三十郎の分を立て替えて翌日に支払っている。

ここから見えてくることは、江戸時代の組織には共通していえることであるが、月番所には近代的な「労働時間」概念はなく、互酬関係の結節点であったということである。与八郎が月番であるにもかかわらず飲み歩いているのは、特に用事がない場合は、飲酒を通じたコミュニケイション的行為を遂行した方が目的に適うからだったのであろう。前記大坂屋は暑中見舞に白砂糖を持って月番所に来ているし、その他にも酒や食物・野菜を持参する千人同心は多い。互酬関係に基づいた人格的関係の結節として月番所は機能したのである。「一、中村様窪田様より酒壱升持参」(七月一六日)とあり、千人頭も酒を届けており、互酬関係に参加している。ここから垣間見える空間には千人頭が特権的な優位性を占めているようにはみえない。千人同心たちの横の互酬的関係から構築されていたのである。

第二項　扶持米の配賦

ではこのような互酬的空間で何が行なわれたのか。同年閏七月二七・二八日に合武三島流による炮術稽古が行なわれ、その実施に向けては与八郎も尽力しているが、これは例外的なものであり、月番所の恒常的な活動とはいえない。月番所の活動で代表的なものは扶持米を配下の千人同心に支給することである。先に史料で確認したように「例月廿日廿一日、七月十二月十日十一日」に扶持米は支給されることになっていたが、実際にはまちまちだったようだ。「一、高城忠三郎月番より引取懸ケ申聞候ハ、明日石代金御代官より相渡り申候段、山本金右衛門殿より被申渡候間、出役いたし候様申聞候間、いつれニも忠三郎殿出役いたし候様申談置候」（七月二〇日）。二〇日に忠三郎は月番を交替したが、明日は代官から扶持米の石代金が渡されるという旨を千人頭山本金右衛門が言ってきたので、忠三郎は二一日にも出役することになった。ここでも月番の勤めはフレキシブルである。

「一、御扶持方石代金為請取高城忠三郎出役、当組分拾六両壱分弐朱百拾九文請取候処、懸りニ相成廿二日ニ相渡呉候様申聞候間承知候旨申遣候」（七月二一日）。翌日忠三郎は窪田組の千人同心の扶持米を受け取った。与八郎は「懸り」になって翌日に扶持米を渡してくれと言われたので承知したとしている。与八郎はこの時は月番ではなかった。「懸り」になってくれと頼まれて扶持米を渡すことになったのである。翌二二日には「一、伊藤伝五左衛門方扶持方四人分当人へ相渡候」とあるので、この日に扶持米（実際は金銭）渡しは行なわれたのであろう。またこの日は「一、亀やニ而御扶持方渡方銭壱両弐分、月番所江差遣呉候様申談置候」とあり、亀屋という商人から扶持米銭として一両二分を持ってきてもらっている。扶持米銭を渡すとは、単純に千人同心に扶持米を渡すことではない。千人同心は扶持米を担保に金銭を借りるなどしており、そのような行為が重なれば金銭が足りなくなることもあり得たであろう。その場合は商人が金銭を持ってきてくれるのであろう。

「一、今日より廿五日迄月番差代り相勤、石代金相渡壱人ニ付弐朱ト百拾六文ツヽ、役米壱朱ト弐文請取／一、月番所ニ而庄太夫、与八郎、甚八郎、庄作四人ニ而加藤より酒五合肴弐壱百文飯取、わり合スル事」(七月二三日)この記述により、二三日に与八郎が月番になり、この日も扶持米銭渡しが行なわれたことがわかる。相変わらず月番の人選に当たっては柔軟性に富んだ対応がされている。与八郎は他の千人同心三人とともに扶持米銭を割り当てる作業をしたことが判明する。庄太夫は千人同心組頭である。扶持米銭を配分する仕事を円滑にするためにか、「加藤」という商人から酒と肴を取り寄せている。支払った金額が記してあるので千人頭から下賜されたものではない。

以上本項で明らかにしたかったことは、月番所の活動が千人頭の徹底的な管理の下で行なわれたものではなかったということである。千人頭の屋敷の一角にあったとはいえ、千人頭の影響はほとんどなく、月番を勤める組頭たちが互酬関係を媒介に回していく生活世界が鮮明に現れる場である。扶持米銭を渡すという事務的な作業であっても組頭は酒食をともにし、互いに月番を代わり合って実践していたのであり、身分秩序よりもむしろ民衆世界の人間関係を反映したものといえる。

第三項　扶持米による借金と由緒番代

月番所の特徴として扶持米の支給がまず挙げられるが、扶持米を質に入れた借金もその特徴である。

「一、嶋村光吉罷出仕替いたし度候間、加判之儀申候ニ付差遣候、五両ニ而月番立合両判兼遣候処、明日より仕替いたし候旨兵右衛門手代申候間、内金弐分借用いたし候段、同夜罷越申聞候」(七月一〇日)。

「一、古山佐五右衛門罷出申聞候者、兵右衛門方江扶持方引向借用いたし度候間、加判之儀申来、右候ニ付月番兼印形いたし差遣候、菓子少持参」（七月一二日）。

「一、橋本清太夫罷越申聞候者、御扶持方向借財之儀、御切米向にいたし、三季払ニいたし度旨申聞候」（七月二〇日）。

ここに出てくる兵右衛門は第七章でも触れるが下染谷村の百姓であり、扶持米を質にとって多くの千人同心に金銭を貸し付けていた人物である[28]。千人同心嶋村光吉はこの兵右衛門から借金をしていたが、借り換えをしたようである。金額は五両でその内二分は改めて借りた。兵右衛門は手代まで抱えており、金融の専門家的活動をしていたのである。与八郎はまだ一〇日は月番だったので彼自身が押印したのであろう。一方一二日には月番ではないので他の人物が押印し、与八郎は古山が扶持米を質に入れて借金をし、月番組頭が押印したことを情報として書いただけであろう。また橋本清太夫は扶持米で借金をしていたが、以後は切米を質に入れる形で借金をしたいと変更を月番所に願ってきたのである。切米の方が一回の支給額は大きい。切米も札差から請け出して、月番組頭が中心になって月番所で配給されるのでこのように願ったのであろう。返済方法の細々とした点まで月番所は相談に乗ったのである。

では何のために扶持米を質に入れて借金をしたのであろうか。与八郎の日記からその理由が判明するものが一件ある。「一、鈴木三郎兵衛御扶持方向之借財之内ニ而三分借用申度申来候ニ付、用立差遣し且同人申聞候者、松門寺に此度京清水観音開帳有之候間、何卒かたきぬ借用申度申聞候間、茶色かたき衣貸遣候」（閏七月一一日）。

ここでは千人同心鈴木三郎兵衛が扶持米を質に入れて三分の金を借用していたことが判明する。その理由は松門寺での京清水寺の出開帳のためと解釈するのが自然であろう。この開帳は同月一四日には実施されている。このような信仰上の理由で借金をしていたのである。扶持米を質に入れて借金をする行為は、生活上に惹起する比較的経済的負担が軽い些事に使用されたのである。このことは月番所が生活世界に立脚した「身辺雑事」に使用する金銭を扶持米を中心とした俸禄を質に入れて調達できる「金融センター」としての役割を果たしていたことを想像させる。そしてそれは千人頭の身分制支配とは相対的に独立した空間だということは明記すべきである。

そのことが最も鮮明なのは次のケースである。九月一七日に与八郎のところに廻状が回ってきた。それは「一、月番より廻状左之通／然者今十七日坂本茂左衛門養子彦左衛門儀被召候間、此旨及御達候、以上／右ニ付罷出候処、願之通番代被申渡候、為祝物金弐朱持参」という内容であった。坂本茂左衛門の養子番代を承認するための出頭を求められたのである。番代にあたっては月番組頭だけではなく、他の組頭の承認も求められたのであろう。しかし問題は同じ日に記された次の文章である。「坂本茂左衛門儀表向ハ養子番代ニ候得共、内々者由緒ニ付舀渓より金弐朱遣し候」。坂本の相続は本当は由緒番代だったのである。当該期は第四章で確認したように金銭による株売買を示しているのである。月番所ではそのことを承知しているにもかかわらず、祝儀金まで受け取ってこの番代を認めている。これは月番所の方針が身分制原理に準拠しているのではなく、千人同心の生活世界にあったことを如実に示している。

第四項　千人頭なき月番所

嘉永四年七月、千人頭窪田錬三郎忠雄は組内の取り扱いが宜しからず、千人頭を免ぜられ、配下の同心は残りの九組に割り入れられた(29)。万延元年になると割り入れられた同心たちを一纏めにしようという動向が起きる。最初に再結成に動いたのは、かつて錬三郎に属していた千人同心たちであった。この動向を受けて千人頭も再結成にむけて動き出す。その理由は「諸事不都合」とされているが、幕末期には日光火の番の他にも軍事調練などの勤めが増え、一組減では課役がきつくなるためではないだろうか。もう一つは旧窪田組の千人同心の動きを阻止できなかったためであった。千人同心たちが再結集運動を主導した点は覚えておくべきであろう。千人頭たちは当初前記銕三郎の養子を立てて千人頭に復帰させる腹案を持っていたが、銕三郎は養子と折り合いが悪く、すぐにそれは不可能であった(30)。そのため千人頭不在の組、「明組」が実現されることになる。

旧窪田組の千人同心たちが再結成の歎願書を提出したのは万延元年閏三月であった(31)。この願は同年五月に許可され、老中久世広周から覚書を与えられた(32)。「明組」という名称もこのとき命じられた。この覚書の月番所の関係事項をみてみよう。「一、明組組頭月番同心之儀、月番之頭月番所江相詰並之通相勤可申候、尤本組相談可相勤候」。これにより「明組」の月番所は月番千人頭の月番所を間借りすることが老中方針であった。この老中方針に対して明組の組頭たちは異議を申し立てる。それが史料44である(33)。

【史料44】

御内慮奉伺候覚

此度御割入人数之義壱纏被仰付、御月番様御差配奉請、月々月番組頭同心詰番共詰居御用取扱候様被仰渡奉得其意候、然ル処九組月番所内ニ御扶持方米置場御座候ヘ共、壱ヶ月弐組分御扶持方入置候儀者手狭ニ而難積立、其上小渡之儀打込ニ者難相渡事哉ニ奉存候、月番詰番之儀、日々一席ニ而者相互ニ不都合之儀、諸事是迄之通雑費等二重相成候儀も御座候ヘ者何卒格別之御内慮を以□□(増)田蔵六構内武術稽古場仮月番所ニ被仰付、月番詰番共詰居日々組頭詰番共御用番御用伺罷出、且御扶持方小渡之儀右仮月番所ニ而仕度九組申合之上御内慮奉伺候、以上、

申五月　　明組組頭共

「(下札)伺之通承届候」

史料44によれば、月番所はみな扶持米の置場を持っているが、一つ所に二組分の扶持米が入っては手狭で置けない。そのうえ小渡しに渡すこともできない。また月番所に詰めるにしても結局二組分の同心が詰めることになり、雑費の削減にはならない。要するに組頭たちが主張しているのは事務上の理由である。そのため「明組」組頭である増田蔵六の「武術稽古場」を「明組」の「仮月番所」にする案が持ち上がった。増田は千人町の拝領組屋敷に代々住む千人同心の家に養子に入った人物である(34)。本人も組頭であり、天然理心流の遣い手として知られ、江戸城で武技を披露したこともある。「明組」を代表する人物であろう。この増田の「武術稽古場」に「仮月番所」を置く件は、六月二一日付千人頭河野仲次郎の書付によれば鑓奉行の承認を得たことが判明する(35)。千人頭不在の月番所が成立したのである。

この意義は大きい。月番所の性格については千人頭支配の補完という側面からの理解もあろうが、そもそも千人頭が不在では補完という理解は当たらない。千人同心たちの生活世界に根付いたさまざまな矛盾を処理して、千人同心の利益を保護する自律的な機関と捉えるべきであろう。「明組」の月番所はあくまで仮であり、千人頭は銕三郎の養子問題の解決を待って、新たに千人頭を置こうと構想していたが、結局この状態で千人組解体を迎えることになる。その間、月番所の機能が滞ったという史料も存在しない。月番所の活動に千人頭は不要と考えるのが自然であろう。これは月番所の性格は奈辺にあったかを示唆している。

おわりに

「七隊六箇条」一件で露呈したのは、世襲組頭、ひいては従来の千人組の支配の無効性である。一八世紀後半から始まった八王子千人同心株売買の盛行は、「商人同様之体」をなす人間が千人同心に就任し、千人同心という身分集団も変容した。彼等は世襲組頭の支配を厭い、身分集団内の「公正」を目指して惣代を選んで寄合を繰り返した。本章ではこのような動向を自律と呼んだ。千人頭はこの自律的動向を取り込むことで世襲組頭を抑えようとした。その直後の寛政改革期に千人組に対する身分統制が公儀から要求され、千人頭は「御家人筋」政策をとり、公儀に直接仕える集団としての自覚を促したが、この実行のためにも自律的活動の取り込みが必要であった。

本章で検討の中心にした月番所は、千人頭の支配を補完するとともに、切米・扶持米の「公正」な支給という、平同心にとって最も重要な要求を満たし、その借用にあたっては千人同心の保護と利便性が考慮されていた。経費や主宰者に関しても「公正」が確保された。月番所は番組合や世話役とともに、新興の千人同心の活動を支える自律の基盤の一つと考えていいであろう。

また最後に月番所の実態について検証した。それはまったく庶民的な空間であり、身分秩序が厳粛に機能する場ではなく、平同心の生活世界に根ざしたコミュニケイション的行為による横の互酬関係が規範的な場であった。そこでは扶持米の配賦のみならず、扶持米を質に入れた借金や由緒番代の内密な実行など平同心の利益に沿った活動を行なっている。それは千人頭による支配の形骸化と平同心による自律性に照応しており、幕末期に千人頭なき月番所が成立したのも、このような月番所の性格の表れと評価できよう。

本章では月番所を中心に千人同心の自律的な活動をみてきた。一八世紀末の千人同心たちは自主的な寄合を繰り返した。コミュニケイション的行為をそのような形で社会化することに成功したのである。このことにより千人同心は構成員の意見を集約する形式を見つけたのである。このことはただの階層ではなく、自律的な身分集団として千人同心は生成したということを意味している。月番所その他で行なわれたコミュニケイション的行為により身分集団に共通認識が成立し、ルールが形成される。そしてそのルールを規範としなければ権力の支配は貫徹できず、社会統合は成就しない。月番所はその一環なのである。

註

（1）尾脇秀和「吟味座席と身分・職分」（『日本歴史』第七六六号、二〇一二）によれば百姓身分である牧士が、御家人身分の取り扱いを求めて争っている。これも身分越境の状況を示している。
（2）日本近世史において一九九〇年代から由緒論が盛んに研究されてきたことは周知の事実に属する。その経緯については岩橋清美『近世日本の歴史意識と情報空間』（名著出版、二〇一〇）序章を参照されたい。
（3）（4）塩野適斎『桑都日記』巻之十四上（国立公文書館）。
（5）『八王子千人同心史』資料編Ⅰ（八王子市教育委員会、一九九〇）一四頁。
（6）『石川日記』第七巻（八王子市教育委員会、一九八五）一五頁。
（7）『石川日記』第七巻、四頁。
（8）（9）『石川日記』第七巻、一六頁。
（10）『八王子千人同心史』資料編Ⅰ、一〇頁。
（11）塩野適斎『桑都日記』巻之十四上。
（12）『石川日記』第七巻、一八頁。
（13）『石川日記』第七巻、一九頁。
（14）（15）塩野適斎『桑都日記』巻之十四上。
（16）「乙幡家文書」一〇六七九（武蔵村山市歴史民俗資料館マイクロフィルム）。

(17)『八王子千人同心史』資料編Ⅰ、一〇〇頁。
(18)塩野適斎『桑都日記』巻之十四中下(国立公文書館)。
(19)「八木平介氏所蔵資料」一三(神奈川県立公文書館写真版)。
(20)『八王子千人同心史』資料編Ⅰ、一一七頁。
(21)『八王子千人同心史』資料編Ⅰ、一一八頁。
(22)「八王子千人同心組頭月番日記」Ⅰ(『八王子の歴史と文化』第七号、八王子市郷土資料館、一九九五)。
(23)「乙幡家文書」一五一七四(武蔵村山市歴史民俗資料館マイクロフィルム)。なおこの史料は年次不詳であるが、『桑都日記』巻十四中下により補った。
(24)塩野適斎『桑都日記』巻之十四中下。
(25)「勤向申合書」(『八王子千人同心史』資料編Ⅰ、第一九号文書)。
(26)「小野沢信治氏所蔵文書」廻状八(神奈川県立公文書館写真版)。
(27)「伊藤正甫日記」(『八王子千人同心関係史料集』第九集、八王子市教育委員会)。なお本節では特に断らない限り、史料引用はこの史料による。
(28)『新八王子市史』資料編4、文書番号六八七。
(29)『八王子千人同心関係史料集』第二集(八王子市教育委員会、一九八九)文書番号二七。『新八王子市史』資料編4、文書番号五九五。
(30)『八王子千人同心関係史料集』第四集(八王子市教育委員会、一九九一)一八～九頁。
(31)註(30)書、二一〇～二一一頁。

(32) 註(30)書、二九頁。
(33) 註(30)書、三〇頁。
(34) 小島政孝『武術・天然理心流』上巻(小島資料館、一九七八)。
(35) 註(30)書、三八頁。

第六章　八王子千人組における番組合の成立とその意義

はじめに

前章では千人組の組織が変容していく様相を、月番所を事例に考察した。本章では寛政四年に設置が命じられた番組合を取り上げる。番組合によって「御家人」意識が千人同心間で共有されたことが、千人同心における「御家人」意識の内在化を考察する上で重要な意義を有するであろう。番組合は百姓を中心とした地域社会と千人同心が対峙する直接の現場であり、「御家人筋」政策の矛盾が最も顕在化する組織である。しかしそのような番組合の活動を支えていたのは、千人同心たちの生活世界の矛盾を話し合うというコミュニケイション的行為を遂行する場としての性格であった。

第一節　寛政改革期における番組合の設置

第一項　老中による番組合設置の法令分析

寛政四年閏二月、老中松平乗完は八王子千人組に対して、五箇条にわたる改革を指示した(1)。ここでは要点だけ記すが、天明期からの組織の弛緩、つまり千人頭が千人同心を支配することが困難になったことが、改革の前提にある。改革の要点は二点である。一点目は千人同心組頭を主たる対象にしたという点である。従来千人同心組頭に特権として与えられていた「持添抱」と呼ばれる組頭に従属していた同心を廃止し、世襲されてきた千人同心組頭の役職を、勤務状況によって平同心に降格させることができるようにした。組頭の特権を削いで千人頭による支配を円滑ならしめる狙いがあったことは明白である。

二点目は千人同心組織の大多数である村に住む千人同心の商人同様の風儀を問題視し、武術・学問を奨励し、千人同心の身分に相応しい行動をとることを謳うものであった。このことを鑓奉行は「御家人筋相分り」と表現しており、これが千人同心は下級武士であるという誤解を生む原因になった。本書ではこのような政策を「御家人筋」政策と呼ぶことにしよう。では番組合設置の部分を抜き出して掲げよう。

【史料45】

一、在々打散罷在候同心共者同組他組之無差別、一村又者二、三ヶ村ニ而も最寄次第拾人弐拾人程宛も組合を定置、諸事申合如何敷儀も有之候ハ、相互ニ申談候様可申付事、

千人同心の一部、一〇〇人程度は千人町にある組屋敷に居住していた。この場所は公儀からの拝領地である。それ以外の大部分の千人同心は村に住んでいた。彼等は一〇人いる千人頭の内、いずれか一人の組に所属していた。同じ村に住居していたとしても同じ千人頭の組とは限らず、混在していたのである。この時に結成した組合を番組合と呼ぶことにする。番組合設置に当たっては千人頭の組は無視し、専ら住居している村に従って区分けが行なわれたことはわかる。一村もしくは二、三ヶ村とあるのは、村によって居住している千人同心の数にばらつきがあり、一～二〇人という適正な数を担保するためには、単純に一村一組合とするわけにはいかなかったのであろう。

肝心の番組合の活動であるが「諸事申合」、つまり日頃から申し合わせておいて、いかがわしいことがあった場合は「相互ニ申談候様」、互いに話し合って矯正することが記されている。つまり商人の風儀に染まるなどの問題行動があった場合には、番組合の所属員相互による矯正が期待されたのである。このことはもちろん当該時期の千人同心に対する改革と親和的であるし、奢侈矯正・質素倹約を目的とした寛政改革全体とも矛盾しない。番組合が「御家人筋」政策を構成員に教え込む機関であったことを確認して、次項では老中の指示を受けた千人頭の動向を考察しよう。

第二項　番組合設置に関する千人頭の意向

千人頭は前記松平乗完の通達を千人同心に伝えると同時に補足の通達も行なっている。これは千人頭独自のものと考えられ、より詳細に番組合の設置目的が判明する。ここでは多摩郡上椚田村原宿・下長房村に居住していた千人同心二七名（一一番組）に宛てられた通達を検討しよう[2]。

【史料46】

一、同組他組無差別、組合定置候様被　仰渡候ニ付、相互ニ心底不残申談、若勤向幷行跡不宜、又ハ身分を忘れ不正之産業致候者於有之ニ者、再応意見差加江可申候、其上も不取用候もの有之候へ者、其段最寄之組頭江申達、猶又評儀可有之候、尤不得止事儀者、月番之頭江可申立候、

一、組々同心居村役人共与自然之事論之儀も有之候へ者、組合申合とくと申談、取鎮可申候、若不得止事者、其段頭江可申聞候、

一、毎月壱度宛組合寄合致シ、諸事申合、都而一和致シ候様可致候、

但シ毎月壱度宛寄合之儀者、組合宅順々ニ相定出会可致候、何れも弁当持参可有之候、尤茶たはこ之火外一切

差出シ申間敷候、
右之通り相心得可申候、若不速之儀も有之候節捨置申談等も不致、其次第外より於相聞者、其組合一同之不念ニ可有之候、以上、

子閏二月

荻原弥右衛門組
瀧本儀左衛門
（以下二六人略）

まず勤め向きや行状が不良、もしくは「不正之産業」つまり商業などを営んでいる者に意見を加えることが明記されている。番組合は第一義的には「御家人」身分としての風儀から外れるようなことを矯正するための組織であったことがわかる。しかし意見をしても効果がない場合には「最寄之組頭」に通達される。番組合は居住地を単位で編成されるため、組頭が含まれているかは確実ではない。そのため「最寄之組頭」という表現が使用されたのであろう。この「最寄之組頭」を中心に評議が持たれ、対象の人物が教諭されるが、それでも効果がない場合は「不止得」、月番の千人頭へ上申される。千人頭が直接教諭に干渉することは、最終的段階であり、日常的な活動は番組合に委任されていた。

二条目は、千人同心が同じ村に住む百姓の村役人と争論があった場合は、組合でよく議論して取り鎮めるという記述である。千人同心が居住する百姓と争論を起こすことはこの以前から問題になっているが、この時期には特別な事情がある。なぜならこの時期の千人同心の改革は、「御家人筋」であることを強調するものである。自然と村との摩擦が強まることも予測されるのである。事実これ以降、千人同心たちは御家人＝下級武士との、公儀からみれば明らかに誤った自己認識に拠って、村落や旗本領主等との矛盾を深めていくことになる。(3)

それはとにかく番組合を村落と千人同心との対抗関係に対処する機関として千人頭が位置づけている点は注目される。先の老中からの通達からは見出せない論点である。村落と濃厚な関係を有している千人同心も存在するであろうが、村落のなかで孤立している千人同心もいたであろう。数からいえば村落では千人同心の数より百姓の数の方が圧倒的に多い場合が通常である。地域社会のなかで孤立する千人同心にも「御家人」意識を浸透させるためには、番組合全体が問題を持つ千人同心と「とくと申談」、問題を共有し、孤立させないことが重要である。このような身分集団への帰属意識の形成が「御家人」意識の浸透には有効だったのであろう。統率力が希薄になってきた千人頭にとっては、このような形で村に住む大多数の千人同心の保護を模索することによって、支配の吸引力を増大させようとしたのに違いない。

三条目は事務的な内容である。番組合は月に一度寄合を催すこと、寄合の場所は組合の構成員の家を順番に廻ること、寄合にはみな弁当を持参することが謳われている。茶と煙草の火以外は出すことを禁じていた。これは寄合が派手になるのを防ぐためであろう。実際に寄合が月に一度開催されたのかどうかについては後に検討しよう。

最後に「不速」つまり不測の事態が起きたのに相談などを行なわず、後からそのことが判明した場合は、その番組合の「不念」になることが記されている。この記述から千人頭は番組合に即応性を求めていたことがわかる。そのためには即座に「相談」、臨時番組合寄合を開催するような主体性、つまり番組合に自律性が要求されたのである。番組合は「御家人筋」政策を社会的に実践するために、内部で意思を統一し、百姓と摩擦があった場合は、協同して対処することが求められた。そのためには番組合には一程度の自律性が認められないと対処は不可能である。その自律性の様相は番組合議定書を検討することにより明らかにしたいが、その前に番組合の構成を確認しておきたい。

第三項　番組合の編成

本項ではほとんどの千人同心が所属した番組合の全体構造を確認する。表14はすべての番組合五〇組をまとめたものである。(4)番組合については成立した寛政四年時に番組合に所属していた村名が判明する。ただし人数は不詳である。その村が現在のどの市町村に存在しているかを付しておいた。嘉永七年の記録には所属する村落ともに人数も記されている。これも現在の自治体名を記しておいた。所属の村や現在の自治体名に変化がない場合は傍線を入れた。なお三九番組合は嘉永七年の記録からは確認できない。

この表14に基づいて検討しよう。嘉永七年時点の千人同心の数は八二〇人である。千人同心の総数は九〇〇名であり、残りの八〇人は番組合に所属していない。千人町の組屋敷に居住していると思われる。人数は幕府法令をみると一〇～二〇人が適正という認識であったが、嘉永七年の人数をみるとすべてこの人数に収まっているわけではない。しかしこの時期千人同心株は広く売買されていたから、当初人数は適正であったが、株売買の結果として適正を欠くようになったとも考えられる。この点について考察してみよう。

一一番組合のみは例外的に寛政四年時の人数が二七人と判明している。このことから千人頭は厳密に人数を編成しなかったことは明らかである。しかし全く努力を払わなかったわけではなく、番組合の中核ともいうべき一～一四番組合では、八～一一番組合以外はすべて適正な人数に収まっている。上椚田村や上長房村は山間村落で、いわゆる小名村落が集合して一村を形成しており、分割しやすい状態にあったとはいえるが、幾つかに分割されて番組合に編成されており、人数適正化の努力は窺える。小名村落のような生活共同体は教諭を行なうにしても、百姓など他の身分集団と対抗するために結集するにしても重要な基盤であったと考えられ、千人頭も無視できなかったのであろう。

逆に言えば生活共同体を大前提に人数調整をできるだけ図るというのが千人頭の方針だったのであろう。株売買による拡散も影響は与えている。嘉永七年時点で新しく見える村名は、寛政四年以降新しく千人同心株を収得した人物が当該村落に存在したということであろう。千人頭は新規に千人同心になった者に対して所属する番組合を指示している。(5) 千人頭は常に千人同心を番組合に所属させようという志向性は失わなかったのである。

次に番組合の空間構造をみてみよう。一番組合は八王子宿の中心から始まり、次第に外周に広がっていき、相模国に抜け、南多摩地方から再び八王子に戻り、北多摩地方・埼玉県に延び、最後は埼玉県飯能市で終わる。

この表14全体をみていえることは、千人同心は現在の八王子市から西多摩地方(あきる野市・青梅市・羽村市・福生市・日の出町・瑞穂町・檜原村)に多く分布していたということである。番組合でいえば一〜一四、二二〜四五である。全体の約五分の四に当たる。犬目村や楢原村のように一か村で一つの番組合が成立している場合もあり、これはその村落に居住していた千人同心の数の多さを物語るものであろう。事実、川口村では一か村で五五人もの千人同心数を確認できるし、他にも元八王子村が一か村で二つの番組合が存在し、それぞれ三五人・二二人と多数の千人同心の居住が確認できる。

逆に八王子市域から外れる一五番組からは人数が極端に少なくなる。一五〜二一番組合、四六〜五〇番組合の内、二桁以上千人同心が存在する番組合は、一八と二一の二つに過ぎず、それぞれ一七人と一一人である。これも適正な人数の範囲であり多すぎるわけではない。八王子市から西多摩地方にかけての地域に比較して数が希少なことは明らかであろう。

しかし子細に検討すると別な評価も可能だと思われる。北多摩地方(武蔵村山市・東村山市・東大和市・立川市・西東京市・小平市・国分寺市・三鷹市)においては嘉永七年には寛政四年にはみえない現在の市町村がみえる。西東京市・小平市・国分寺市・三鷹市である。それぞれ人数は一人・二人・二人・二人である。北多摩に隣接する埼玉県でも所

【表14】番組合構成表

番組	寛政４年	現在の自治体名	嘉永７年	現在の自治体名	所属人数
1番組	本郷宿・嶋之坊宿・久保宿・新横山村・御所水村・本郷村	八王子市	—	—	15
2番組	八木宿・八幡宿・小門宿	八王子市	—	—	18
3番組	大横町・本宿・八日市宿・横山宿・馬乗宿・新町	八王子市	—	—	13
4番組	子安村・新横山村・寺町・上野原村・御所水村	八王子市	—	—	20
5番組	北野村・長沼村・打越村	八王子市	—	—	11
6番組	片倉村・小引村・寺田村	八王子市	—	—	15
7番組	館村・下椚田村	八王子市	館	八王子市	12
8番組	上椚田村・下椚田村・散田村	八王子市	上椚田・下椚田・散田・山田	八王子市	23
9番組	散田村・山田村	八王子市	散田	八王子市	38
10番組	上椚田村新地・散田村新地	八王子市	散田村新地	八王子市	30
11番組	上椚田原宿・下長房村	八王子市	上椚田原・下長房・舩田	八王子市	24
12番組	上椚田河原之宿・上椚田落合、上長房小名字・上長房駒木野宿	八王子市	上椚田初瀬・上椚田河原之宿・上長房小名字	八王子市	17
13番組	上椚田案内・上椚田落合	八王子市	—	八王子市	15

14番組	上長房駒木野宿・上長房摺差・上長房小仏宿	八王子市	上長房駒木野・与瀬	八王子市	7
15番組	与瀬宿・若柳村・千木良村	相模原市	若柳・佐野川	相模原市	4
16番組	三井村・相原村・上河尻村	相模原市	三井・相原・上河尻・中沢	相模原市	9
17番組	荻野村・糟屋村・新戸村	厚木村・相模原市・伊勢原市	新戸	相模原市	1
18番組	小山村・根岸村・山崎村・小山田村	町田市	小山・小山田・橋本・九澤・淵野辺・図師	町田市・相模原市	17
19番組	柚木村	八王子市	柚木・落合	八王子市・多摩市	5
20番組	真光寺村・黒川村・百村・長沼村・五反田村・小野路村	町田市・川崎市・稲城市・八王子市	五反田・万願寺・登戸・矢野口	町田市・川崎市・稲城市・日野市	5
21番組	日野本郷村・川辺堀之内村	日野市	落川・荒井・豊田・寺方・日野本郷・川辺堀之内・粟須	日野市・多摩市	11
22番組	大和田村・中野村	八王子市	―		16
23番組	石川村・宇津木村・丹木村・左入村・谷野村	八王子市	石川・宇津木・左入・谷野	八王子市	16
24番組	瀧山村・梅坪村・富所村・丹木村・大沢村	八王子市	横山・八日市・瀧山村・梅坪・富所・丹木・大沢	八王子市	24
25番組	宮下村・戸吹村	八王子市	―		33
26番組	犬目村	八王子市	―		30

27番組	楢原村	八王子市	—		12
28番組	横川村・大楽寺村・下一分村	八王子市	横川・大楽寺・下一分・上一分	八王子市	22
29番組	元八王子村	八王子市	—		35
30番組	元八王子村	八王子市	—		22
31番組	川村・二分方村・寺方村・上一分村	八王子市	—		21
32番組	下恩方村	八王子市	—		21
33番組	中恩方村	八王子市	—		11
34番組	上恩方村	八王子市	—		4
35番組	小津村	八王子市	—		4
36番組	山入村	八王子市	—		19
37番組	川口村	八王子市	—		55
38番組	大和田村・留原村・戸倉村・五日市・檜原村	あきるの市・檜原村	大和田・留原・戸倉・入野・小中野・北寒寺・五日市	あきる野市	16
39番組	檜原村	檜原村	(欠)		
40番組	大久野村	日の出町	日影和田	青梅市	26
41番組	平井村・長淵村・菅生村	日の出町・青梅市・あきる野市	平井	日の出町	21
42番組	伊奈村・網代村・疋田村・山田村	あきる野市	深澤・三内・横澤・伊奈・網代・疋田	あきる野市	22

43番組	代継村・牛沼村・油平村・雨間村・小川村・高月村	あきる野市・八王子市	代継・牛沼・油平・雨間・小川・高月・二宮	あきる野市・八王子市	32
44番組	草花村・小宮村	あきる野市	草花・小宮・羽村・福生	あきる野市・羽村市・福生市	10
45番組	二本木村・高根村・新久村	入間市	新久・坊・糀谷・小谷田・中野	入間市・所沢市	5
46番組	石畑村・村山村・中藤村	瑞穂町・武蔵村山市	峯・箱根ヶ崎・三ツ木・殿ヶ谷・中藤	入間市・瑞穂町・武蔵村山市	5
47番組	高木村・野口村・菩提樹村・久米川村・大袋村・藤澤村	入間市・東大和市・東村山市	砂川・芋窪・荒畑・後ヶ谷・高木・大袋・藤澤・安松	立川市・入間市・東大和市・所沢市・東村山市	9
48番組	砂川村・中神村・拝島村	立川市・昭島市	城・田無	所沢市・西東京市	2
49番組	柴崎村・青柳村	立川市・国立市	大沼田新田・野中新田・北野・内藤新田・戸倉新田・小川新田・柴崎・青柳	小平市・国分寺市・三鷹市・立川市・国立市	9
50番組	小曽木村・上畑村・黒澤村	青梅市・飯能市	青梅・黒澤・黒差	青梅市・飯能市	8
合計					820

沢市に新たに居住する千人同心が出現した(三人)。数は少数であるが、北多摩・埼玉地方には確実に千人同心は広まり始めたといえよう。この要因としては先に指摘した千人同心株売買の広がりが考えられる。

南多摩地方(日野市・稲城市・町田市・多摩市)では多摩市が新たに加わっている。これは一か村一人ずつ合計二人に過ぎないが。逆に相模国では厚木市・伊勢原市から千人同心は姿を消しており、相模原市のみになっている。これは寛政改革期以降新規に千人同心になることが相州では禁じられたからであろう(6)。

要するに八王子千人同心は現在の八王子市から西多摩地方にかけて多く分布していた。しかし北多摩・南多摩地方では数はわずかではあるが、千人同心が新しく居住する村も確認されるようになった。そのすべてが番組合に所属していた。千人同心が濃厚に分布している地域でも番組合はもちろん意味あるものであろうが、村に千人同心がごく少数しか存在せず、百姓のなかで孤立気味の場合、番組合は非常に意義深いものになる。番組合によってどんな「辺境」の千人同心といえども「御家人」意識を内在化させることができたのである。

第二節　番組合議定書の分析

第一項　一八番組合の事例

本節では番組合に所属した千人同心が作成した申合を分析し、番組合が「御家人筋」政策にどのように対処したのかを検討したい。申合のことを本書では番組合議定書と称することにしたい。まず管見の限り、最も詳細な番組合議定書である一八番組合のものを取り上げてみたい(7)。一八番組合は現在の東京都町田市・神奈川県相模原市に居住する千人同心が所属し、この番組合議定書が成立した寛政九年には一八人が存在した。

【史料47】

「（表紙）千人同心十八番組合」

一、前々御頭様方ゟ被　仰渡候通り、毎月壱度宛順番ニ致会合、諸事相互ニ無遠慮申談、不正之産業者不申及、御家人ニ不似合風俗言語ニ至迄、随分自分ニ心を附不行跡無御座候様相守可申事、

一、月並十七日致会合之節者
東照神君江御神酒差上可申候、尤神酒代之儀者当日之出会之人数ニ而割合可申候事、

一、御公用向者不申及、外用之儀者成丈繰替、不参無之様心掛ヶ可申候事、

一、千人同心身分之儀ニ付、何ニ而茂不時之難渋出来候節者、早速組合仲間江遂相談、其上之取計ニ可致候事、

一、月並朔日・廿一日千人町出勤之儀者被　仰渡候通り無不参出勤可致候、若病気等ニ出勤難相成砌り者最寄之同組江其段相達シ、其人ゟ
御頭様方江右之段御届ヶ可申上候事、

一、日光御番者不及申、千人町詰番其外諸番共随分不参無之、自身ニ相勤可申候事、

一、衣類又者刀・脇差等ニ至迄随分倹約を用、格立候儀者勿論、平日之勤向等を綿服ニ而相勤風儀質素を第一心懸可申候事、

一、組入致シ候上者随分大切之御奉公相勤、子々孫々迄も無二心忠義第一ニ可致候、然ル処近年者当年組入致し、明年者外へ相譲り候躰之義間々有之候、畢竟自己之勝手ニ拘り外聞不相構、恥敷事ニ候得者必々子々孫々迄、右株取失ひ不申候様心掛専一之事ニ候、万一相叶儀有之番代願出候ハ、是又組合江得与談シ合、其上ニ可致候事、

一、組々同心居村役人者自然争論之儀も有之候ハ、組合申合、得与相談致シ取鎮可申、若不得止事儀者其段御頭様

迄可申出旨前々諸組一同被仰渡置候通り是又日来心掛ヶ可申候事、
右之荒増之儀ニ而右之外諸事月々会合之砌、又々御互ニ申合、時之時宜ニ執計、都而千人同心一同と乍申、別而相談組合之儀者睦敷御互ニ無隔心御永談可申候、尤折節組入之衆も有之候間、前文之趣御失念無之様当日之御立合之方ニ而読誦被成可然儀与存候、其上会合当番之方江東照神君御尊号掛物幷ニ此一札御送り可被成候、依之組合一同為申合如此ニ御座候以上、

此時寛政九年巳二月十七日

内規定之事

一、前文之趣弥以堅相守可申候、尤先年毎月十七日銘々腰弁当ニ而出会可致旨被仰渡候得共、左候得者却而不都合之筋も有之候ニ付、出席も自然と遅来ニ相成、帰宅之節も夜中幷ニ雨天抔相互ニ難渋ニも有之候間、此度内評致シ、会合之儀も正・三・九之三ヶ月ニ致シ、当日之儀者順番宿ニ而御神酒壱升幷ニ所有合之品ヲ以、一汁三釆之茶漬差出、遠近とも無弁当用意、早朝より出合可致候旨相定申候、勿論相互ニ勝手ヲ以申合候間、決而馳走与相心得必心配有之間敷、万一驕ヶ間敷振舞有之候ハヽ、□ニ而差押江成丈ヶ質素ニ致候様可仕候、且又先年新組入有之、披露之節馳走致シ引続順番宿を相定候由承り候へとも、是又相談之上相改披露之節馳走之儀ハ廻り廉ニ而、順番宿可致旨相定申候、為後日内々規定趣仍而如件、

此時天保四癸巳年正月十七日

於嶋崎玄弥宅会合之節右之通り相定申候、

第一条は、千人頭からの通達通り、毎月一度会合を開いて「不正之産業」等の不行跡に陥らないように互いに話し合うことを誓っている。身分を忘れて「不正之産業」に携わり、商人同様の体にならないことこそ、老中が通達した

千人同心の風俗取締の核心である[8]。番組合がこの意識を所属の千人同心に浸透させようとしたことが確認できる。なお抹消部分は史料47には記載されておらず、同じ内容を持つ同系統の史料[9]にのみ記されていた部分である。寛政四年に鎗奉行によって「御家人筋」という言葉が使用されたのであるが、それはあくまでも幕府直属奉公人としての自覚を持つことが主眼であり、千人同心を武士として扱うという意味ではない。しかし千人同心はこの点を曲解し、自らを下級武士として振る舞いだす。この「御家人」という言葉が同じ番組合議定書のなかでも、書いてあるものと書いていないものとがあることは、寛政九年時点ではまだ千人同心の間でも使用に躊躇があったのであろう。やがてこのようなためらいはみられなくなる。これは一つには番組合の活動が「御家人」意識を高めた結果であろう。いくら公儀からみたら誤解であっても、生活世界において日常的に刷り込まれたら、どのようなイデオロギーも一定の定着をみて不思議はない。番組合の活動は公儀の志向とは微妙にずれながら、千人同心に武士意識を持たせたと評価できよう。

第二条では、毎月十七日の会合の時には東照神君に神酒を捧げろ、神酒代は会合に出席した参加者で割り合えとしている。東照神君とはもちろん徳川家康の神号であり、会合には尊号を記した掛軸などが掛けられた。家康の命日である一七日に会合が開かれていたことが判明する。近年では徳川幕府の宗教性が注目されているが[10]、その場合やはり東照神君・東照大権現の存在が問題になる。少なくとも千人同心に関しては、東照神君は生活世界のなかで意識させられる存在であったことは明らかである。千人同心は幕府直属の武家奉公人であるので、一般の百姓とは同列には扱えないが、東照宮信仰を中心とした教諭のあり方はもっと注目されていいであろう。また千人同心における「御家人」意識の内在化という点でも東照宮信仰が果たした役割は注目される。中野光浩は多摩郡平村の東照宮が千人同心によって信仰されている事例を検討している[11]。

筆者の観るところ、中野が挙げた事例は千人同心のなかでも旧家組頭という特殊な階層が東照宮を信仰していることを示しており、これを直ちに千人同心全体に一般化することは無理であるが、積極的な信仰ではないが、番組合の活動において、すべての千人同心が東照宮信仰を受容したのは事実である。東照宮信仰は民衆にも受容されているが、積極的に需要したのは中野の成果によれば世直し一揆と対立するような豪農層中心である。一般の千人同心に即していえば、一般の百姓に対して敵対的といえば言い過ぎであるが、優越的な意識を形成したとしても不思議ではない。それは「御家人」意識と通底する。

第三条は、会合に際しては不参がないようにせよというものである。当然な箇条であるが、会合が適正な回数でないと、不参や遅刻が増加することは目にみえている。この点については後段の内規定の分析のところで触れることにする。

第四条は、千人同心の身の上について何か困ったことがあったら、早速番組合の仲間に相談してその上で対処することが求められている。千人同心と周辺の百姓との対立は寛政改革期以前から起こっていた(12)。「御家人筋」政策の採用後は激化していく。千人組にとって大切なことは村落に居住する千人同心が孤立しないことである。「御家人筋」政策をとっても、百姓の抗議により行動を規制されては無意味だからだ。番組合を基盤に千人同心が結集してこそ意味がある。

第五条は、千人町への出仕のことである。千人同心は毎月一日と二一日に千人町の千人頭の屋敷に出仕をする。二一日は通常は扶持米が支給される日である。千人同心は千人頭の屋敷にある月番所で扶持米を受け取ることになっていた。一日は儀礼が中心であろう。寛政期は千人頭への儀礼が重視された時期である(13)。当該の両日に不参の場合は届を出すことが徹底されている。

第六条に出てくる「日光御番」とは、千人同心が定期的に勤めていた日光東照宮に対する防火警備のことを指している。重要な役目であるが、本人ではなく代人を立てることも横行していたとされ問題になっていた(14)。また千人同心は順番で月番所に詰めることになっていた(15)。このような公的職務の徹底が謳われている。

第七条は、質素倹約に関することである。千人同心の大小・衣服は質素を第一に心掛けることが記されている。この時期は「御家人」意識を持たせるために、公務の時は大小を帯びることが奨励されたが、それも自ずから格式があり、それを越えるものが要求されたわけではなかった。

第八条は、新規に千人同心になった事例を対象に、徳川家への忠誠心を要求している。また千人同心株を失わないようにしろ、然るべき理由があって千人同心の「番代」、代替りをしなければならない時は番組合によく相談しろとしている。この条文の背景には一八世紀後期から活発化してきた千人同心株の売買がある(16)。農間余業等で経済力をつけてきた百姓が、経済力に物を言わせて千人同心株を入手する。抹消部分はやはり史料47の底本には記されていない部分であるが、ここの記述によれば株を入手しても短期間で株を手放す行為が横行していることがわかる。幕府は金銭による千人同心株売買を公認していたわけではない。番代に関しては息子や親類・遠類など広い意味での親族集団で相続者を探すことが第一条件であった。金銭を媒介にした番代は公儀の望むところではない。番組合の議定書はその性質上、公儀の意向に沿って記されている。しかしその実態がどうだったのかは別問題である。

このような番代が盛行した理由は、幕末期までは千人同心株価が上昇したことと千人同心が「御家人」＝下級武士と誤解されていったために地域社会において大きな権威を持つようになっていったことが挙げられる。つまり千人同心株を入手しておけば経済的な利益とともに武士としての身分的特権も享受できたのである。そのため千人同心株入手者は千人同心という身分を道具的に理解し、徳川将軍直轄軍の構成員という幕府からみれば本質的な意味は顧慮されなかった。そのため短期間の売買も行なわれたのである。当然彼等は徳川家に忠誠心を持っているはずもなく、千人同心になった段階で、新規に忠誠心を教え込まなければならない。逆にいえば番組合とは千人同心としての基本的な精神を教え込む組織であり、それこそが幕府が番組合に期待したことであろう。

第八条は、「居村役人」つまり村に住む百姓の役人ともしも争論になった場合は、番組合でよく相談して対処することが決められている。千人頭が通達した先掲史料46の第二条目と内容は同一である。つまりこのことは千人頭が意図し、千人同心たちが番組合議定書に取り入れたと判断できる。番組合が地域社会との矛盾に協同して当たる組織であることを改めて確認しておく。

この箇条の最後には、千人同心は一同ではあるが、とりわけ番組合の仲間は睦まじくあること、新しく番組合に入ってくる千人同心がいれば、忘れずに組入の当日に読み聞かせること、会合の当番の者から者へ「東照神君御尊号掛物」とこの番組合議定書を継ぎ送ることが記されている。先の二条と合わせて考えれば東照宮信仰は千人同心の末端まで浸透していた可能性が窺える。

その次には「内規定之事」が掲げられている。今まで検討してきた本論の部分はいわば公的な部分であり、場合によっては千人頭の目に触れる場合もあるであろう。そのため内輪に収めたい議定はここに記されたのであろう。つまりここに記されていることは外聞を憚るものであると考えられる。この内規定は天保四年正月一七日に作成されている。史料46第三条で明らかなように、千人頭は毎月一度ずつ番組合の会合を求めていたのであるが、一八番組合では「不都合」なことがあるので、年三度にするというものであった。また従来参加者が「腰弁当」で参加していたが、当番に当たった千人同心が「御神酒壱升幷ニ所有合之品ヲ以、一汁三采之茶漬差出」と食事や御神酒を用意することになった。もちろん「驕ヶ間敷」ことにならないことは謳われている。また新たに千人同心として組入した場合、披露の席の食事は新たに組に入った人物ではなく、順番で行なうことになった。これは新入の千人同心が無理をして豪華な接待をすることを防ぐためであろう。この内議定をみると、番組合が老中や千人頭の志向を無批判に受け入れるわけではなく、それを尊重しつつも、現実の地域実態に合わせて変化させていったことが判明する。

史料47を検討する限り、番組合は質素倹約・風俗取締という寛政改革期の基本政策を千人同心に当てはめたものであった。千人同心には「御家人」—この言葉は幕府と千人同心の解釈には齟齬があったわけだが上記の基本政策を遵守するという点では変わらない—意識を持たせるという「御家人筋」政策によって実現が図られた。千人同心に「御家人」意識を持たせることこそ公儀が求めた番組合の役割であった。しかしそれは百姓の現実的な批判活動も予想され、番組合に一程度の自律性を与えなければ有効に対処することは難しかった。権力的な目線に立てば、番組合は「御家人筋」政策を実践するために自律性を与えられた機関といっていいであろう。

第二項　四七番組合の事例

本項では四七番組合の番組合議定書を取り上げたい(17)。この番組合は現在の東京都東村山市等北多摩郡の村を中心に、埼玉県入間市に住む千人同心も属していた。この番組合議定書が成立した文政五年正月には一五人の千人同心が存在していた。

この番組合の議定書は一八番組合と異なり、詳細な規定はない。取り上げられているのは事実上二点のみである。

一点目は番組合の「賄」、経費に関する規定である。これは一年間銀一匁であり、毎年正月一七日の寄合の時に集金された。不参の場合も納めなければならない。

二点目は武術修得に関するものである。その部分を書き出そう。

【史料48】
芸術下稽古仕法
入門料金百疋
一月稽古金弐百疋
月々三日宛稽古
但、四・五・六・九月除
七月　金百疋
極月　金弐百疋
右之通り謝礼番組合割
一、師範之衆宿
大館杢右衛門
一ヶ月稽古　宮嶋又二郎
小嶋文平
月並稽古　番組合一同廻り
但、当勤部屋住ニ而も弁当持参、朝四ツ時相詰、七ツ時引取、宿ニ而者茶を出し候計、師範之衆賄者宿当番之自分入用、

この場合の「芸術」は武術のことと考えていいであろう。先述したように老中松平乗全の通達にも武術の奨励が含まれていたのであり、このこと自体は老中通達の意向に沿ったものといえるであろう。

この時期この番組合で武術を教授していた師範の記録が残っている。(18) 多摩郡楢原村(八王子市)に居住した千人同心組頭橋本類八は、寛政六年四月に太平真鏡流の宗家若菜主計に入門し、文化元年五月には江戸城で若年寄の前で武芸を披露し、御褒美を頂戴している。文化四年には指南免許を許されているので、教授には相応しい人物といえるであろう。

類八は文政五年閏正月二〇日の日記に「野口村へ罷越塩野先生代打仕候、尤山口多蔵同道ニテ」と記している。野口村は四七番組合に所属する村で「塩野先生」とは適斎の号で知られる千人同心組頭で太平真鏡流の達人であった。この適斎の代理として類八は四七番組合に赴いたのであろう。山口多蔵については不詳であるが、武術稽古の助手のような役割を果たしたのではないだろうか。類八が楢原村に戻ったのは二月三日であり、一〇日以上も稽古が続いたことになる。

この年の一〇月二四日には類八の息子三八郎がやはり塩野適斎の代稽古として野口村の小島文平宅へ出向き、二九日に戻ってきている。三八郎は父類八が五七歳であるのに対してまだ二〇歳であった。父の類八から太平真鏡流を学び免許を受けていた。武術稽古の実態は以下のようなものだといえるであろう。

四七番組合では武術を稽古すべく、太平真鏡流の遣い手で千人同心組頭でもあった塩野適斎と契約を結ぶ。稽古開始は七月である。入門料として一人金一〇〇疋を納めた。稽古日は四・五・六・九月を除く月で、一か月に三日が原則であった。しかし一〇日前後の稽古をする特別な月もあり、文政五年の場合は正月であった。この「一ヶ月稽古」には一人二〇〇疋を納めなければならない。塩野は自分では出稽古に赴かず、同門の橋本類八とその子三八郎を代理として差し向ける。類八は野口村のおそらく千人同心組頭小島文平家を宿にしたのではないかと思われる。「一ヶ月稽古」では小島他二軒の家に宿泊することが決まっていたからである。月並稽古の場合は番組合の家で順番に宿を勤める。三八郎が出向いた時に小島が宿を勤めたのは、たまたま順番が当たったのであろうか。

武術稽古は現役の千人同心だけではなく、「当勤部屋住」つまり千人同心見習も手弁当で参加したことが窺える。これはそれだけ武術稽古が広く浸透することが望まれたということであろう。

このように番組合は武術修得活動が行なう主体になっているという事実は確認できた。このことは老中通達の趣旨に沿う活動であることは明らかであるが、その意義はそこに留まらない。まず一般の百姓の武術修得を幕府が禁止していたという事実を指摘しておきたい(19)。この禁令が出た文化二年には村落では武術修得が流行していたが、千人同心は合法的に、塩野適斎門人のような熟達した才能からそれを伝達される機会に恵まれたのである。百姓の武術習得の動きは止まらなかったが、一般的な百姓の目からみれば、合法的に武術を享受できる千人同心は、特権的に映ったであろう。

それだけではない。この時期から少し後の天保七年に勃発した郡内騒動等を契機にして、多摩の豪農は武術修得運動を一層強く展開する(20)。千人同心は村内では比較的高位の土地所有者がなっている事例が報告されている(21)。千人同心の志向も豪農と同じと考えられる。つまり番組合の活動は豪農が実践したい行為を合法的に行なっていたのであり、その実践を保証する機関として番組合は存在していた側面があるわけになる。千人同心の生活世界上の切実な必要が武術習得にあったのである。そしてこのような行為が一因になって、千人同心は特権的な「御家人」意識を持ったと考えられる。

第三項　二五番組合の事例

ここでは嘉永六年正月に二五番組合で作成された番組合議定書を検討しよう。この番組合は多摩郡宮下村・戸吹村

（八王子市）の二か村が所属した。(22)

【史料49】

「（表紙）
嘉永六子年正月
弐拾五番組申合議定之書
宿　八木岡一郎　」

一、跡引続御番代之儀定例会合之席ニ而吹咀之事、
附、見習勤右同断之事、
一、由緒御番代之儀、以前番組一同江為問合、其最寄より廻文ヲ以相達可申候、且宅見分前其筋ゟ番組中江問合書面差越候節、名当之者ゟ右之趣一同江相達、其上返書差向可申候事、
附、御番代幷番組入無滞被　仰渡相済候上者番組中江為吹咀廻勤幷住所替之節茂右同断之事、
一、定例正月・九月両度会合之儀、以来当月五ツ時出席、九月御建座六ツ時揃、都而相互ニ御諸事申合取計可申候事、
右之条相談之上議定取極申候、仍而如件、
嘉永六丑年正月十七日

表14から明らかなように二五番組合は嘉永七年の時点で三三人、宿、つまり嘉永六年正月一七日の当番八木岡一郎は戸吹村に居住していた。

第一条は、千人同心が息子等に代替りする事例である。千人同心は世襲が公的に認められていたわけではないが、この時期には息子や養子等への世襲が一般的に行なわれていた。このような跡継に対する番代の場合は、番組合の寄

合で報告されたようである。「吹咀」とは正確な意味はわかりかねるが、「吹聴」のような意味、つまり跡継に対する件が番組合の寄合で報告されたという意味であろう。千人同心は在番中に息子等を見習同心にして円滑な相続を図るということも一般化していた。その場合やはり番組合の寄合で報告された。跡継に対する番代や見習はこの時期一般化していたが、番組合の了解は必要だったのであろう。

第二条は、由緒番代である。先述のように由緒番代は当該時期には事実上の金銭による番代を意味するようになっている[23]。ここでは由緒番代の場合は事前に番組合に相談され、廻文で番組合全体に触れられたことが判明する。由緒番代に際しては、月番所の組頭が相談し[24]、対象者の「人体家柄等」を聞き糺し、適格な者であったら番組合に「故障之有無」を掛け合いに及ぶ。その上で千人頭に伺って「宅見分」を行なう[25]。「宅見分」とは月番組頭二名等があたり、当該の千人同心宅に赴き、人物調査を行なうことである。由緒番代以外でも住所替の時にも行われる。史料49では月番所から番組合に「宅見分」の掛け合いがあったら、その掛け合いの宛名になった人物から番組合一同に通達することが謳われている。由緒番代以外に新規の組入があった時には、やはり番組合中に知らされる。

由緒番代に当たっては番組合も無関係ではないが、番組合が「御家人」意識を高める場とすれば、主要な目的からは外れるのではないか。しかし史料49にも番代の記述があり、これも金銭による千人同心株売買、つまり由緒番代が念頭にある記述になっている。なぜ由緒番代が番組合議定書に出てくるのか。

由緒番代は親族に跡を相続させるという原則を無視し、金銭による身分の取得に堕してしまうという観点から、千人頭は番組合や月番所を通じて統制しようとしたことは指摘し得る。しかしながら史料47第八条に異本で記されていた抹消部分を想起されたい。短期間で株売買する千人同心が存在していたことは事実である。千人同心株の値段は幕末期に軍事動員が本格化するまでは高値を維持しており、番組合のチェックが厳格に機能したとは思えない[26]。というよりも史料49の文章は「宅見分」前に情報を把握し、円滑に手続きを進ませたいという観点から記されており、吟味の厳密性を確保したいという姿勢はそもそもない。

千人頭は千人町の拝領屋敷に住居するれっきとした武士であり、個々の千人同心の生活実態を詳細に把握しているとは考えられない。由緒番代の情報は番組合に頼まざるを得ないのである。番組合はその情報を把握する体制をつくったが、その目的は吟味の厳密さではなく、相続の円滑さにあったのではなかったのか。譜代ではない千人同心にとって相続の主体性を得ることは重大であった。この当時は千人同心株は「家産」として認識されており[27]、血縁者に相続させるにしても、金銭目的に譲渡するにしても、番組合にとって大切なことは株所持者の意図に沿って円滑に処理されることであった。よほど極端な場合は別としても、通常の場合は相続は認められたのではないのだろうか。番組合や月番所・千人頭によって相続願が否定された事例が確認できないからである。先に番組合は公儀の政策の貫徹のために自律性が与えられたと記したが、この由緒番代を検討してみると、そのような評価は不十分なことがわかる。公儀の政策的意図とは全く関係のない由緒番代の正当化さえ番組合で機能していたことに鑑みれば、番組合の活動はこのような上からの自律性を超えた、平同心主体の下からの自律性といえるであろう。

第三条をみると二五番組合の寄合は、正月と九月の年二回だけだったようである。「定例」とあるので必要がある場合は臨時に開催された可能性はあるが。正月は五ツ時、九月は六ツ時が集合時間である。

ではここで番組合の寄合について考えてみたい。先にみたように千人頭は月一回の開催を求めたが、一八番組合では天保四年以降は、年三回の開催であったことが確認され、二五番組合では年二回の「定例」が持たれた。一一番組合に所属した石川家の日記である『石川日記』によれば、番組合が成立した寛政四年の一二月一七日に「長房八郎右衛門方組合寄合」と番組合寄合が開催されたことが確認されるが[28]、その後しばらくは確認されない。次に確認されるのは寛政八年四月一七日である。[29]その後は毎年二回から四回確認される。先述の事例も勘案すると、番組合寄合は年三回前後実施されていたと考えられるのではないだろうか。

この『石川日記』からは他にも興味深いことが判明する。天保三年四月一六日・[30]天保六年正月一六日・[31]弘化二年三月一六日・[32]嘉永六年三月一六日・[33]安政七年九月一六日・[34]慶応四年正月一六日[35]に「権現様御日待」が行なわれていることが記されている。原則的にはこの後に番組合寄合が開かれている。日待という宗教行事の後に寄合が開かれているということは、東照大権現という宗教的権威に支えられて、番組合寄合が機能していたことを示している。徳川幕府の宗教性は近年注目されているが、千人同心は直属奉公人であったためか、千人同心の場合は露骨に顕在化する。

おわりに

寛政改革期には公儀には千人同心の「不正之産業」や風俗を正すべきだという観点があり、そのために一連の改革が実施された。番組合の設置もその一つである。これを受けて千人頭は「御家人筋」を立てるという方針の下に、公儀の政策を実践していった。しかし「御家人筋」政策では当然百姓の反発が予想され、百姓身分との摩擦に集団的に臨機応変に対処するという自律的機能も番組合に認めた。番組合は地方に住居する千人同心はすべて参加し、新たに株購入等で千人同心になったものも加入させられている。千人同心全体を蓋う組織だったのである。

番組合議定書を分析すると、番組合は公儀の寛政改革の基調に基づく「御家人筋」政策を実践する機関であったことが判明した。そのために「御家人」意識を構成員相互で教授しあった。東照宮信仰はその目的を達成する媒介として与って力があった。しかしここで考えなければならないことは、「御家人筋」政策の実践は、千人同心たちの生活世界におけるコミュニケイション的行為の遂行によって支えられていたということである。千人同心が日常生活において惹起するさまざまな問題、武術を習得したい、千人同心株を売買したいといった大事件ではないものの生活上は大切な問題を話し合う場として番組合は機能した。「御家人筋」政策の実践という側面のみから番組合を評価することは十全とはいえない。「内議定」を作成して地域の実情に合わせて、番組合議定を補完していたことは確認した通りである。当該時期は千人頭による支配は弛緩していた。平同心を中心とした自律的活動が千人組組織を支えていたといっていいが、番組合もその一つといっていい。「御家人筋」政策の実践という行為も、生活世界上の必要がなければ無意味であったであろう。番組合活動の一端は第七章第三節で取り上げる。

註

（1）村上直監修『八王子千人同心史』資料編Ⅰ（八王子市教育委員会、一九九〇）一〇〇～一〇一頁。

（2）八王子市郷土資料館編『八王子千人同心関係資料集』第五集（八王子市教育委員会、一九九八）三〇～三一頁。

（3）拙著『八王子千人同心』（同成社、二〇〇二）第五章第一節。

（4）表14の寛政四年の部分は塩野適斎『桑都日記』巻之十四中上（国立公文書館蔵）に拠り、嘉永七年の部分は馬場憲一「八王子千人同心の在村分布について」（『学芸研究紀要』第七集、一九九〇）掲載の付図及び村上直編『江戸幕府千人同心史料』（文献出版、一九八二）付録に拠って作成した。

（5）例えば寛政一〇年三月、千人頭原半左衛門は新規に千人同心になった中村伊兵衛に対して、四五番組合への割入を命じている（『八王子千人同心関係史料集』第一集、五七頁）。

（6）植田十兵衛「御内意申上候書付」（註1書）、一八二頁。

(7)『千人同心十八番組合』(相模原市立博物館蔵「旧下九沢村故笹野邦一氏所蔵資料」〈千人同心関係文書〉3、写真版)。
(8) 註(1)と同じ。
(9)『千人同心十八番組々合帳』(相模原市立博物館蔵「旧下九沢村故笹野邦一氏所蔵資料」〈千人同心関係文書〉4、写真版)。
(10) 大桑斉「近世国家の宗教性」(『日本史研究』第六〇〇号、二〇一二)。
(11) 中野光浩「東照宮信仰の民衆受容に関する一考察」(『地方史研究』第二三七号、一九九二)。
(12) 註(3)拙著第二章第一節。
(13) 註(3)拙著第四章第二節。
(14)「千人町回状之写」(註1書、七一頁)。
(15)「勤向申合書」(註1書、二三五〜二三六頁)。
(16) 前掲表9参照。
(17)『千人同心四拾七番組用留』(小平市立図書館蔵「當間家文書」G—5—2、写真版)。
(18) 橋本義夫編『村の古文書』一(多摩地方史研究団体連合会、一九五五)。
(19)『御触書天保集成』(岩波書店)六二九〇号文書。
(20) 杉仁『近世の地域と在村文化』(吉川弘文館、二〇〇一)二六二頁。
(21) 村上直監修『八王子千人同心史』通史編、第三章第一節(2)。
(22)『弐拾五番組中合議定之事』(江戸東京博物館蔵「石井コレクション」九〇三七三七八八)。
(23) 本書第五章。

(24) 月番所とは千人頭の屋敷内に設置された「事務所」機能を果たす場所であり、月番組頭が中心になった。
(25) 『八王子千人同心史』資料編Ⅰ、二三二頁。
(26) 千人同心株の「譲渡」金額については、前掲表9を参照されたい。
(27) 千人同心株が家産と考えられていたことは、註(3)拙著第五章第四節を参照されたい。
(28) 『石川日記』(七)(八王子市教育委員会、一九八五)一〇一頁。
(29) 『石川日記』(八)(八王子市教育委員会、一九八六)二頁。
(30) 『石川日記』(十)(八王子市教育委員会、一九八八)四一頁。
(31) 『石川日記』(十)五八頁。
(32) 『石川日記』(十一)(八王子市教育委員会、一九八九)二八頁。
(33) 『石川日記』(十一)八〇頁。
(34) 『石川日記』(十二)(八王子市教育委員会、一九九〇)三三頁。
(35) 『石川日記』(十二)九二頁。

第七章　千人同心と家・村

はじめに

第一部では御家人言説が千人同心という身分集団に遂行され、その結果百姓身分を越える状況が現出したことを明らかにした。また第五章・第六章において、そのような言説遂行が千人同心組織を大きく変容させたことを指摘した。本章においてはその背景を探っていきたい。この点については、平同心つまり百姓の家による千人同心職の家職化を検討したが、役職や株売買といったいわば家の外部から考察したものであった。本章では家の内側から考察してみたい。その上で村がそのような千人同心を包摂していく動向を分析する。しかしそのような動向にもかかわらず千人同心と地域社会は身分制社会における根源的な問題によって矛盾を来すことになる。この構造化された矛盾は当該期の社会統合を破綻させていくことになる。本章ではその様相を研覈してみたい。

第一節　千人同心と家

第一項　中藤村乙幡家・渡邊家

ここでは武蔵国多摩郡中藤村の千人同心たちの事例に注目したい。次の二つの史料を見ていただきたい。

【史料50】(1)

一札之事

我等儀病身ニ而御奉公難相勤、惣領儀は致儀絶、次男儀は幼年ト申御奉公不相勤、近キ親類内ニも相応者無之候ニ付、此度貴殿儀我等致養子、拾俵壱人扶持相譲り候上は随分御奉公大切ニ可被相勤候、我等一生為養育金弐拾三両只今被差出不残請取申所実正也、向後何様之儀有之候共、壱銭之無心ヶ間敷儀申間敷候、為後日仍而如件、

明和元年申十二月

西村丈右衛門(印)

上長房村親類

源右衛門　(印)

西村市郎左衛門殿

【史料51】(2)

譲証文之事

一、我等儀近年病身罷成、遠国之御奉公難相勤、其上男子無御座候ニ付、尤近親類之内ニも相応之者無之、今度貴殿我等養生(子)致、番代拾俵壱人扶持相譲候上は、随分御奉公大切可被相勤候、此御扶持切米ニ付諸親類は不及申、

脇より一切構無之候、万一六ヶ敷儀申者有之候ハヽ、何方迄も我等罷出急度申訳致、少も御苦労ニ懸ヶ申間鋪候、我等一生為養育金子弐拾九両被遣、只今不残慥ニ請取申所実正也、向後何ヶ様之儀有之候共一銭之無心間敷候、為其加判仍如件、

石坂彦三郎組

安永二年巳四月

当人　太田　佐助（印）

証人　太田兼右衛門（印）

乙幡市郎右衛門殿

史料50は西村市郎左衛門が千人同心になった時のものである。千人同心西村丈右衛門が惣領は義絶、次男は幼年、近き親類には相応の者がいないとし、市郎左衛門を養子に迎えるとしている。禄高は一〇俵一人扶持、一生の養育金として二三両を受け取っている。しかし今後はどのようなことがあっても、一銭も無心のようなことはしないとしている。養子といっても形式的な性格が強いのであろう。

史料51は乙幡市郎右衛門が千人同心に就任した時のものである。太田佐助に男子がなく市郎右衛門を養子に迎えたことは明らかである。佐助は「一銭之無心申間敷候」と乙幡に今後は何があろうとも一銭の無心もしないと誓っている。これも形式的な養子であることを示している。

西村市郎左衛門は千人同心としての名前で、百姓としての名を渡邊源蔵といった。また乙幡市郎右衛門は百姓としての名前であり、千人同心としては太田茂兵衛といった。源蔵は中藤村源蔵組の世襲名主の家であり、市郎右衛門も中藤村市郎右衛門組の世襲名主の家であった(3)。名前を変えて千人同心と村役を勤めることは、前述した「一人両名」であり、寛政改革で禁止された行為である。この時期はどこまで徹底されたかは判然としないが、前述のように既に

元禄期には代官により問題視されており、望ましいことでなかったことは確かである。

名義上は別に名主を立てたとしても、二家は世襲名主の家であり、実質は変わらなかったであろう。市郎右衛門は千人同心として日光在勤中に「田中利右衛門様／惣御組頭中」宛に、「御年貢取立之儀間違無御座候様頼入奉存候」と頼んでいる(4)。日光にいながら名主の職務を忘れなかったのである。指摘しておかなければならないことは、両者の姻戚関係である。太田茂兵衛(乙幡市郎右衛門)の親類書をみると、実父方の兄として西村市郎左衛門の名前がみえる(5)。市郎左衛門と市郎右衛門は実の兄弟であったわけである。おそらく市郎右衛門は渡邊家に生まれ、乙幡家に養子に入ったのであろう。

これをみると千人同心職は姻戚集団に取り巻かれており、その共有財産としての性格ももっていたと推測できる。では千人同心の共有財産としての魅力とは何であろうか。一つには千人同心株売買として知られる現象があるが、これは第四章で検討したので、ここでは扶持米を担保とした金銭借用に注目したい。次の二点の史料をみていただきたい。

【史料52(6)】

相渡申御扶持方之事

合金子九両は　　　　但シ文字金也

一、私儀此度日光御番御座候所、近年致困窮支度出来不申候ニ付、貴殿江達而御無心申入、私頂戴仕来候壱人扶持相渡シ右九両借用申所実正也、御扶持方之儀当四月より毎月証人方江相渡可申候、右金返済不申候内何年成共御請取可被成候、勿論私方扶持方ニ付脇より一切構出入無御座候、万一横合より悪舗申者御座候ハ、証文加判者引請急度埒明可申候、右金返進申候ハ、御扶持方無相違御返シ可被成候、為後日証文仍而如件、

安永七年戌四月

御扶持方相渡金子借主　西村市郎左衛門（印）
証人　太田　茂兵衛　（印）
組頭　永井　平　六　（印）

【史料53】(7)

借用申金子証文之事

八王子千人組御扶持方
壱人分毎月米壱斗五升
此御扶持方ヲ質物ニ入金子八両弐分借用

右は此度無拠要用ニ付書面之通金子借用申処実正ニ御座候、然上ハ右扶持米毎月証人方江請取、時相場ヲ以売払代金為元利金主方江差向可申候、若シ此御扶持米ニ間違等も御座候ハヽ、証人方より右金子立替少シも金主江御難義懸ヶ申間敷候、為後証金子借用証文仍而如件、

石坂彦三郎組

天明八年申二月

金子預り主　太田　茂兵衛　（印）
同　友次郎　（印）
右同組証人　西村市郎左衛門（印）

「此証文元利共
相済、寛政六寅年五月相返申候」

上原助右衛門殿

史料52は西村市郎左衛門が扶持米を質に入れて金九両を借用したものである。扶持米は毎月一回米約一斗五升が千人同心に支給された。理由は経済的困窮のため「日光御番」の仕度ができないというものであった。四月から毎日証人の太田茂兵衛に渡すとしている。先述したように茂兵衛は市郎左衛門の実弟である。そして永井平六の子息藤五郎も茂兵衛の兄弟であるから、連名の人物はすべて姻戚関係があるといっていい。それだけではない。史料53も扶持米を担保に今度は茂兵衛が八両二分の借金をしたものであるが、市郎左衛門が証人になっている。代わる代わる親戚が保証人になっているのである。千人同心株が縁戚関係の紐帯になっていることに注意されたい。また史料52と史料53は表題が異なることにも留意されたい。この二つの史料は内容は同様でも形式は異なるのである。この点を検覈してみたい。

表15と表16をご覧願いたい。前者は「相渡申御扶持方之事」の表題をもった扶持米を担保とした借用証文、後者は「借用申金子（証文）之事」の表題をもったものである。両者とも共通した表題を持っているのが特徴である。このような形式の統一は、扶持米を担保に借金をする行為が社会的に公認されていたということであろう。

一見して明らかなように、表15の理由は「日光御番」が勤められないというものが圧倒的に多い。この点は研究史上、日光火の番役の過剰負担が千人同心を経済的に困窮させたという視点から言及されるのが常であった(8)。しかしそうであろうか。後述するように新たに千人同心になりたがるものは跡を絶たなかったが、存在さえ脅かされるような負担をわざわざ背負う人間がいるだろうか。多少の負担にはなったかもしれないが、それを補って余りある利益があればこそ、新規に千人同心になりたがる人が増加し、公儀も頭を悩ませたのではないか。また八、九両といえば大金とは言いがたいが、庶民にとって少額ではない。公儀が支給を公認している扶持米を毎月渡すという利子だけで借りられるのなら、そのリスクの低さは望ましいとさえいえよう。

【表15】扶持方借用表

No	年代	表題	金子借用人	金子貸与人	扶持米	金額	理由	押印	出典
1	享保13年12月	相渡申御扶持方之事	高村義右衛門	（無記載）	半扶持	2両2分	（無記載）	○	『新八王子市史』資料編4
2	延享4年12月	相渡申御扶持方之事	志村勘之丞組金預り主佐藤時右衛門	（無記載）	1人扶持	7両	日光不勤	○	八木平介氏所蔵資料（神奈川県公文書館）
3	寛延2年8月	相渡申御扶持方之事	志村勘之丞組佐藤五右衛門	隆仙御房	1人扶持	7両	日光不勤	○	八木平介氏所蔵資料（神奈川県公文書館）
4	安永7年4月	相渡申御扶持方之事	御扶持方相渡金子借主西村市郎左衛門	（無記載）	1人扶持	9両	日光不勤	○	『武蔵村山市史』資料編近世
5	天明4年9月	相渡申御扶持方之事	馬場半兵衛	宮岡善蔵	半扶持	5両	日光不勤	○	『江戸幕府千人同心関係資料調査報告』

【表16】扶持方借金証文表

No	年代	表題	金子借用人	金子貸与人	金額	鑑札渡	利子	相場	完済条件	理由	出典
1	天明8年2月	借用申金子証文之事	石坂彦三郎組金子借り主太田茂兵衛	上原助右衛門	8両2分	×	—	時相場	—	無拠要用	『武蔵村山市史』資料編近世

2	文化８年10月	借用申金子之事	金子借用主中村八右衛門	三木宗助	10両	×	—	—	10年を過ぎれば８両で返済	無拠要用	中村中家文書（あきる野市）
3	文政２年12月	借用申金子之事	借用主中村八右衛門	（無記載）	２両２分	○	１両に付７分５厘	毎月返用之相場	元利完済	奉公勤向無拠要用	中村中家文書（あきる野市）
4	文政13年12月	借用申金子之事	借用当人中村八右衛門	伊勢屋幸次郎	３両	○	20両に付１分	米払相場	元利完済	組用金其外無拠要用	中村中家文書（あきる野市）
5	天保６年７月	借用申金子之事	借用人横田佐市	下染谷村兵右衛門	５両	○	25両に付金１分	三季張紙値段＋３両	元利完済	勤筋無拠入用	横田照寿家文書（福生市郷土資料室）
6	天保９年４月	借用申金子之事	原半左衛門組借主〔　　〕	稲毛屋忠八	10両	×	—	—	元金完済	家作普請要用	中嶋敏雄家文書（入間市）
7	天保14年７月	借用申金子之事	窪田鎮三郎組同心借用主小山源右衛門	砂川村平七	５両	○	１両に付６分	八王子仕切相場	—	勤筋無拠入用	小山晶家文書（多摩市）
8	嘉永５年	借用申金子之事	—	—	５両	○	１両に付６分	八王子仕切相場	元利完済	勤筋無拠入用	小山晶家文書（多摩市）
9	安政６年12月	借用申金子証文之事	借用主中村国太郎	戸吹村宗助	７両	○	25両に付金１分（三季切米）	張紙値段＋３両	—	勤向其外無拠要用	中村中家文書（あきる野市）

ここに「日光御番」が出てくるのは、これが公儀から千人同心に与えられた役であり、その実践こそ千人同心の存在証明だったからである。扶持米は時期にもよるが、公儀から直接支給されるのではなく、八王子の商人から渡される場合が一般的であった。その点、浅草の公儀の米蔵から札差を経由して渡される切米よりは規制が緩やかであろうが、それでも公儀から支給を許されたものであり、それを担保に入れて金銭を借りる行為は憚られるものであったことはいうまでもない。表15には受取が明記されていない場合が多く、№３も人物特定がしにくい理由はここにあろう。それでも敢えてこれに対抗する理由を考えるとすれば、日光火の番を実践するためというもの以上のものがあるだろうか。つまりこの理由は扶持米を質に入れる名目である。逆にいえば扶持米を媒介にした借用行為は、千人同心特有の役の実践に呪縛されていたことになる。

しかし表16ではその呪縛が解消されている。大雑把にいって一八世紀末期になると扶持米を媒介にした借用行為も、他の借用行為と選ぶところがなくなる。それは「借用申金子（証文）之事」という借金証文の一般的表題に推移したという点に象徴されている。

また表15と表16№１・２は、扶持米は毎月譲渡者から貸与人に渡すことになっているが、№３以降は、№６を除き扶持米の鑑札を貸与人に渡すことになっている。ということは貸与者側で譲渡人を通さずに、扶持米を受け取るということであろう。それだけではなく、利子規定もみられ、借用行為の清算には扶持米の譲渡以外に利子が必要になったのである。これはそれだけ市場経済に基づく契約社会が展開したということであろう。

もう一つ表16の「金子貸与人」に着目されたい。これも№１・２は千人同心かもしれないが№３以下は千人同心ではあるまい。屋号を持っているものは商人（№４・６）と考えるのが自然であろう。千人同心の扶持米を集積しているブローカーのような存在が思い浮かぶ。特に注目されるのは№５の下染谷村兵右衛門である。彼が積極的に扶持米を集積していたことは史料で明らかにできる。天保の飢饉の影響で米穀高値になり、千人同心たちは兵右衛門方に入れた扶持米の借受を望んだ。しかしそれには統一基準が必要であり、兵右衛門は「御組まち〳〵ニ而者御挨拶いたし兼」と返答している(9)。要するに多くの組の千人同心が兵右衛門から扶持米を担保に借金をしていたのである。この件は拗れ、天保五年二月、千人同心山崎弥三郎は老中水野忠成に駕籠訴している。

扶持米は一八世紀末までは、質入されることはあっても、まだ身分制に呪縛され役の実践という課題が忘れられることはなかった。しかし表題が変更され、金子貸与者も千人同心以外の人物が立つようになると、ドラスティックに「商品」的色彩を帯びるようになる。「商品」とは社会関係から疎外された存在であり、扶持米も身分制的呪縛から解放され、経済的利益の追求に資するようになったのである。

論旨を戻すと、史料52・史料53はまだ一八世紀の段階であり、千人同心職は姻戚関係に共有される形で存在した。一九世紀になると市場経済も一層展開し、さまざまな社会的影響をもたらす。同族集団は相変わらず強力であるが、家も一八世紀を通じて集団のなかで相対的に自立していく。そうなると家を中心に千人同心株が共有されるようになる。

第二項　野口村小嶋家

多摩郡寺方村の千人同心井野(後に伊野)倉之助は、文久三年一〇数石あった田畑の大部分と山林を兄の幾太郎に、千人同心株と農間余業で営んでいた質屋の経営を弟の銀蔵に譲っている(10)。質屋を営むことは不正の産業に当たり、千人同心には禁じられていたはずであるが、幕末期には問題にならなかったことになる。

また江戸白銀町に呉服店を出店していた多摩郡梅坪村の西山幸吉は、安政六年三月、分家を出す時に田畑山林とともに「千人頭石坂桓兵衛組高拾弐俵壱人口御奉公株」を贈っている(11)。千人同心株が家産として財産分与の対象になっていることに注目してもらいたい。このように一九世紀には姻戚関係というよりも、本分家関係のなかで家業や田畑等との兼ね合いのなかで千人同心株は家産として家に付属したのである。そのもっとも詳しい事例を多摩郡野口村の小嶋家の事例で確認しよう(12)。

【史料54】

一札之事

一、我等病身ニ相成御奉公不相勤候ニ付、此度貴殿江御番代相願、我等頂戴致来候御給分高拾三俵御扶持方壱人扶持相譲申候処実正也、尤我等不如意ニ付跡々取続之ため親類幷村役人相談之上為養育金唯今金三拾八両被差出不残請取申候、然ル上者向後我等如何様之儀有之候共、貴殿厄介ニ相成申間敷候、尤此御給分ニ付借金等無之、外ゟ一切構無之候、為後日親類幷組頭加判仍如件、

文化十一戌年七月

長谷見政五郎(印)

親類加判　柳内　才次郎(印)

組頭加判　山田　猪之八(印)

川村　小七郎(印)

小嶋源之丞殿

この史料54によって、小嶋源之丞が長谷見政五郎から千人同心株一三俵一人扶持を三八両で譲渡されたことは明ら

かである。「親類幷村役人相談之上」という表現がみられる。従来親類で相談するという文言がある場合は普通であるが、村役人が加わっているのが史料54の特徴であろう。

この小嶋源之丞は武蔵国多摩郡野口村に住居していた。野口村は幾つかの組に分かれていたが、源之丞の家は半四郎組に属していた。文政三年三月の「人別宗門帳」をみると半四郎組には三軒の千人同心を勤める家があった(13)。苗字はいずれも小嶋である。源之丞の家は養父茂八(七四歳)が筆頭者で茂八の妻(六七歳)・源之丞(四六歳)・養女(四二歳、源之丞の妻であろう)の他、養父の孫や源之丞の子など全部で一〇人の家族であった。この家のことを源之丞家ということにする。

平七が筆頭者である家が源之丞家の本家に当たる。平七(五四歳)が千人同心を勤め、息子の善三郎(一七歳)は千人同心見習を勤める。他に平七の妻(四九歳)・娘なか(一〇歳)・同さと(二歳)の五人家族であった。平七家と称することにする。

半四郎組の名主を勤めることが多かった勘兵衛の家でも、父の文平(四一歳)が千人同心を勤めている。当主で名主を勤めている勘兵衛はわずか九歳である。これは千人同心と名主との兼職は禁じられていたことに由来するものであろう。しかし九歳の子どもに名主の実務ができるはずもなく、全く形式的なもので、父が後見していたのであろう。勘兵衛の母(三六歳)・姉(一一歳)・妹(四歳)の他下男二人・下女一人の八人家族であった。馬も一匹所持している。比較的大きな経営規模の家だったのである。勘兵衛は世襲名であり、勘兵衛家ということにする。

この野口村半四郎組の三人の千人同心は広い意味での同族である(14)。千人同心が一九世紀には家を中心に同族団と関係しながら存在したことを示す好例といえよう。

文政七年源之丞は息子茂吉郎に財産を譲り、分家させた。源之丞の跡は茂八郎(富五郎)が継ぐ。茂吉郎はこの分家の財産を持って本家である兵右衛門家の亀三郎の養子になるのである。兵右衛門家は半四郎組の組頭を多く勤めた家である。以下はその財産分与に関する史料である。[15]

【史料55】

譲り渡シ証文之事

一　高拾三俵
　　御扶持方壱人扶持
　外ニ
字くね添　　半四郎組分
一　下畑　三畝拾六歩　　元次左衛門
同所
一　下々畑三畝拾六歩　　元同　人
同所
一　同　弐畝五歩　　元同　人
右三ヶ所字砂ニ而元善兵衛与替地
字寺山
一　柴山四畝五歩　　元作右衛門
同所
一　同　六畝八歩　　元同　人

字中井谷
一　同　弐畝拾五歩　　　　元太郎右衛門
太右衛門組分
字向台
一　下々畑九畝拾六歩　　　元治兵衛
同所
一　同　壱畝廿弐歩　　　　元同　人
〆
外ニ金六両也
右之通譲渡シ申所実正也、尤為本家相続与差遣候間、永続可給候、以上、
小嶋源之丞（印）
文政七申年閏八月　　　　立会　同　平重郎（印）
小嶋茂吉郎殿

この史料55の冒頭にある「高拾三俵御扶持方壱人扶持」というのは、いうまでもなく史料54で譲渡された千人同心株のことである。他に三反四畝二三歩の畑地と金六両が譲られている。これらの財産を持って茂吉郎は本家、つまり兵右衛門家に入るのであり、持参金ということになるのであろう。なお千人頭からの申渡によれば源之丞から茂吉郎への番代は「病気ニ付」ということになっているが(16)、これは形式的な文言に過ぎないことはいうまでもない。繰り返しになるが、千人同心株が家産として分配の対象になっていることに注意されたい。

また勘兵衛家についても同じことがいえる。天保二年勘兵衛家の秀平という人物が分家の秀悦という人物に争論を持ち掛けられた。内容は財産分与のことだったらしく、秀平は問題になった財産の帰属について詳しく述べている。以下は千人同心株に関する部分である(17)。

【史料56】

一、亡父文平殿相勤候千人同心株、我等惣領名前ニ相成居、外ニ宗十郎同心株有之候処、兄ゟ脇江譲渡候得共、同人病死ニ付、証文相返シ候上ハ向後聊申分無之候、

文平とは先ほど文政三年「人別宗門帳」に記載されていた千人同心を勤めていた人物であろう。「惣領名前」とは世襲名の「勘兵衛」のことであろう。秀平の兄は文政三年当時九歳で勘兵衛を襲っていた。勘兵衛は近世後期までほぼ名主を世襲していた名である。勘兵衛の名を継ぐことは名主になることを意味する。そうなれば千人同心になるわけにはいかない。また兄弟には伯父に当たる宗(惣)十郎も時期は不明ながら千人同心株を所持しており、是非とも千人同心株を保持しなければいけない理由は薄かった。そのため勘兵衛は千人同心株を「脇江」、つまり小嶋家以外へ譲渡した。勘兵衛が病死し、千人同心株を譲渡した時の関係証文も返してしまったので、今後はこの件に関して主張はしない。つまり千人同心株に関する権利を放棄したということであろう。たぶん秀悦は千人同心株について何らかの権利を主張したのであろう。

この事例をみればわかるように、千人同心株は家産として相続や分与の対象になっていることは明らかである。分家などの場合には田畑山林などの不動産の他、家業や村の役職とともに、千人同心株が巧妙に組み合わされ、家を分出していったのである。これが千人同心株が地域社会に浸透していった理由だが、百姓にとっては物権化された千人同心株が大切なのであり、千人同心の職務が大切だったわけではない。このような財産としての対象化は結局は、千

人同心の職務上の形骸化をもたらすことになる。

第三項　大棚村平沼家

武蔵国都筑郡大棚村（大棚下山田村）の百姓佐七（姓は大久保）は、天保八年に千人同心に就任している。関係史料をみてみよう。

【史料57】[18]

内儀定之事

拙者儀旧冬中ゟ病気相煩御奉公難相勤候、然ル処実子無之候ニ付、今般貴殿養子致度、世話人中ゟ及内談候処、承知被致候ニ付、養子願差出候筈及議定候、右養子願相済引続御番代被　仰付候ハヽ、金三拾壱両為入用金御渡被成候筈ニ而只今内金拾両御渡被成請取申候、然上者右金相済候後、同居いたし候而も始終暮方等手都合も不宜、手前方勝手ニ茂有之候間、別宅之儀ハ勝手次第可被成候、右ニ付為養育金七月中金三拾両御渡可被成由、都合金六拾壱両也出金有之候上者向後拙者身分之儀者勿論、如何様之儀出来候共、聊以御世話相掛申間敷候、此御奉公ニ付一切借財等無之、若故障等申もの有之候ハヽ、加判之もの引請埒明御世話相掛申間敷候、為後日内儀定相渡申候、仍如件、

天保八酉年五月

当　人　平沼　善　七（印）
親類加印　大野　藤三郎（印）
世話人　日野　福次郎（印）
　　　　塩野　改之進（印）

大久保佐七殿

【史料58[19]】

議定証文之事

一、我等久々病気ニ付其許養子相願、今般御番代奉願候処、願之通り被仰付難有奉存候、然上ハ以来御奉公大切ニ相勤精勤被致候様奉存候、然処我等久々之病気ニ有之候得者永久同居ニ而御世話相成候而も気之毒ニも存別宅いたし候儀者我等方勝手ニも有之候間、及御談候処、為養育金六拾壱両被相渡、書面之金子請取申処実正也、然上者親類其外相談を以及議定候上ハ向後我等身分之儀者勿論、家内向如何様之義有之候共、聊厄介相成申間敷候、依之一同連印之議定書相渡申候、仍如件、

天保八酉年五月

宮崎　弥十郎(印)
代　松本　勝　蔵
兼　神宮寺豊五郎(印)

当　人　平沼　善　七(印)
親　類　大野　藤三郎(印)
世話人　宮崎　弥十郎(印)
塩野　改之進(印)
日野　福次郎(印)
月　番　早川　幾五郎(印)
組合組頭代　神宮寺金一郎(印)

平沼佐七殿

千人同心平沼善七が病気で実子がないため、佐七を養子にしようとした。なぜ佐七が選ばれたのかは明らかではないが、大棚村には千人頭の知行所が存在している。このような縁から佐七が選ばれた可能性はある。

実際の交渉には世話人が当たったことが史料57からわかる。このことは史料58には記載されていない。正式に養子願が通り、番代が許可されれば、「入用金」として三一両が善七から佐七に渡されることが取り決められ、先に内金一〇両が渡される。残金三〇両は七月中に三〇両が支払われる。そして善七は養子に対して「別居」は勝手次第と、養子契約成立後も養父の世話をみなくてもよいという取り決めがなされる。これは以前の養子番代証文にも書かれた文言である。

しかし史料58には全く記されていないことである。史料57には「入用金」三一両＋「養育金」三〇両で六一両とあるのに対して史料58には単に「養育金」として六一両と記載されているだけである。これはどう考えればいいであろうか。

「入用金」の中には千人頭への付け届けや宅見分費用といった、いわば「必要経費」も含まれていたであろうが、一程度は世話人の取り分ではないだろうか。この養子契約は世話人の内談がなければ成立しなかったし、だとすれば世話人に「手数料」を払ったとしても当然であろう。この世話人「手数料」の高騰が千人同心株譲渡金の高騰に直結したとも考えられる。

なお高額の「養育金」を支払うことができたのは、もちろん株購入者の経済力もあるが、別の側面もある。次は佐七が千人同心になった天保八年五月の借用証文である。[20]

【史料59】

借用申金子之事

一　金七両三分　　　但シ文字金也

　　五匁三分七厘

　此引当(入)　三季御切米　六俵向

右者無拠要用差支書面之金子借用申処実正也、済方之儀者金弐十五両壱分之利足を加へ、三季之比元利共内皆済

迄引取可被申候、為後日加印之証文仍而如件、

天保八酉年五月

借用人

平沼　佐七

神宮寺豊五郎

「同人より此証文ハ、日野福次郎殿へ

受取置可被下候はつ」

板倉屋

仁右衛門殿

　このように佐七は千人同心に就任したのと同じ月に、札差から借金しているのである。金七両三分と銀五匁三分七厘に利息分の二五両一分を加えて返済しなければならないのだから、かなりの高額である。しかし切米でその分を返すことになっているのだから、新しい負担はない。佐七は次の切米が支給される一〇月にも、やはり板倉屋から金六両三分と銀五匁二分三厘の借金をしている。利息はやはり二五両一分である。これも切米から払われる。

　つまり千人同心に就任さえしてしまえば、切米を引当にすれば多少の借金なら支払い可能だったのである。「養育金」が多少高騰しても札差を利用すれば株購入は可能だったのである。さらに括弧内の文章に注目されたい。これによれば神宮寺豊五郎から世話人の日野福次郎へこの証文が渡ったのである。神宮寺は内議定の段階では署名している

が、本議定の段階では姿を消している人物である。彼が佐七と板倉屋の間を仲介したのであろう。世話人の職務は譲渡相手との内談から札差への交渉まで幅が広く、その影響力は大きかったといえよう。

翻って考えると、佐七は六一両もの譲渡金を払ったほど同時期に札差から借金している。これは株購入資金に充てたと考えるのが自然であろう。それならば千人同心株購入の目的は、少なくとも切米の経済的魅力ではなさそうである。

弘化二年の親類書によれば、佐七は三五歳、天保一四年一一月から千人町組屋敷に住居している日野右太五郎の家に同居している[21]。忰は留五郎で大棚下山田村に留まっている。善七の妹は有馬玄蕃頭の家臣柴田半左衛門の妻になっている。大久保家は農業経営のほか薬の販売にも関わっている。天保一五年の「覚」[22]をみると宛先は佐七であり、彼は千人町ではなく大棚下山田村に住居していたと判断される。忰の留五郎は「御尋ニ付以書附奉申上候」[23]をみると、百姓代になっている。

要するに大久保（平沼）家は百姓経営を着実に進めながら、武士との関係も志向し、村役人も押さえ、村政に影響をもったと指摘できる。この村は千人頭八人の知行所もあり、当時御家人と認識されていた千人同心になることは、どのような方向性をとったにしても損になることはない。このように考えると千人同心株を入手する目的は、経済的利益のみではなく、その権威性などの理由もあったことがわかる。

百姓の家にとって家族が千人同心に就任するとは、家の経営戦略の一つであった。指摘しておきたいことは、それは唯一の方向ではなかったことである。土地集積や農間余業とのバランスに立って志向されたのである。この点では所謂武士志向だけを強調する見解には問題があろう。とにかく千人同心という公儀の職制は株化され、家産として百姓の家に位置づいたのである。身体を再生産する家の視点から千人同心の特質を再定義する必要がある。

第二節　千人同心と村

前節で述べたように家は同族団と関係しながら、その発展を図っていった。千人同心職も家職化され、農業や商業、武士などと巧みに組み合わされて家発展の戦略として機能した。しかし御家人言説が遂行され、武士として自己意識を持つに至った千人同心の上記のような行為は、村社会と矛盾を来す懼れがある。そのため村社会にはそれに対応する方策が必然化される。本節ではこの様相を分析する。まず最も一般的な村による帯刀規制についてみてみよう(24)。

【史料60】

玉田新平様御役所

一、被仰渡候人別五人組帳江、千人同心肩書斗り幷八王子役屋敷ニ而苗字帯刀ハ格別、村内ニおゐて苗字帯刀権威ヶ間敷義決而不相成、御用ニ而八王子江罷越候節ハ村堺より帯刀可致候事、

一、田畑耕作致候ニ家代ハ格別、千人同心無刀《(ママ)》ニて罷出候義不相成、御領地幷田畑江帯刀ニてハ相成不申候事、

一、村内ニて千人同心与申御家人風俗致候而権威いたし候ハヽ、村内大小之百姓つき合不致候段幷祝儀不幸之節も隣家より立会不申候段、可申聞候事、

一、是迄突合候通り、何ニても千人同心之差別無候ハヽ、別段ニ取計候ニ不及候、

右之趣千人同心供江得与申聞承知ニ候ハヽ、前々之通り差構不申、不承知いたし候ハヽ、其段訴え可出候、

右之通り御役所ニて被仰渡御請仕、帰宅いたし帰村之上、千人同心呼寄、右之趣申聞不残承知いたし候、

寛政七年卯六月

（中略）

十六日ニ千人同心呼寄、右之段申渡シ不残承知御座候、以上、

この史料60は、寛政七年改革における多摩郡田安領の代官であった玉田新平の通達である。これ以前にも村と千人同心との対立的現象は存在したであろうが、この時期は「御家人筋」が言挙げされ、以前とは質が違ったものになっていく。その意味では初発の村の対応として注目される。

一条目をみると、改革の目玉である宗門人別帳への「千人同心」という肩書について触れられている。「千人同心」と肩書するだけであり、苗字を記すことではないという趣旨であろう。また村内における苗字帯刀が厳禁されている。八王子の拝領組屋敷への出仕などの場合は、村境からの帯刀が謳われていて村内での帯刀が徹底的に忌避されていることがわかる。しかし「八王子役屋敷」においては格別とあるように「職分」による帯刀は認められている点にも注意が必要であろう。村が求めるのは百姓身分が住む村落空間における帯刀の禁止なのである。

二条目の前半部分は書き違いがあるようで、難解である。「無刀」は「帯刀」の誤りであろうか。とにかく後半部分において田安領においては田畑に帯刀して出ることが禁じられているのが重要であろう。

三条目は、千人同心が御家人のように権威がましく振る舞った場合は、「村内大小之百姓」の突合から省くとしている。それは祝儀不祝儀も含むとされているので、人口に膾炙している「村八分」より厳しいことになる。このような行為は長い間「封建遺制」として否定的に捉えられてきた。しかし近年では地親類や組合・講中といった村落の組織は、一七世紀中頃に名主百姓と小百姓の従属関係の解体をうけて成立した生活互助組織と指摘されている(25)。村落共同体を「封建遺制」の視点のみから捉えることは近年の研究動向とは矛盾する。前項で確認した通り、当該期の地域社会では家が成立し、その戦略として千人同心株は家産化されていた。これら千人同心の家も他の百姓との付き合い

なしでは健全な関係は営めないであろう。「突合」とは村落共同体の正統な構成員であることを示す儀礼行為であり、その点では合理的なものである。この場合考慮しなければならないことは、帯刀という身分制的な権力システムがコミュニケイション的行為とは相容れないという点である。帯刀は身分表象であり、言語による了解で変質するものではない。了解によらない社会秩序が強制されるだけである。それゆえ百姓とすれば徹底的に拒絶するほかはない。

四条目は、千人同心がこれまでの付き合いを守るのなら、特に問題にはしないという内容である。村ではこの内容を千人同心に伝えたが、特に異論は出なかったのである。しかし時期が下るにしたがって、帯刀をめぐる問題は村落に大きな影を投げかけてくる。

文政一一年、やはり田安領の伊奈村で騒動が起きている。伊奈村の千人同心清太郎が祖母の死に対して「是迄者百姓同様仕来りを以取計来り候へ共、身分体紛敷候間、相分り候様いたし度」と組頭に申し出たのである。具体的に「麻上下帯刀」で葬儀に臨みたいということである。村では二つの方法を模索している。一つは伊奈村に居住する千人同心は七人いるが、「百姓株者幼年之伜又者伜名目ニ而同心役相勤、百姓宅ニ同居」している。この状況を解消するというものである。「同心衆者別宅」にして欲しいということである。(26) これは「御家人」言説が浸透し、武士意識を持ってきた千人同心と百姓が一つの家を形成しては、村の秩序を保てないということであろう。

伊奈村の村役人は幕領の江川太郎左衛門支配所の五日市村に千人同心の状況を問い合わせた。その結果、千人同心は「麻上下ニ而百姓中ヶ間突合等是又不為致、祝儀不幸之節ハ村方仕来り通座席等迄も小前百姓突合ニ相替り候儀無御座候」という回答を得た。(27) 千人同心だからといって「突合」は百姓と同様である。それであるからこそ村落の秩序は保たれるのである。「突合」は村落共同体の正統な構成員であることを示す重要な生活世界の確認行為である。そこに権力システムの帯刀という価値観が持ち込まれれば、地域社会の秩序は動揺し、正常な秩序構成が崩壊する。一九世紀のこの段階では千人同心は明らかに百姓集団から逸脱していったのである。

上記の場合は権力システムの面からの逸脱であるが、貨幣システムの面からの逸脱も同じ史料に記載されている。「水呑百姓同様之もの共金子出来候得者是又同心ニ相成、権威ニ募り、百姓株ハ自然と等閑ニ相成、村柄衰微混雑ハ眼前と歎ヶ敷」。村落の家格秩序からいえば低位である水呑百姓も経済的に成功して千人同心株を取得して権威に募れば、だれもが百姓仕事を軽視し、村方が衰微するという悲観的観測である。千人同心集団はコミュニケイション的行為による一体化を実現したが、百姓集団も同様である。一九世紀には権力システムと貨幣システムの面で両者は角逐した。社会統合の動揺と言わざるを得ない。社会統合を実現するのは「突合」などの生活世界レベルの「了解」であり、「帯刀」という行為がその基盤を掘り崩してしまうのである。

以上は田安領での検討になったが、他の地域でも同様であったことを確認しよう。(28)

【史料61】

乍恐以書付奉願上候

一、御知行所武州多摩郡梅坪村百姓平右衛門奉申上候、私親類　江川太郎左衛門様御支配所同州同郡下恩方村荻原万吉義八王子千人同心相勤居候処、此度病気ニ付御奉公相勤兼候ニ付、無余義私孫伝蔵ニ番代為致呉候処相頼候ニ付、無拠引請、右伝蔵ニ御番代為相勤度奉存候、尤千人同心相勤候共、奉対　御上様候儀者不及申上、村方百姓仲間之義ニおゐても聊不平之儀仕間鋪候、何卒以御憐愍右之段御聞済被成下置候ハヽ、組合親類一同難有仕合ニ奉存候、以上、

御知行所梅坪村

天保八酉年三月　　願人　平右衛門(印)

五人組惣代　幸　助（印）
組頭親類　仙　蔵（印）
名主　　　幸　吉（印）

御地頭様
御役人中様

史料61は千人同心関係の史料としては、よくみられる一般的なものである。梅坪村百姓平右衛門の孫が千人同心に就任した時のものである。名主・組頭・親類・五人組など村の主だった者が承認しているのは当然であろう。「村方百姓仲間之義ニおゐても聊不平之儀仕間鋪候」とあり、村内百姓との融和が謳われていることは注目される。このなかには「突合」も当然含まれていると考えられる。村は千人同心の就任に対して釘を差していたのである。

しかし常にこの方法が有効かどうかは疑問である。そのため別な方法も考案された。前節では千人同心を勤める家の分家創出の様相から千人同心株が家産として認識されたことを明らかにした。しかし一九世紀に分家を創出できるのは一部上層百姓だけである。千人同心の経済力はどうだったのであろうか。

嘉永五年、多摩郡雨間村の千人同心御手洗熊蔵の持高四石八斗四升は三三人中三位であり、同じく油平村の幕末維新期の千人同心四人の持高は、二四名中それぞれ三・五・八・一一位で、いずれも一町歩以上の耕地を所持していた(29)。このように千人同心は比較的富裕な階級にあったということができよう。しかしやはり幕末期の多摩郡下犬目村の場合、一石未満の千人同心二人が確認できる(30)。なぜこんなことが可能だったのであろうか。筆者は村による千人同心株の包摂、共有化が大きかったと考える。ではその具体例をみてみよう(31)。

【史料62】

乍恐以書付奉申上候

武州多摩郡田無村役人惣代名主半兵衛奉申上候、村内潰百姓与兵衛義は、隣村野中新田善左衛門組当時千人同心相勤候佐藤源兵衛とは素ゟ深縁之ものニ而、此度相談之上同人娘ゆきを以名跡相立候積対談相整候得共、未幼年之者ニ付、右源兵衛義も倶々付添当村人別ニ加江、是迄之通千人同心相勤居候様仕度段、八王子千人町河野仲次郎様江も右之趣奉願候処、右願之通り御聞済相成、則右源兵衛幷同人娘ゆき共人別送受取、尤地方引請人ヲも別段相立与兵衛名跡相立罷在候間、此段御届ヶ奉申上候、以上、

武州多摩郡田無村
役人惣代
名主　半兵衛

嘉永六丑年四月十九日

江川太郎左衛門様
御役所

田無村の百姓与兵衛家が潰れた。名主の半兵衛は与兵衛の跡を「深縁」の野中新田善左衛門組住居の千人同心佐藤源兵衛の娘ゆきに継がせることになった。別の史料によれば彼女はまだ一一歳であり幼かった(32)。源兵衛もまだ二五歳であったが、わずかではあろうが田畑がある上に千人同心の俸禄もあり、ゆきを養っていけるであろう。潰れ百姓が出ればそれだけ村の年貢負担が重くなるわけであるから、名主としては早く後継者をみつける必要があった。千人同心なら俸禄が支給されているので安定性があり、潰百姓の貧しい田畑でも何とかやっていけるであろう。つまり千人同心株は村の潰百姓対策に一役かっていたのである。千人同心株が村の共通財産化したことを示す事例といえる。また経済的に低位な千人同心が存在することを理解する上でも貴重な事例である。

次の史料も千人同心株の地域社会における共通財産化を考える上では極めて重要なものである(33)。

【史料63】

差上申一札之事

一、私義者丑年中八王子千人町
中村又一郎様御組小町六之助殿跡番代譲請候砌、株金其外雑用共村方ゟ六分出金ニ相成、私ゟ四分出金之積を以
取極置
御支配御役所者勿論、右又一郎様江奉願上候処、御聞済之上番代被　仰付候、依而者日光御山幷八王子勤向之義
者無相違相勤、村方一統江対聊不法之義等無之様可仕候、尤勤向之義ニ付後年ニ至候而茂権威ヶ間敷義不仕候様
心附可申候、且又是迄之通村方仕来都而相背申間敷候、右等之義私者勿論、末々ニ至迄勤役中急度相守候様可為
仕候、万一私方ニて相勤兼候節者村方相談之上村内江譲渡候様可仕候、依之為後証親類組合加印之一札差出候処
如件、

嘉永七寅年十二月

小川村
清五郎　（印）
親類
七左衛門（印）
組合
喜三郎　（印）

名主
九一郎殿

外村役人中

この史料63は、武蔵国多摩郡小川村の清五郎が、千人同心小町六之助から番代されたことを受けて作成されたものであった。千人同心株収得をめぐる経費は村方が六〇パーセント、清五郎が四〇パーセントを出金する取決めであった。今日風な表現を用いれば村から「補助金」が出たわけである。しかし六割を村から出金するということは千人同心株に関する権利も村が共有するということであろう。清五郎は村に対して不法をしない、子孫に至るまで権威がましいことをしないとくどいほど誓っている。さらに注目されるのは清五郎が千人同心を勤められなくなった場合である。その場合は「村方相談之上村内江譲渡」、村と相談して村内に譲渡することを明記している。千人同心が家産として成立していたことは既述したが、ここではその家産が拡大され、地域社会の共有財産化してきたことを物語っている貴重な史料である。この当時、千人同心は御家人＝下級武士という誤解が社会化されていた時期である。村に従属する武士という逆説が成立したことを示している。

御家人言説の遂行により百姓身分を超えようとした千人同心の動向の背景には、百姓の家による千人同心職の家職化がある。しかし皮肉なことに権力によっても、また村によっても千人同心と百姓身分の分離を要求された。千人同心はこの点を建前上は分離を引き受けるが、実質は分離を実施しないという面従腹背の方針を取った。それほど家の存在が重要だったのである。本節ではそのような千人同心を村が包摂しようという傾向について論じた。それは一定の意義を持ったが、やはり構造的な矛盾を抱えていたと言わざるを得ない。この点を次節で確認しよう。

第三節　千人同心と地域社会の矛盾

本節で取り上げるのは「貝取村森田氏一件」という一件である。[34] この一件の中心人物は武蔵国多摩郡貝取村（東京都多摩市）に住居する千人同心森田勘右衛門である。嘉永七年段階では貝取村に住居している千人同心はいない。[35] 森田家はこの段階では千人同心株を手放していたのであろう。このことから貝取村に居た千人同心は極めて少数、森田独りという可能性も高い。因みにこの一件の記録を残したのは貝取村の隣村落合村の小山源右衛門であるが、小山も村で一人だけの千人同心であった。事件が起きたのは文政三年一〇月二四日夜であった。森田は貝取村の作右衛門宅に出向いた。用向きは森田が小山に語ったところによれば「自用」であった。そこで起きた事件については同月二八日に森田が支配の千人頭窪田忠兵衛に差し出した史料に詳しい。

【史料64】

以願書奉願上候

一、当月廿四日夜五つ時頃、私居村百姓作右衛門と申者之方江用事有之ニ付罷越、用談掛会居候処江曾我豊後守殿御知行所多摩郡乞田村百姓栄蔵・太兵衛と申者両人罷越、横合ゟ余言差出候ニ付、此方用談向と候間暫時差扣可申旨差留候得者、夫ゟ彼是悪口ニ及、私江何様之遺恨有之候哉過言等申募り、既に《ママ》手向ニ及候処居会候者共立入、手を尽申宥候得共、一向聞入不申、不法申募り候故、最早難捨置、既に《ママ》打果可申ニ決心仕立上り候処、作右衛門其外押隔候ニ付、乍残念其場ヲ引退、私宅江罷帰り親共へ其旨為申聞、右躰之者共ニ有之候得者此上共何様之義仕懸可申茂難斗御座候ニ付、①当組合之者江茂一通り申談、同月廿六日至り乞田村名主清左衛門方へ此度之始末難捨置候故可申立旨断候処、少々之間差扣呉候様申聞候ニ付、暫相待罷在候処、名主清左衛門方ゟ使ヲ以申越候者、当村百姓栄蔵・太兵衛、何か不当之儀茂有之ニ付可被仰立旨御断ニ付、両人共呼出御糺候得共、右躰之儀決而覚無之由申聞候間、譬此一条ニ而御公辺ニ相成候共、是非ニ難及旨相答候得者全名主清左衛門儀栄蔵・太兵衛江馴会荷担仕候様奉存候、②一躰千人組之儀者地方住居之者多分御座候ニ付、大勢之百姓ニ入交候故、平日供聊威光ヶ間敷儀無之様身分相弁、万端穏ニ相治り候様而已逸《(専)》一ニ心掛罷在候得者是江附込、右之者供何様之儀申懸ヶ罷在候共取敢申間敷と侮候而右躰不法之始末ニ及候段、何共難捨置奉存候間、此段御堅察《(ママ)》被成下可然被仰立、右両人召出御吟味之上③御家人方分相立候様仕度奉存候、且栄蔵・太兵衛両人共以来遺恨差含不申候様被仰付被下置度此段奉願候、以上、

辰十月廿八日

森田勘右衛門印

窪田忠兵衛殿

森田が作右衛門と「用談」をしていると乞田村の百姓栄蔵・太兵衛が横合いから「余言」を言ってきた。森田が暫く控えるように差し止めると、二人が悪口を言い、手向かってきた。居合わせた者が手を尽くして二人を留めようとしたが、一向に聞き入れず、さらに不法を言い募った。森田は最早捨て置きがたいと「打果可申」、無礼討にしようと心に決めた。しかし作右衛門等が仲裁して森田は「乍残念」家に帰った。

何とも想像しづらい光景である。森田は無礼討を決意したのであるから、帯刀していたことは確かである。(36) 帯刀している人物に栄蔵・太兵衛は大した理由もなく悪口をいったことになる。また作右衛門他何人もの人物が同席していたようであるが、これもどのように解釈したらいいのか。実は森田の文章は虚構ではないが、ある重要な側面を意図的に隠蔽しており、そのために理解しづらい文章になっているのである。この点は後述する。

家に帰った森田は親に相談し、このまま捨て置いては栄蔵等がどのように仕掛けてくるかわからないという認識に至り、謝罪を要求すべく行動しようとした。そして取った行動については傍線①をみていただきたい。番組合に相談

する必要があったことが判明する。実際に森田は同月二五日夜七つ半時に落合村の小山源右衛門方を訪ね、「組合差添」、番組合の人間とともに、乞田村役人と交渉することになった。交渉内容は栄蔵等の謝罪を前提にした内済と考えられる。森田は二五日朝「八王子江内々参上」して、このような指示を受けた。「八王子」とは千人頭のことども考えられるが、ここでは「月番所」のこととしておく。後者の方が以後濃厚に関わるからである。

二五日夜番組合寄合が開かれた。集まったのは小山の他には、多摩郡越野村（八王子市）の富沢新次郎・同中野村（八王子市）の井上増次郎の二人である。つまり臨時の番組合寄合は四人の出席だったことになる。因みに小山・富沢は森田と同じ千人頭窪田忠兵衛に属し、井上は同荻原順次郎組に属していた。異なった千人頭の同心が存在することは、番組合では通常のことである。

一九番組合には柚木村も所属していて嘉永七年には四人の千人同心が存在している。文政三年に一人の千人同心もいないとは考えられず、柚木村の千人同心は参加しなかったと考える方が自然である。番組合寄合は年三回前後が定例であったが、このように突発事態の場合は、臨時に人員も絞って寄合が行なわれたのであろう。

森田は二六日には乞田村の名主清左衛門宅に行った。清左衛門は栄蔵等に糺した上で返答したいので、しばらく待って欲しいとした。森田は越野村の富沢のところで返事を待ったが、それは悪口を言った覚えは全くない、詫びる積りはないというものであった。史料64によると、清左衛門は栄蔵等と馴れ合っているとの認識を森田は持ったようである。この返答に森田が納得するわけがなく、富沢とともに千人町へ向かった。

二七日森田は世話役竹内彦助・落合村半蔵とともに千人町から帰ってきた。世話役は平同心惣代がその前身であり、天明期の七隊六箇条一件では平同心側に立って評議を繰り返した。寛政五年には世話役と改称し、すべての千人頭の許に一〇人の世話役が置かれるようになった。しかし平同心を保護するという平同心惣代以来の役割は変わっていない。竹内がやってきたのは、彼が窪田忠兵衛組の月番世話役だったためであろう。竹内は栄蔵等の謝罪を前提にした内済という方針を続行しようとした。実際に交渉に当たったのは落合村の半蔵である。彼は千人同心ではなく百姓である。栄蔵等も百姓である以上、百姓の扱い人も必要であろう。二八日朝、半蔵は栄蔵等に掛け合いに行ったが、交渉は不調に終わった。内済は破談になったのである。これ以後森田等は出訴に向けて動き出すが、その様相を検証する前になぜ千人同心は「悪口」を言われた程度のことで出訴に及ぶのかを考察してみたい。

そのことは端的に史料64傍線②に表れている。千人同心は農村に住居している者が多く、百姓と入り混じって暮らしているので、日頃は権威がましいことを慎んで穏やかに過ごしているが、そこに付け込んで栄蔵のような百姓がどのようなことをいっても問題にならないと千人同心を軽侮して不法の行ないをすることは捨てておけないと森田は言っているのである。千人同心は百姓であるが、当該時期には構造的な身分越境状況により、御家人（下級武士）と認識されたのである。このことも相俟って千人同心は武士意識から百姓を見下しさまざまな問題を村落社会で惹起させていった。

傍線部③の御家人身分が立つようにしたいという表現は、森田にあっては下級武士としての権威を確立させたいという意味である。翻っていえば今まで同じ百姓身分であったものが、千人同心株を購入しただけで武士のように振舞いだし地域の秩序を破壊していく。百姓にすれば納得できない思いは当然であり、乞田村の栄蔵等の意識の裡にも同類のものがあったのであろう。寛政改革期以降の千人同心と百姓の対立からは、身分が社会的構造から浮遊し、現実との対応が失われている状況を窺がうことができる。生活世界レベルの矛盾により社会統合が破綻したのである。

文政三年一〇月二八日、森田は小山とともに千人町の月番所に出向いた。月番所は寛政五年に「頭御台所」を改称したものであり、扶持米を配給する場所でもある。各千人頭の屋敷に一つずつ存在した。森田が出向いた月番所は当然、窪田忠兵衛の屋敷にある月番所であろう。

月番所に着いた森田等は「組頭衆」に話をした。月番所の運営の中心は月番組頭であり、補佐をする組頭も存在した。彼等は作右衛門を月番所に呼び出すことを提案し、作右衛門は月番所にやってきて、「口上覚」を提出した。栄蔵等が理不尽な口論を仕掛けたという森田の主張に沿ったものであった。それから森田は千人頭窪田宛に願書を提出した。これは組頭を介して千人頭に提出された。八王子に居た千人頭はすべて窪田の屋敷に集まり、座敷で森田に会った。森田の付添は小山と組頭の永井今右衛門・河井兵吾である。

その時の千人頭の質問は興味深い。千人頭は「村方作右衛門方へ何用有之罷越候哉」と尋ねている。史料64には不自然なところがあると先に指摘したが、千人頭も同感だったのである。森田は「身上向之儀」とのみ答えている。千人頭がさらに突っ込んで質問すると「家督相続之儀」と答えた。小山にも同様な質問がきたが、森田の主張を裏付ける返答であった。しかしこの点は森田・小山の虚偽と判断したい。この点は後述する。

二八日は夜九つ過に帰宅した。翌日は番組合に呼出状が来て、彼等は千人町に出かけた。出向いたのは先の小山・富沢・井上の他に伊藤重吉がいる。彼らは永井・河井に同道して座敷で列座する千人頭から森田の出訴にいかがわしい心当たりはあるかと聞かれた。彼等はもちろんないと返答している。そして森田の出訴を後押しする口上書を提出した。史料65がそれである。

【史料65】

口上書

私共番組合貝取村森田勘右衛門儀、当月廿四日夜五ツ時頃同村百姓作右衛門方へ用事有之罷越候処、乞田村百姓栄蔵・太兵衛両人罷越、森田勘右衛門江理無(不)尽ニ過言申懸候ニ付、其分ニ難差置、右両人之者共相手取勘右衛門ゟ御吟味願申立候ニ付、私共儀番組合之事故可成丈ケ申合、御家人身分相立候筋ニ成行候得者穏ニ取治度、組合打寄り相談仕候得共、乞田村名主清左衛門挨拶之趣行違ニ付、今般森田勘右衛門ゟ御吟味奉願候、依之私共番組合ニ付、森田勘右衛門同様ニ奉願候、以上、

十月

十九番組合

小山源右衛門印

富沢　新次郎印

同　荻原新太郎組

伊藤　重吉　印

同　荻原順次郎組

井上　増次郎印

史料65は森田勘右衛門と同じ番組合の四人が作成したものである。受取は省略されているが、千人頭であろう。伊藤以外はこれ以前から森田の一件の協議に与っている人物である。これが一九番組合全員かどうかは不明であるが、新たに伊藤が加わっていることから、できるだけ多くの人物が署名し、番組合の総意として表現することが必要なのであろう。

同二九日夜に「取調相済」、翌日千人頭は新倉勝五郎を飛脚として江戸に向かわせた。これは江戸に関係書類を差し出し、出訴を願ったということであろう。つまり番組合が森田の吟味願を承認したことを受けて千人頭は出訴に踏み切ったのである。番組合の重要性がわかろう。

一一月五日に小山は月番所に呼び出された。月番組頭の永井今右衛門の指示により、小山か富沢のどちらかが森田

の差添として江戸に行くことになった。籤引によって小山が先に行くことになった。一五日が過ぎれば富沢と交代する。小山と富沢が番組合から選ばれたのは、森田と同じ千人頭の組だったからであろうか。また永井を中心とした月番所が出訴に関する事務処理をしていることが注目される。

訴状は千人頭から鑓奉行を経て、老中大久保忠真に渡った。千人町に勘定奉行石川忠房からの呼出状が届いたのは一五日、実際に森田・小山が窪田忠兵衛組世話役北嶋藤十郎とともに江戸に出府したのは、翌一六日である。世話役が竹内彦助から北嶋藤十郎に交代したのは、月が変わり、月番も変わったからであろう。

江戸に到着したのは一七日、まず四谷の旅宿森田屋文蔵方に寄った。四谷は千人同心が出府したとき、たいてい宿をとる場所であり、森田屋は定宿であろう。三人は小川町稲荷小路の青木伴蔵宅を旅宿にしていた千人頭窪田助之丞のところに到着の挨拶に行った。連絡のため千人頭は交代で江戸に詰めていたのである。四谷勝興寺付近に役屋敷を拝領していたのだが、窪田は別なところに住んでいた。この後、森田と北嶋は鑓奉行依田伊賀守の屋敷に向かった。

翌一八日には連光寺村名主忠右衛門が小山等の宿舎を訪ねてきた。もし一件が「内済ニ相成候ハ、御掛合仕度」という用件であった。忠右衛門はこの数年後に結成される日野宿組合の大惣代になる人物であり、貝取・乞田・落合村などこの一件に関係する諸村は皆、日野宿組合に属することになる。要するに忠右衛門は地域社会の有力者であり、内済を実行する者としては適格な人物といえよう。実際忠右衛門は内済を実行することになる。

評議は文政三年一一月一九日に評定所で開かれた。森田には北嶋が同行し、乞田村栄蔵・太兵衛も出席した。評定所留役行方覚右衛門が尋問に当たった。森田は「村方作右衛門方江用事有之参上致、右作右衛門江用談致シ罷在候処江横合より栄蔵・太兵衛差出余言仕候ニ付、右用談さまたけニ相成候故、差留候得者帯刀人ハ不恐と申、様々過言申掛」とほぼ史料64と同様のことを言上した。ただ今回は傍線部にあるように具体的な「過言」の例が挙げられている。

この部分からは「帯刀人」に対する反感が窺える。このとき森田は帯刀していたのであり、この森田の恰好が栄蔵等を刺激したのである。背後には寛政改革期からの千人同心の風俗を矯正して「御家人筋」を立てるという方針があることはいうまでもない。これが生活世界の秩序と衝突したのである。

次いで行方は作右衛門に森田の発言の信憑性について発言を求めた。作右衛門は森田の発言は事実であると証言した。行方は栄蔵等になぜ「過言」を言ったのかを質した。彼等は森田が千人同心とは気付かなかったと主張した。しかし先ほどの傍線部に鑑みてもこれは通らないであろう。行方もこの点を重視し、栄蔵等を「不埒」とし、手鎖宿預けにするとした。結審には至っていないが、この時点では明らかに千人同心側に有利である。早速北嶋は鑓奉行と在府千人頭窪田助之丞にこの旨を通知している。世話役の機能の一つである。

二二日には勘定奉行石川忠房の屋敷に森田は北嶋と同道して出向いた。栄蔵・太兵衛も呼び出されていた。留役岡部大助臨席の許、森田は現在の二人の不利な状況を指摘し、さらなる咎めも受けるかもしれない。それを避けるためにも「幾重ニ茂詫入候ハ、内済可致」と二人に内済を勧めた。千人同心側は先に触れたように当初から内済を志向していた。これは千人同心の特殊性ではなく、当時の常識的な法観念によるものであろう。

このように千人同心側は内済という当初からの方針を栄蔵等に伝えた。そのため結審を延ばす日延願を提出しなければならない。二二日夜北嶋は「内済懸合」のために二七日まで日延をしてもらいたい旨の文書を提出した。世話役がいかに訴訟の細々とした書類の作成に当たったたかがわかる。

二五日に栄蔵等が宿泊している宿屋飯田町の美濃屋五郎右衛門の代理の者（名不詳）と乞田村の兵左衛門が小山等のところにやってきた。前者は公事宿の手代であろう。後者は栄蔵側の扱い人であろう。彼等は内済和談のためにどのような詫事でも申し上げてもいいといい、詫書の下書を下げ渡してくれと願った。このため北嶋が詫書の下書を書いた。北嶋と小山は在府の千人頭窪田助之丞の住まいまで行った。しかし窪田は不在で会えず、窪田に会えたのは翌日であった。八王子からはこの一件は安易に取り計らうなという指示がきていることが知らされた。八王子の千人頭は強気だったようだが、具体的な指示ではないところが特徴であろう。

同二六日夕方、先述の兵左衛門が小山等の宿所にやってきた。森田は事情を縷々説明した。小山は落合村の半蔵や連光寺村の忠右衛門が仲裁の労を取ってもいいといってきたのを捨てておいていいのかと兵左衛門に言った。兵左衛門はこの提案を受け入れた。先述した半蔵や忠右衛門はこの時点までは正式な扱い人にはなっていなかったようである。しかしこの時から扱い人になり、詳細はわからないが有効に動いたようである。

二七日暮六ツ半に八王子から坂本作左衛門が詫書の下書を持って森田屋に着いた。坂本は千人頭窪田忠兵衛組の組頭である。二五日に北嶋が作成した下書が八王子に送られ、検討された上でまた送り返されたのであろう。この二七日には相手方からの「挨拶」、具体的には詫書を提出した上での内済の了承の連絡を待ったが、結局栄蔵等からは何の「挨拶」もなかった。仕方なく二八日には森田と北嶋連名で勘定奉行所に吟味願を提出した。これにより内済は失敗したのかと思いきや、同日勘定奉行石川忠房は吟味にはならず、またまた日延すると言い渡した。この経緯の事情は判然としないが、一件はまたまた内済に向けて動き出す。

翌二九日に小山は江戸を離れて八王子に帰った。これは小山の差添は一五日で同じ番組合の富沢新次郎と交代する予定だったのである。一二月一日に千人町の月番所に出頭した。一日は式日で千人同心は全員千人町に出仕することになっていた。小山は「近辺之御組頭衆」まで含めて江戸での様相を話した。以後は小山が果たしていた役割は富沢が受け継ぐようになったので、小山の当該一件の記録は詳細ではなくなる。

しかし断片的な史料をみてみると一二月中に栄蔵等は詫書を提出し、内済が成立したようである。史料66は栄蔵等の詫書であり、史料67はそれを受けて提出された吟味下げ願である。

【史料66】

一札之事

一、私共儀当十月廿四日五ツ時頃、貝取村居酒屋作右衛門方江立寄候節、其御許様御出被成候処ニ私共全酒狂之上及失礼ニ候ニ付、右始末逸々被仰立御吟味ニ相成申披無御座、不法之段今更先非後悔仕御詫申入候間、何分勘弁被下御願下ケ被下度奉存候、然上者以来相慎失礼無之様可仕候、依之詫一札差出申処如件、

文政三辰十二月

乞田村　百姓栄蔵事
六郎右衛門印
同村　同　太兵衛事
山　平　印
名主
清左衛門　印

森田勘右衛門殿

【史料67】

御請

一、私村方作右衛門宅江罷越候節、同国乞田村栄蔵事六郎右衛門幷太兵衛事山平及雑言不法ニ候段、申立候一件御吟味中懸会之上、右雑言ニ候者全酒狂故之儀ニ付、村役人連印以書付ヲ相詫候間、私儀無申分御吟味下ヶ之儀相

願候処、願之通り御下ヶ被成下候段、被仰渡承知奉畏候、仍而御請如件、

文政三辰十二月

千人頭

窪田忠兵衛組同心

森田勘右衛門印

御奉行所

史料66は経緯から考えて千人同心側が下書を書いたと考えていいであろう。ここで注目されるのは事件の発端になった作右衛門の家が「居酒屋」だったことと、栄蔵等が「全酒狂」かなり酔っていたことである。この点を考慮すれば史料64の不自然が理解できる。森田が作右衛門に用事があったのは事実としてもその会話は「居酒屋」で行われていた可能性が高い。そこで酔っぱらった栄蔵等にからまれたというのが実情であろう。それならば同席者が多数いても納得がいく。問題は森田が帯刀して「居酒屋」に来ていることである。

これは史料64傍線部②にある、千人同心は「聊威光ヶ間敷儀無之様身分相弁、万端穏ニ相治り候様而已」心掛けているという主張とは背反する。寛政改革期以降、公務における千人同心の帯刀は強調されたが、それ以外の場合に帯刀をして権威がましい行為をし、百姓を刺激するのは禁じられていたのである。森田は「居酒屋」に帯刀をして出向いたことは、史料64には記されておらず、先述のように千人頭の下問の際にも口を濁して隠した。小山も森田と口裏を合わせているので、もちろん「居酒屋」のことは触れていない。番組合の千人同心が連名して作成した史料65も、竹内・北嶋もこの点には触れていない。逆にいえば作右衛門の家が「居酒屋」であったことが出てくるのはこの史料66のみである。

帯刀をして「居酒屋」を訪れるという行為は、千人同心たちにとっては公にしたくないことであったが、当事者で

ある栄蔵・太兵衛に伏せておくわけにはいかない。そのため傍線部をきちんと書かなければならなかったのであろう。しかし史料66の宛名が森田であることには注意を要する。少なくとも直接的にはこの史料をみるのは森田のみである。もちろん実際には番組合関係者や世話役等は目にするだろうが、この史料がそのまま千人頭や鑓奉行に渡るわけではない。詫書もこの後正式なものが作成される。吟味下願、つまり史料67も作成されるが、ここでは「酒狂」は記されているが、「居酒屋」は記されていない。千人同心が帯刀して「居酒屋」にやってきたという不祥事は隠蔽されたのである。この場合の内済は百姓たちの身分的に無作法な行為に対して、ある身分集団が身分制的に正当な謝罪を勝ち取ったというものではない。

そもそも寛政改革期以降の「御家人筋」を強調する政策は、御家人解釈の分裂をもたらした。千人同心たちはそれを道具的に使用し、百姓などの他の身分集団と対立を深めていった。千人同心身分自体が虚偽性を有するものに変身したのである。そのような千人同心、日頃は武士身分として権威がましくし、帯刀して「居酒屋」にやってくるような千人同心に対して批判が起きること自体は極めて自然なことといえよう。彼等に詫状を書かせるのは容易なことではあるまい。

史料67が作成されたにもかかわらず、やがて正式な詫状が作成された。これについては下書しか確認できないので詳細は不詳であるが、作右衛門方が「居酒屋」だったこと、栄蔵等が「酒狂」であったことは伏せられている。「用談」があって森田が出向いたことが記されているだけである。また先述の忠右衛門と半蔵が扱い人になっていることも確認できる。もし詫状を千人頭以上に提出しなければならなくなったら、こちらが提出されたのであろう。そうすれば森田の問題行為も隠すことができる。

このように考えると、そもそも在地に住居していながら「御家人筋」を強調する政策自体が身分制からの逸脱だったと評価せざるを得ない。このような混乱した状況下で何とか秩序を維持していたのは、千人同心側では番組合をはじめ、世話役・月番所といった寛政改革期に生まれた組織が存在したからであった。逆にいえば、この一件における千人頭の影響は薄い。ほとんどルーティンを実践するばかりで何ら積極的な役割を果たしていない。千人頭の支配は形骸化し、平同心の利益を守ることを基調とした組織によってかろうじて支配が保たれていたといえよう。

百姓側からいえば、連光寺村名主忠衛門・落合村半蔵・乞田村兵左衛門等扱い人の存在が興味深い。彼等がどのようにして栄蔵等を説得したかは不明であるが、地域社会には地域社会特有の生活世界があり、そのような生活世界を共有するものしか説得できないこともある。千人同心は地域社会の力として有効に機能する場合もあり、無意味な対立は好ましいものではなかった。地域の有力者による仲裁が行なわれた所以である。

寛政改革以後、御家人言説が遂行され、それに依拠する形でしか千人同心支配は成立せず、そのため千人同心組織が変質した。番組合や月番所・世話役がそれである。そのためこれらは本節で確認したように、御家人言説の担い手である平同心の利益擁護を意識せざるを得なかった。

当該期の千人同心の生活世界は、家を準拠点とし、身分制的権力システムと市場経済的貨幣システムに制約されながら、月番所や番組合という家の戦略を合理化できる場を獲得したのである。それが千人同心集団の核になり、平同心の利益を守り、御家人言説の遂行を支えていたのである。しかしそれは他の身分集団とは深刻な対立を引き起こすことになる。

千人同心が帯刀して居酒屋に来るという行為は、権力システムが百姓の生活世界を侵略していったということを示す。この点について民衆が激しく反発し、生命の危機さえ感じさせる状況になったのが当該事件の核心である。寛政改革以前には千人同心が百姓を無礼討にしようとしたという史料は確認されない。実際の問題として千人同心が本質的には同じ身分であり、生活空間をともにしている百姓を身分上の理由で斬殺することはあり得なかったであろう。しかるに本節の事例では未遂とはいえ千人同心は百姓を斬ろうとしている。この大きな意識の差は、「御家人」言説の遂行とその組織化がもたらしたものとしか考えられない。千人同心は百姓に対して差別意識をもち、百姓も「帯刀人」に対する反感を隠さなかった。我々はここに社会統合の破綻を意識せざるを得ない。

おわりに

近世後期になると百姓の家は発展の戦略の一環として千人同心株を取得する傾向を示した。これは必ずしも武士志向とはいえず、経済的展開をも視野に入れていた。重要視されたのは家の発展である。千人同心の家は千人同心という身分集団に構成員を送り込み、自らの生活上の問題について、月番所や番組合で話し合った。また世話役が千人頭や公儀と平同心を繋ぐ役割を果たした。平同心は生活世界上の課題を共有するコミュニケイション的行為を行なう場を形成したのである。

村はそのような千人同心を包摂しようとした。それは一定の効果を収めたと考えるが、千人同心と地域社会の矛盾は構造的なものであった。帯刀による「突合」の破綻といった生活世界の矛盾は、ついに千人同心が百姓を無礼討にしようという事態にまで発展したのである。これは端的にいって社会統合の破綻というべきであろう。次章ではこのような構造的矛盾が地域社会のみならず、領主支配とも矛盾した様相をみてみよう。

註

（1）『武蔵村山市史』資料編近世、五八四頁。
（2）『武蔵村山市史』資料編近世、五八五～六頁。
（3）「資料解説」（『武蔵村山市史』資料編近世）七〇五頁。
（4）『武蔵村山市史』資料編近世、五九七～八頁。
（5）『武蔵村山市史』資料編近世、五八六～八頁。
（6）『武蔵村山市史』資料編近世、五九四頁。
（7）『武蔵村山市史』資料編近世、五九四～五頁。
（8）池田昇「寛政改革と八王子千人同心」（村上直編『江戸幕府千人同心史料』、名著出版、一九八二）。
（9）『新八王子市史』資料編4、一九〇頁。
（10）『多摩市史』通史編一第六編第1章2「多摩市域の千人同心」。
（11）『名主文書にみる江戸時代の梅坪村』（古文書を探る会、二〇〇六）一七〇～一頁。
（12）文化一一年七月「一札之事」（「小島家文書」G3、小平市立中央図書館地域資料室写真版）。
（13）文政三年三月「人別宗門帳」（「小島家文書」F7）。
（14）「小島家系図」（『小島家文書目録』、小平市教育委員会、一九八二）五九頁。
（15）文政七年八月「譲渡証文之事」（「小島家文書」E7）。
（16）文政七年閏八月「番代申渡」（「小島家文書」G17）。
（17）天保二年三月「分家秀悦ゟ一札写一」（「小島家文書」E8）。

(18) 天保八年五月「内儀定之事」(「大棚村文書」家・生活3、慶應義塾大学文学部古文書室)。
(19) 天保八年五月「議定証文之事」(「大棚村文書」家・生活2、慶應義塾大学文学部古文書室)。
(20) 天保八年五月「千人組御奉公書物写」(「大棚村文書」支配・地頭B千人同心1、慶應義塾大学文学部古文書室)。
(21) 弘化二年六月「親類書」(「大棚村文書」家・生活1、慶應義塾大学文学部古文書室)。
(22) 天保一五年「覚」(「大棚村文書」貢租・租税37、慶應義塾大学文学部古文書室)。
(23) 天保九年六月「御尋ニ付以書附奉申上候」(「大棚村文書」治安4、慶應義塾大学文学部古文書室)。
(24) 『八王子千人同心関係史料集』第九集(八王子市教育委員会、二〇〇二)三四頁。
(25) 福田アジオ『近世村落と現代民俗』(吉川弘文館、二〇〇二)。
(26) 文政一一年二月「乍恐以書付奉申上候」(『八王子千人同心資料集』1、八王子市教育委員会、一九九〇)二一一頁。
(27) 文政一一年二月「乍恐以書付奉申上候」(『八王子千人同心資料集』1)二一一頁。
(28) 天保八年三月「乍恐以書付奉願上候」(江戸東京博物館石井コレクションマイクロフィルム一九二―一)。
(29) 『八王子千人同心史』通史編(八王子市教育委員会、一九九二)三五一頁。
(30) 『八王子千人同心史』通史編、三五九頁。
(31) 『田無市史』第一巻、中世近世史料編、五四五頁。
(32) 『田無市史』第一巻、中世近世史料編、五四七頁。
(33) 嘉永七年一二月「差出申一札之事」(「小川家文書」G―5―3、小平市立中央図書館地域資料室写真版)。
(34) 「貝取村森田氏一件」の史料は、すべて佐伯弘次編『小山晶家文書』第四巻(多摩市教育委員会、一九八七)収録の「貝取村森田氏一件手扣」(八三~九五頁)に拠った。

(35)　馬場憲一「八王子千人同心の在村分布について」(『学芸研究紀要』第七集、一九九〇)掲載の付図及び村上直編『江戸幕府千人同心史料』(文献出版、一九八二)付録を参照されたい。

(36)　幕府は足軽にも百姓に対する無礼討を認めていた(磯田道史『近世大名家臣団の社会構造』、東京大学出版会、二〇〇三、六一頁)。これは千人同心にも適応されたようで、後述する評定所の吟味でも問題とされていない。もちろん無礼討の権利を保持していることとそれを実際に行使することとは別問題である。なお無礼討は礼を失する行為を犯した人物に対して謝罪を要求し、それが聞き入れられず、逆に悪口雑言を浴びせられた時に発動される(谷口眞子『近世社会と法規範』、吉川弘文館、二〇〇五、二二五頁)。

第八章　幕末期における社会統合の破綻

はじめに

前章では、帯刀という行為が、生活世界における百姓と千人同心の葛藤を引き起こし、社会統合の破綻をもたらしたことを指摘した。本章ではそのような矛盾が構造的な問題であり、近世社会の統合を根本的に破綻させる結果を招来したことを明らかにしたい。

その背景にあったのは千人同心職の家産化である。それはよく指摘されるような武士志向ばかりではなく、経済的な志向も存在した。何よりも家の発展が望まれたのである。千人同心はいうまでもなく公儀の役職であったわけだが、家によって捉え返されたのである。そして千人同心の組織も月番所や番組合・世話役が平同心の利益のために機能したように、家の動向が千人組組織に影響を与えたのである。千人頭や旧家同心はこれを支配の正統性に据えなければ統治は困難になった。その結果千人頭の支配は形骸化し、腐敗化していった。

千人同心は家の発展を企図し、そのことが百姓身分の越境に繋がった。彼等は御家人身分とされ、それは千人組においては組織的に合理化され、公儀においても千人同心限定御家人説の採用から判明する通り、部分的には認められたのである。このような倒錯した状態は一九世紀に身分越境が社会的に顕在化したという理解に立たなければ納得が難しいであろう。そしてそれは前記の構造的な矛盾を惹起しないわけにはいかなかった。本章では、領主支配との対立も含んだ千人同心が引き起こした社会統合の破綻について論じたい。

第一節　小川三千太郎の千人同心肩書をめぐって

本節では相模国高座郡淵野辺村の千人同心小川家の事例を検討し、幕末期の千人同心の特質について考察してみたい。幕末期の淵野辺村の支配概要を確認しておくと、『旧高旧領取調帳』によれば、五人の領主が確認できる。旗本岡部氏が二家（二七二石余と二七一石余）、下野国烏山藩領（大久保氏、三九九石余）、幕府領（代官は江川氏、一九七石余）、龍像寺領（一二石余）である。なお旗本岡部氏は本分家の関係になる。

嘉永五年に千人同心小川三千太郎は宗門人別帳に千人同心と肩書を付したいと願い出た(1)。小川家が千人同心になったのは寛政八年のこととされるが、三千太郎自身が千人同心に就任したのは、「嘉永三〜四年」とされているので自身の就任を契機に、新しくアクションを起こそうとしたのであろう(2)。先述した通り宗門人別帳に千人同心と肩書することは寛政四年に許されているが、小川家では行なっていなかったらしい。この点は地域差があったということであろう。

三千太郎の願を受けて、淵野辺村岡野領の名主見習理平は、嘉永六年三月一九日に地頭の岡野氏（本家）の用人とともに、江川氏の手代である柏木惣蔵に「千人同心之訳合」を尋ねに行った。理平は柏木の返答を含む三千太郎の願の一件を「千人之事」という表題の記録にまとめたが、表紙には「千人同心有之地頭所ニ而願ニ付御知行替いたし候事も有之趣也、柏木申之候」と記されている(3)。わざわざ表紙に別記されているのだから、知行所名主としてよほど気になったのであろう。同様の記述は前記したように植田によってもなされており、この時期には当該地方に知行所を持つ旗本や代官関係者の共通見解だったと考えられる。

この「千人之事」は「横山宿一件」以降、幕末期の千人同心の存在形態を知る上で格好の史料なので、やや詳しく検討してみたい。以下史料を抜粋して掲載する。

【史料68】

一、喧嘩口論疵所出来見使之節ハ千人頭地頭所立会検使ニ而其砌席ハ地頭所御用人千人組頭同席、次ニ当人千人同心ハ横居ニ為致先縁と申様之処也、百姓者勿論土間江筵敷居□□様之事、

喧嘩口論をめぐる検使については、前述したように拝領組屋敷住居の千人同心組頭・地頭所用人・代官下僚・地方住居の千人同心組頭との席順とされたわけだが、ここでは居住地の差別なく組頭は地頭所用人と同席とされている。これは評定所の評議は評議として現実的には千人同心組頭の居住地には拘ってはいられなかったという現実が示されている。公儀の見解は身分と居住地が一致する居住地原則に沿ったものであったが、それがどこまで現実に対応したかは疑問である。むしろこの記述をみると居住地原則はイデオロギーに過ぎないのではないだろうか。なお当事者の千人同心は横に居させて、百姓は土間に筵を敷いて座るのが先例とされている。この場合は千人同心の勤務中と解釈されるが、それにしても千人同心と百姓を峻別し、別の身分と認識しているのは、近世前期とは隔世の感がある。

【史料69】

一、人別帳之儀者村方百姓何誰ノ儀共、当時千人同心相勤罷在候ハヽ、当勤誰壱人ハ千人同心ニ而家族之ものハ不残百姓也、尤地方引請人壱人面□□名目出置候もの相立取計可申候、尚又忰有之候ハヽ、百姓名目為出家族次ニ書候而千人同心者同居之事、左ニ記、

千人同心組入
何誰
地方引請人　何右衛門
子
如此ニ候　親
悴無之ものハ　妻
百姓　何右衛門
悴有之ものハ　母
如此ニ候　悴
千人同心組入　何誰

この史料69は、柏木が宗門人別帳の記載形式を示したものであろう。まず千人同心を現在誰が勤めているかを明らかにすることが謳われ、その千人同心以外の家族はすべて百姓とされている。逆にいえば千人同心は百姓ではないことになる。近世身分制の基礎は家とされている。その家の内部に奉公人でもないのに、異なる身分の者が平然と存在している。近世史の常識からすれば異常な状態と言わざるを得ない。「千人同心者同居之事」と千人同心と百姓は一緒に住むことが明記されているのである。これは身分越境が浸透したことを示す。また悴が存在する場合は「百姓名目為出」とあるのは、悴を千人同心にすることが多かった表れであろう。

悴がいない場合は地方引請人が記載されているのに、悴がいる場合は地方引請人の記述がないのはなぜなのであろうか。これは悴を千人同心もしくは地方引請人にする想定で柏木が教示した表れのようである。因みに問題になっている三千太郎には実子も養子も存在しなかったから、柏木は一般的な話をしたに違いない。前述のように地方引請人は家族以外の人物が就任するよう千人頭は通達していたが、実際には家族が就任するものと代官手代は認識していたのである。これはそれだけ千人同心という存在を、家が取り込んでいた表れであろう。地方引請人については以下のような記述もある。

【史料70】

一、地方之儀ニ付出訴致候節ハ引請人ゟ可願出候、其儀引受人計ニ而分兼千人同心呼出筋有之候ハ、其砌不呼出候而直ニ御奉行所江可差出候、其節ハ千人頭江相届可申候、尤当人千人同心ハ千人頭之方江可届出候趣ニ候也、

ここでは地方に関することで出訴する場合は、地方引請人ばかりで行なうことが述べられている。しかし千人同心本人に出頭を求められることもある。しかしその呼び出しには応じず、地方引請人は千人頭に断った上で、直接奉行所に出頭する。そのとき千人同心本人は千人頭に届け出るのみである。

ここから読み取れるのは千人同心と地方引請人の徹底的な分離である。寛政七年に地方引請人が設置されたときには千人同心が設定されてから二〇〇年が経ち、なかなか両者の分離は明確にならなかった。しかしそれから五〇年経った幕末期には、特に小川家のような設置以降に千人同心に就任した新家にとっては、千人同心と地方引請人の分離は所与のものだったのである。つまり千人同心を百姓から分離した存在として捉えるという傾向が一般化したのである。それは千人同心が元来抱席の御家人だったからではない。千人同心は百姓身分を越えて御家人身分を社会的に獲得したのである。では具体的には小川家ではどうしたのであろうか。

【史料71】

一、三千太郎ノ義ハ引請人浅次郎与いたし、代りニ者弥市ハ出る事不相成候、右者隠居之事、殊ニ筋柄有之隠居ニ付尚以之事不相成候、若浅次郎ニ而不相分候儀ニ付三千太郎罷出候ハ、浅次郎之代ニ可罷出候、御地頭所ニ而も名主村役人方ニ而も百姓浅次郎之取扱ニ可致様右大躰之事ハ三千太郎ハ地方之事ニ付而者不取敢候事、

一、御年貢不納抔之節も引請人方へ申遣、其筋ニ付御咎メ有之候節ハ引請人江申付候事、

右者御地頭所ゟ被仰付候事、

史料71によれば、地方引請人は浅次郎という人物に決まった。「弥市」については徴すべき史料がなく、不明であるが、三千太郎の二代前の彦右衛門の地方引請人がやはり淵野辺村の親類「弥市」という人物なので、(4) 隠居した地方引請人だったのかもしれない。しかしここで問題なのは、もし浅次郎で埒が明かない場合は「浅次郎之代」として千人同心の当人である三千太郎が出頭することを地頭所から求められている点である。これは史料70の内容とは齟齬する。地方引請人で解決しない場合は奉行所へ訴えることが述べられているからである。

史料70は代官支配所の事例を念頭に柏木が述べたのかもしれないが、いずれにしろ実際の旗本支配においては地方引請人で問題が解決しないからといって、いちいち奉行所に訴えられては、地頭支配は麻痺してしまう。現実的な対応としては、千人同心当人に出てきてもらいたいというのが地頭所の本音であろう。しかし注目すべきは千人同心本人は「浅次郎之代」なのである。もちろん浅次郎こそが三千太郎の代わりなのである。このような倒錯した事態は千人同心は地方支配には関わらない身分だという認識を地頭所さえ認めざるを得なかったことを示している。その上で現実的な方法を探ったということであろう。千人同心の身分的倒錯の浸透は大きかったのである。ではこの一件の結末についてみてみよう。

【史料72】

乍恐以書付奉願上候

御知行所相州高座郡淵野辺村三千太郎奉申上候、私儀年来千人同心相勤□□□□(罷在候処)、先年ゟ在勤取極方之儀、其筋ゟ□(被)仰渡も御座候ニ付、私名前肩書千人同心与相認メ度段去子年中奉願上候処、追而御沙汰之趣被仰渡、帰村罷在候処、其後名主多平ゟ被申聞候者、私義ハ御公辺御用も相勤候身分ニ付、地方百姓役両様ニ相分レ難取扱、依而ハ相応之養子成共、相見立□□(地方)之儀者其者ニ而百姓名目相続仕候方可然旨被申聞候ニ付尤ニ承知仕、是迄縁合相尋候得共、今以見当り不申、追々取極方延引ニ相成、両用共当惑仕候間今般私親類浅次郎を以地方引請人ニ相立、百姓方ノ儀者万端同人名目ニ相改可申候、養子ニ而も実子ニ而も出来仕候上者右浅次郎儀者相断、其者江百姓為致可申候、私義者矢張当御知行所之ものニ而家業者千人同心役相勤罷在申度奉存候間、何卒格別之以御慈悲、前書之始末被為
聞召訳、右浅次郎を以、私方地方引請、百姓役為相勤、両様共永続相成候様被　仰付被下置度奉願上候、以上、

御知行所
相州高座郡淵野辺村
三千太郎

嘉永六丑年三月

名主多平代
同見習
差添人　理平　印

御地頭所様
御役人中

【史料73】

差上申御請書之事

一、私儀此節人別帳五人組帳江千人同心与肩書被成下候得共、村方ニおゐて権威ヶ間敷儀者決而仕間敷、随分相慎可申候、御地頭所幷村役人御取扱共万端地方引請人ニ被仰付可被下置候、若シ引請人之ものニ而不弁理之訳茂有之、私自身罷出申上候義御座候節者矢張引請人之御心得ニ而御取扱可被下置候、其外村方神事仏事等之節幷村役御伝馬等之儀都而是迄之通り相心得可申候、仍之御請書差出申処件如、

御知行所
相州高座郡淵野辺村
三千太郎印
名主見習
理　平

嘉永六丑年三月

御地頭所様
御役人中

史料72・史料73は嘉永六年三月二二日に旗本領主の岡部氏に提出され、聞き届けられたものである。名主多平は三千太郎が「御公辺御用も相勤候身分」と「地方百姓役」の「両様」に分かれてしまうと取り扱いができないとしている。一八世紀前半以前なら千人同心は勤めている時のみ武士の扱いを受け、そうではない時は百姓の扱いを受けるということで何の問題にもならなかった。しかし幕末期にはそれでは取り扱いができないとされたのである。これは身分と身体が輻輳的に関係し合っていた時期から身分と身体の関係が実定化された時期に推移したことを示す。一つの

身体が複数の身分を兼ねることが当然だった時期から一つの身体には一つの身分が対応する時期に変わったのである。身分越境はこのような「身分関係の実定化」と相即して共起したのである。

結局三千太郎の田畑引請人は親類の浅次郎が勤めることになった。なお養子か実子ができたら、浅次郎に断って、その者を引請人にすることが記されていて、引請人は養子・実子が就くことを村が望んでいたことが判明する。しかしこれは先述した「横山宿一件」における千人頭の反論と齟齬する。千人頭は家族から引請人を出さないようにしてきたと主張していたのである。筆者はその際にも千人頭の発言の虚偽を指摘したが、ここでも同じ指摘をしたい。しかし千人同心ならば家の田畑を別の家の人間に委ねるよりも子息に委ねた方が安全であったと理解できるが、なぜ村も地方引請人を家族から出すことを望んだのか。この点は徴すべき史料がないが、地方引請人は名目的存在であり、どうせ千人同心の家で自分の田畑を管理するのだから、それならば他の家族に委ねるとトラブルの原因になるだけとの理解があったのかもしれない。

三千太郎は「私義者矢張当御知行所之ものニ而家業者千人同心役相勤罷在申度」と希望を述べていることにも注目したい。「千人同心役」を幕府の公職ではなく「家業」と表現していることは興味深い。これは家が如何に深く千人同心を取り込んだかを表している。また「矢張当御知行所之ものニ而」と引き続き岡部領に居住することを求めているのは、前述したように旗本領主のなかには千人同心の居住を好まない者もいたためであろう。

史料73では、千人同心と肩書するようになっても権威がましい振る舞いはしないと記している。また地方引請人が呼び出されて埒が明かなかったら三千太郎自らが出頭するとしている。これは史料71に記したように地頭所が望んだことである。しかし三千太郎は実質上田畑を所持する本人にもかかわらず、「引請人之御心得」で出るようにされている。これは御家人身分を笠に着て旗本と問題を起こす千人同心が存在したからであろう。

三千太郎は「村方神事仏事」と「村役御伝馬」は従来通り、これまでの通り勤めることを誓っている。つまり百姓と同様ということである。この点も先にも触れた「横山宿一件」の時に千人頭が千人同心の家族が伝馬役に出ることを禁止できなくなるという主張を想起されたい。この場合は千人同心本人が「村役御伝馬」に出ていることを確認でき、千人頭の主張はより一層虚偽性が強くなったと判断せざるを得ない。千人同心は武士身分という共通見解は社会的に形成されたといえるが、限界があったというべきである。役は身分と深い対応関係があり、近世社会に根差している。その部分では千人同心が百姓であることを逸脱できなかったのである。また「村方神事仏事」は村落の身分秩序を確認する場であり、村落共同体では重視された。この場においても千人同心の新しい価値は認められなかったのである。

この三千太郎の肩書一件から幕末期の千人同心の特質を指摘しておこう。それは千人同心という身分が、限界があるにしても百姓身分から分離して存在していたことである。しかしそれは千人同心が抱席の御家人だったためではない。千人同心という身分が百姓身分を越えてしまったからである。地方(田畑)引受人は設置時の意図は「不正」な産業の防止という消極的なものであったが、幕末期には積極的に百姓身分と千人同心との身分を分離させたのである。その結果、千人同心身分という正統的な身分秩序に位置づかない身分が生成した。それは異端的な性格を持ち、近世の社会統合を破綻させていくことになる。その様相を以下みてみよう。

第二節　長屋門一件をめぐって

本節では三千太郎の家の長屋門をめぐる一件について言及したいが、その前に龍像寺をめぐる一件を瞥見しておき

たい。(5)

この事件は万延元年四月、淵野辺村の龍像寺壇中惣代木曽村勘右衛門等が、前節でも登場した多平・理平を寺の財政を私していると訴えたものである。多平側では事実無根として龍像寺住職泰伝の陰謀だと述べている。この事件については深入りしない。問題は三千太郎の行動である。彼は最初多平側の返答書に連印していたが、その後、勘右衛門側の願書に連印している。淵野辺村岡部領名主を非難する書付に印鑑を押したことは問題になり、地頭所から三千太郎は八王子宿への退去を命じられた。浅次郎は「元百姓」三千太郎の嘆願書を提出するなどして、退去の措置は撤回された。「元百姓」という表現からは千人同心は百姓とは懸絶した身分であるとの認識を読み取ることができる。

ここで確認しておきたいのは三千太郎の直接的な行為は名主と対立する書類に押印したことのみである。もちろん背後で種々行動していた可能性もあるが、退去を命じられたのは三千太郎だけである。これはおそらく千人同心の存在を地頭所が過剰に恐れていたためであろう。ここからも千人同心という身分の持っていた「異端性」が垣間見られる。千人同心を管理することは村名主ではできず、地頭所でも難しかった。では千人頭にそれができるかといえば、先述したように千人頭による支配は形骸化しており、機能的な役割は期待できない。要するに千人同心を管理する社会装置はないのである。地頭所とすれば退去を命じることしかない。

では長屋門一件に話を移そう。次の史料は前述の岡部領名主多平が江戸に出府中の養子で名主見習の理平に宛てた書状である。時期は文久二年秋と推測されている。(6)

【史料74】

別紙申上候、三千太郎義先達而大風ニ而木戸吹たをし候ニ付、此度新木ニ而長屋門ニきりくみ致候趣風聞候間、内々貴公之勘弁ニ而御用人様江御咄し被成候而も宜敷致候、右先年千人同心引受候時者彦四郎殿役中ニ而御屋敷

様江御頼候而用々の事ニ而門之儀者不相成趣被仰付、木戸之儀御免被渡（仰脱）候与の事ニ候与承り居候間、右之段御哺
被成宜敷御取計可被成候、

多　平

理　平　殿

この史料により三千太郎が大風で門が倒れたのを機に、新木で長屋門を造っているという風聞があることを伝えている。そのため理平の考えで旗本用人にこのことを伝えた方が良いとしている。先年千人同心の事例では彦四郎殿の役中であったが、旗本領主に願い出て、やっとのことで門は駄目だったが、木戸は御許しいただいた。その含みでよろしく取り計らってくれという内容であろう。「彦四郎殿」とは先役の名主と考えられる。

この史料74から三千太郎が長屋門を造り出していることが判明する。門は家の象徴であり、家格を象徴するものである。当然領主の許可を得なければならないが、三千太郎は無許可で行なったのである。しかしかつて同様な事例があった。その時は長屋門は中止させ、木戸を許可した。そのことを含んでというのだから、この線で折衝しろということであろう。三千太郎は既に木戸を造っているので、それに色を付けるくらいというところであろうか。

この三千太郎の事例は大風によって木戸が吹き倒されるという偶然から起こった。しかし必然ともいえる。千人同心は当該期百姓身分から逸脱し、社会からは御家人であるかのような認識を持たれ、しかも公儀からは公認されないという独特な不安定な身分的状況に置かれた。その状況が長屋門という権威に結びついたのであろう。次の史料は江戸に呼び出された地方引請人浅次郎等が残したものである。(7)

【史料75】

乍恐以書付奉願上候

御知行所相州高座郡淵野辺村千人同心三千太郎地方引請人百姓浅次郎奉申上候、同人門普請之儀ニ而再度御呼出ニ相成取止段も厳重ニ被　仰渡奉恐入候間、木品取替等迄奉歎願候処、御聞済不下置無余義三千太郎支配御頭様迄相伺候付同組与頭坂本弥十郎様・山下伝平様御内話被遊御掛合、私共一先帰村被仰付難在仕合ニ奉存候、其後度々御文通御掛合被遊候処、御内話御行届ニ茂不相成由ニ而三千太郎支配向ゟ其筋ゟ追而御沙汰在之迄仮ニ扉取付候様被申付候得とも御地頭所様江御歎願申上、御聞済無（御座）之候而者私共者不及申上、三千太郎ニ茂不相済義与相弁候間、于今扉取付差扣罷在候、右ニ付早々出府仕御歎願可申上心底之処、今般当所（村方へ）江御廻村被遊候付乍恐奉歎願候、右三千太郎門形之義是迄同人支配向江御掛合被遊候三ヶ条之内江へ泥ミ扉小柱相建、扉葺下通り長屋同様ニ仕、扉之義貫扉ニ而鉄物一切不相用扉掛之■■方為仕度致候間右之方右致方奉存候間小柱相建扉掛候姿ニて立置候様為致度何卒以　御慈悲御聞済被成下置度奉願上候、右願之通被成下置候ハヽ、莫大之御憐愍与偏ニ難有仕合奉存候、以上、偏ニ奉御願申上候、以上、

戌十一月四日

千人同心三千太郎
地方引受人百姓
浅次郎
組合親類惣代
弥兵衛
百姓代　徳右衛門
組頭与五右衛門代兼

藤右衛門
名　主　理　平

御地頭所様
御役人中様

日付は文久二年一一月四日である。江戸に呼び出された浅次郎等は、長屋門の建設は認められないと厳重に申し渡された。浅次郎は「木品」を取り替えるなどの提案をしたが、地頭所は却下した。事態は膠着したため浅次郎は三千太郎の所属する「明組」の組頭坂本弥十郎・山下伝平に掛け合ってもらって、ひとまず帰村することができた。坂本等は当然三千太郎への掛合も行なっている。一旦帰村し、文書での交渉に当たったが進展しなかった。千人組からは、仮の扉を造るようにいわれたが自重した、と述べられている。事実とすれば既成事実をつくることによって交渉を有利に進めようという意図としか思えない。千人組は中立な存在ではなく、千人同心の主張を肯定しようとしていたのである。折から廻村してきた地頭所役人には扉には庇へ出桁を出してそれを支える小柱を建てる、葺下通りを長屋同様にする、扉は貫扉で鉄物は一切用いないという条件で建設を認めるよう願い上げている。浅次郎は門の造作について譲歩したということであろうが、基本的には長屋門の構造を維持しているといえよう。では千人同心組頭の交渉とはどのようなものだったのであろうか(8)。

【史料76】

御紙面致拝見候、薄暑ニ相成候得共、弥御壮健被成御座珍重ニ奉存候、然者当明組世話役小川三千太郎門一条先達而拙者共態々以出張御面談及御掛合候通御承知之上此度御細書を以御申聞致承知候、然ル処三ヶ条之内ニ建直し候様御差図ヲ以同人江理解申聞為致承知候段、左も無之候而者何分行届不申候趣精々穏便ニ相成候様可取計旨御□□無御指示御掛合誓御披露申付候趣是又承知罷在候、右一条御面談内話及御掛合候通り門之儀未取建中ニ而門□等出来不申、先規之形ヲ以風損潰痛木品新ニ致候共、扉者壱面板ニ無之、小貫位之木品相用、右之内ゟ尚通行□仕付、金物等相用候儀無之、左候得者別段権威ヶ間敷筋茂無之、村方人気に拘り候儀も有之間敷、依而者右等之形同人江茂精々申聞可取計故、尤先頃及御目係置候儀者勿論ニ而何レ茂右等ニ御承知可申候、其上ニも村方人気彼是之儀申候者有之候ハヽ、同人身分丈之御趣意ヲ以何様ニも御理解可然奉存候、尚又右三ヶ条ニ限り御差図ニ而者別段相崩手入等之儀者不容易成其筋伺済無之而者難申付何レも御同様之事ニ存候、左も無之候而者拙者共内話及御掛合置候趣意も無之奉存候、何様以御地頭所様御名前等ニも不相拘、手数之儀無之治り方相成候様前書之通り承知可被下候、右貴報迄如此御座候、以上、

四月廿八日

明組之頭
坂本弥十郎
山下　伝平

岡野哲之助御内
甲斐奏次郎様

この史料76は、三千太郎が所属していた明組の千人同心組頭坂本・山下が三千太郎との掛合の様子を後に日記にしたものである。ここでも「三ヶ条」が出てくるが、この言葉を先と同様に考えれば要するに長屋門の一種ということになる。地頭所とすれば一旦は長屋門を拒否したものの、交渉の過程で認めざるをえなくなり、その範囲内でできるだけ権威がましくないものを交渉して欲しいと頼んだのであろう。またできるだけ「穏便」に済むようにとも依頼したようである。この点は千人同心の地頭に対する抵抗が社会問題化したためであろう。また「先規之形ヲ以風損潰痛

木品新ニ致候共、扉者壱面板ニ無之、小貫位之木品相用、右之内ゟ尚通行□仕付、金物等相用候儀無之」と扉等については先規を重視し、できるだけ質素にすれば「別段権威ヶ間敷筋茂無之、村方人気に拘り候儀も有之間敷」と村の「人気」にも関わらないとした。この点は旗本領主の最も気にしている点であり、坂本たちは巧みにその点を捉えたのである。

もし「人気」に関わることが起これば、「同人身分丈之御趣意ヲ以何様ニも御理解可然奉存候」、難解な文章だが、三千太郎の身分についての趣旨、つまり千人同心は権威がましい行為はとるべきではないとよく教諭して地頭所にも納得してもらうということであろうか。三ヶ条のみの差図に限定すると、この門が崩れた時は修理などが容易ではなく、また地頭所に伺わなくてはならないので、そうなっては自分たちが交渉した意味がない。なんといっても地頭の名前に傷がつかず、手数がかからないようにしたいとした。

当初地頭所は長屋門を建てることは認めない方針であった。しかしそのような方針を改めて千人同心組頭に伝えた。逆にいえば組頭の交渉能力は最初から期待されていなかったことになる。交渉の過程をみてもそのことが肯定される。彼等は長屋門の建設を阻止することは放棄し、その扉を質素にするなどの弥縫策しか交渉していない。三千太郎を教諭するといってもその成果は保証されないし、地頭所の手数がかからないようにしたいという主張は、論点のすりかえである。要するに千人同心組頭の三千太郎への影響力の行使はほとんどなかったのである。ではこの一件の結論をみてみよう。(9)

【史料77】

差上申一札之事

御知行所相州高座郡淵野辺村千人同心三千太郎地方引請人百姓浅次郎組合親類惣代百姓弥兵衛奉申上候、右三千太郎義八王子組頭向へ相届過分之長屋門取建候ニ付、私共一同御呼出ニ相成厳重御利解被仰聞奉恐入候、就而者兼而被仰付候三ヶ条之内扉小柱相建、葺下ヶ通り長屋同様仕、扉之義者貫扉ニ而鉄物一切不相用候段奉歎願上候処、願之通御聞済被成下置難有仕合奉存候、然ル上者向後右様之心得違為仕申間敷、私共種々心添仕村内人気ニ拘り候様之儀ハ勿論惣而権威ヶ間敷義決而為致申間敷候、万一村内ニ相振候義御座候節者私共ゟ急度罷出可申立候、右願之通御聞済ニ相成候ニ付、御地頭様ゟ八王子江相届候段御通達被下候趣被仰聞候得共、其段三千太郎ゟ行届候旨為相届可申候、依之一札奉差上候、以上、

御知行所
相州高座郡淵野辺村
千人同心三千太郎
地方引請人
浅次郎
組合親類惣代
弥兵衛
百姓代　徳右衛門
組頭与五右衛門代兼
藤右衛門
名主　理平

文久弐戌年十二月

御地頭所様

御役人衆中様

この史料77をみて明らかなのは、史料75で村方からの願として記された「三ヶ条」は認められたことが判明する。長屋門の建設は許されたのである。浅次郎たちは村方の「人気」に関わることは勿論、すべて権威がましいことはしないと誓っている。とにかく当初地頭所が反対した長屋門は建設されることになった。以上の関係史料には千人同心小川三千太郎は署名にさえ出てこない。これは千人同心の身分に拘わるともいえるが、地頭所も千人同心の武士権威を笠に着た交渉を好ましいとは思っていなかったのであろう。この時期の千人同心の身分環境がよくわかる。では地頭所は千人同心をどう認識していたのであろうか(10)。

【史料78】

私知行所相州高座郡淵野辺村百姓三千太郎、先年ゟ八王子千人同心組入壱人両名ニ而相勤罷在候得共、去ル嘉永六丑年中人別帳江千人同心之肩書御免之儀、再応押而願立候ニ付、御相給（挿入）〔御代官〕江川太郎左衛門殿御役所江問合仕〔（欠損）〕八王子在村々ニ人別帳肩書致候例も御座候趣被申聞候ニ付、（右趣意）其手並を以肩書差〔（欠損）〕尤も悴有之候共見習ニも不差出候様申聞候当人一代切ニ仕（致）候筈一札取之差許シ申候、且悴茂無之ものニ付、地方引請人親類浅次郎義相立、御公用地頭用村用之儀者先年ゟ勤来り候通り三千太郎義相勤候筈（挿入）〔是又〕書面取之置申候ニ付、則（挿入）〔為〕相勤メ罷在、右者在住千人同心義者当人計り壱人ニ而妻子家属之儀者不残百姓ニ御座候ニ付、村役人支配致（為致）罷在候、一体千人同心義者八王子住居可致筈之処、内々村々売買譲引ニ相成、引請在住罷在候得者百姓宅ニ住居人之身分ニ御座候、然ル処去十二月中過分之長屋門補理（挿入）〔出来〕候ニ付、村方一同駈走候故其段村役人共ゟ訴出申候ニ付、得与取調仕候処、村用義者給々家作り入雑り罷在候処、縦令旧家たり共百姓共者勿論、村役人一統木戸脇之儀も無之、殊ニ三千太郎義者親類水呑下百姓之儀ゆへ屋敷請茂無之、買請畑地江家作致、其上同氏ニ而過分之長屋門等補理候ニ付、給々小前村役人一統兎角駈走人気ニ拘り候義申立候間〔無拠〕(挿入)右ニ付而者相給江対シ難捨置候間、早々取崩シ候様申付候、尤千人同心勤ニ付、木戸脇之儀者不苦旨申諭差遣シ申候得共、一切取用不申候ニ付、無拠此度右門請人幷親類共呼出し利解申諭取計仕罷在候得共、猶取用不申候上者千人同心支配頭掛合ニも相成候哉茂難計候間、此段以書付御届奉申上候、〔(挿入)右者千人同心之儀ニ候ハ、引請人幷親類ゟ利解申合共取持ハ不申儀茂難計、左候ハ、右之節ニ奉行江願書差出候写茂可被取候得共御答通奉願候〕

　この史料78は訂正や挿入が多く、多平か理平が地頭所になり代わって執筆した案文だと推測した。清書して地頭所の許可を得て千人同心の関係者に提出するつもりだったのではないか。とにかくここには地頭所サイドの意識が述べられていると考えて良いであろう。最初に三千太郎は「壱人両人」だと明確に記している。これは犯罪に近い言葉である(11)。とすればその解消のためには三千太郎は地方引請人を設定しなければならなかったことになる。

　興味深いのは三千太郎について悴があったとしても「見習ニも不差出候様申聞候」と、三千太郎の跡継を見習いとすることを地頭所が拒否していることである。もっともこの部分はミセゲチ部分なので、確実にそうだとはいえない。しかし地頭所は千人同心の居住を問題視していたのは事実であり、ありそうな話である。そうだとすれば旗本領主と千人同心の間には構造的な対立関係があったことになる。

　またそもそも千人同心は八王子に住居すべきはずであり、内々に村々が千人同心株を売買して譲り受けているとしている。千人同心は武士身分であり、八王子の拝領組屋敷に住むのが本質的だという意識があったのであろう。これは幕末期に成立した新しい社会通念である。このような意識に基づけば、村に居住する千人同心はそのあり方が根本的にあやまっていることになる。

　そして三千太郎の小川家のことを「縦令旧家たり共百姓共者勿論、村役人一統木戸脇之儀も無之、殊ニ三千太郎義者親類水呑下百姓之儀ゆへ屋敷請茂無之、買請畑地江家作致」と、旧家ではない小川家が長屋門を造作することが問題だとしている。ここには小川家のように経済成長した新家が旧家より権威を持つことが村の「人気」に拘わるという意識が見え隠れしている。これこそが地頭所が長屋門の建設に反対した最大の理由であろう。さらにそれは相給の領主たちの統治にも悪影響を与えることが懸念されている。要するに地頭所の意識は一八世紀前半で止まっており、それ以降の市場経済によって変質させられた地域秩序に相即した意識を持てなかった。一方で村方は長屋門の建設に積極的な反対をしていない。写ではあるが村方三役が浅次郎等と連名して書類を提出しているのである。小川家は実際に土地を集積した豪農であり、家を荘厳にするのは当然ともいえる。史料73の「村方神事仏事」における秩序紊乱なら違った反応があったのかもしれないが、家作に関しては旗本領主のような反動的な秩序を墨守する志向はなかったのであろう。

以下この一件の対応を、旗本領主・千人組・村の三者に分けてまとめてみよう。旗本領主は当初、長屋門建設に反対を表明していた。これが本音であろう。その理由は村の「人気」に関わるからであろう。長屋門の建設は他の相給領主にも影響を与える、大袈裟にいえば領主階級共通の課題だということになる。しかし「人気」とは漠然としていて当該期の社会状況を現実的に捉えたものとはいえない。近世前期の本百姓体制に依拠した論理であり、その観念性ゆえ有効な論理たり得ず、結局は三千太郎に長屋門建設を許さざるを得なかったのである。

千人組は配下の千人同心たちに村方での権威がましい行為を禁じている。しかし千人頭の支配は形骸化しており、それを実行する状況にはなかった。そのためこの場合は長屋門阻止のためには千人頭の支配は全く無効であり、せいぜいその権威性を削減するという弥縫策を提案するしかなかった。

一方村名主は当初基本的には木戸案を持っていたが、これは地頭所の意向を付度したためであろう。村側はこの一件について、積極的に後押しもしなければ、積極的に反対もしなかった。小川家のような経済的に成長した豪農が家を荘厳化することはやむを得ないという認識だったのではないか。「村方神事仏事」のような伝統的に村の社会秩序が顕在化される場ではないので、村方としては地頭所と千人組の交渉に委ねる部分が多かったのである。

以上のように考察してみると誰もが千人同心の権威がましい恣意を掣肘することはできなかった。社会統合は破綻しており、その直接的原因は千人同心の「異端性」である。以下その「異端性」が発揮され、領主支配とさえ矛盾していく事例を検証しよう。

第三節　社会統合の破綻

第一項　油平村における長屋門一件

ここでは武蔵国多摩郡油平村で発生した長屋門一件に着目したい。油平村は当該期には旗本北村氏の一給支配であったが、その家臣である内田勇蔵は弘化二年二月七日油平村百姓伊兵衛が「畑ヲ潰し居宅ニ致、且往古仕来りニ無之長屋門等相建候哉之趣相聞候」とし、もし本当なら「急度被仰付方可有之」その撤去を求めた(12)。

これに対して油平村名主彦右衛門・組頭喜之助・百姓代吉右衛門は、同年四月に長屋門の存続を願う願書を作成している(13)。この史料は押印がない写である。これによれば伊兵衛は貞享年中に元名主源蔵の先代十左衛門から分地された家の者のようである。名主家の分家とはいえ、新家であったことには違いがない。新家が村落共同体において新しい権威を求めて長屋門を希求するという前節の構図を思い浮かべて良いであろう。肝心の長屋門については、「長屋門体ニ相見申候」とあり、暗に長屋門ではないと主張しつつ、「此以後長屋門ヶ間敷見込無之様可為仕候間、是迄之儀者何分御捨免被下置候様奉願上候」とあり、修築した上での存続を願っている。なお潰した分の畑地年貢の上納も願い上げている。

上記の主張はこれから確認する彦右衛門の主張とはひどく異なる。率直にいって上記の史料に彦右衛門の意志が入っていたとは考えられない。喜之助と吉右衛門は彦右衛門を排除してこの史料を偽造したと考えられる。この一件をめぐっては彦右衛門と喜之助・吉右衛門は対立するのである。その様相を確認しよう。

弘化二年七月、彦右衛門が地頭所用人中に差し出した願書が存在する(14)。この史料に連印しているのは組合物代の政吉であり、喜之助も吉右衛門も連印していない。これによれば伊兵衛が長屋門を築いたのは、二年前の一二月に伊兵衛方が焼失したのがきっかけであった。その門は「造作花麗ニ仕立大ニ目立候」ものであった。当該史料には「長屋門」と明記されている。前述のように弘化二年初頭に地頭所から長屋門の撤去を命令された彦右衛門は、伊兵衛に働きかけた。その甲斐があり、七月朔日彦右衛門と伊兵衛は地頭所に呼び出され、長屋門を撤去するよう言い渡された。伊兵衛は親類と相談して請書を提出するとして帰村した。本来ならこれで落着していいのだが、事件はここから新たな展開に入る。

七月八日、喜之助と吉右衛門は「牛沼村住居千人同心坂本源七・中村利右衛門・小前百姓清蔵」の三人を引き連れて彦右衛門のところに押し掛けた。吉右衛門がいうには自分は地頭所から伊兵衛の長屋門はそのままという上意を受けている、長屋門を「引払ニおゐてハ退役ニ相成可申与申聞候」、彦右衛門があくまでも長屋門の撤去を求めるのなら名主を退役させるといったわけである。問題は千人同心の発言である。「牛沼村三人者千人同心之儀ニも有之候故哉、御公儀之御作法ニも懸念不仕、只々名主役相勤候事而已種々申聞候」。「公儀之御作法」とは長屋門に対する公儀の規制をいっているのであろう。それを懸念しないというのは千人同心の「異端性」をよく示している。これは幕末期に生じた千人同心という独特な身分がもたらしたものなのである。「三人」とあるのは「二人」の間違いなのか、清蔵も千人同心なのかは不明である。おそらく喜之助と吉右衛門は千人同心の「異端性」に着目して事態を強引に解決するために依頼したのであろう。村役人も分裂していたわけである。

彦右衛門は当然この脅迫を断っている。そこで吉右衛門は年貢を彦右衛門に集めさせない作戦を取る。「翌九日地頭所様へ罷出、長屋門之儀隣村々役人迄相頼取扱申入候処、彦右衛門決而聞入不申候間、彦右衛門へ御年貢不遣候者共有之候間、御年貢取立之儀者喜之助へ被　仰付可被下候御下知書可被下置与奉願候故、其段御聞済ニ而喜之助へ被　仰付候儀ニ御座候」。「隣村々」とは牛沼村などの村役人を頼んだということであろう。彦右衛門のところに押し掛けた翌日、喜之助は地頭所に行き、長屋門の一件で彦右衛門は地域社会から孤立しており、彦右衛門へ年貢を遣わさない者もいる。そこで喜之助に年貢取立のことをまかせていただきたいと申し出たのである。地頭所はそのことを許したのであった。地頭所とすれば長屋門より年貢の皆納の方が重要だったのであろう。

その折り関東取締出役が五日市宿にやってきた。彼等はこの長屋門一件の風聞を聞き、「私領御料共出役先へ可申出」とした。出頭した吉右衛門は牛沼村の村役人を頼んだというのは偽りだったとした。「牛沼村々役人も御法度向者承知仕居候」、彼等も長屋門の建設が公儀の法度に触れることは理解していたのである。では千人同心を頼んだのはなぜなのだろうか。この点については「千人同心ニ御座候故、是ハ御法度向ニも不抱、当時時宜ヲ申聞候者ニ御座候」と、千人同心はたとえ御法度に触れることでも、現在の状況に適合したことをいってくれる人物だと考えたからとした。曖昧な言葉ではあるが千人同心は御法度をさほど気にしない人間だと思われていたことが重要であろう。旗本領主の支配からは自由であり、公儀の地方支配の論理もさほど拘泥しないと思われていたのである。ここからも千人同心身分の「異端性」が垣間見られる。

このような「異端性」は仲裁には有効な機能だと思われる。この長屋門一件では油平村千人同心中村八左衛門が仲裁に入っていた。以下はそのことを示す中村の書状である(15)。

【史料79】

以手紙致啓上候、不順之気候ニ御座候処、弥御勇健ニ御勤仕被成候由珍重ニ奉存候、然者伊兵衛一件早々内済可
仕与存候処、当人方ゟ一向有無ヲ不申、扱人方へも不及沙汰ニ候由、且私方ゟ扱人へ及沙汰候得者伊兵衛方猶々
勢強内済等ニ相成不申、依之致方無之罷成候、伊兵衛望之通表向長屋門扱ニ而ハ立入人無之、是非共御裁許ニ相
成可申候、左候へハ其儘ニも難相成次第も有之、弥以乱ニ相成可申候、殿様ニ者御手切ニ被遊度被思召候とも長
屋門一件ニ付而ハ去々辰年十二月ゟ事発、引続三ヶ年ニも相成候事ゆへ御改革御取締へも相知レ加担村名主共も
委細存知候事故、彦右衛門も表向キ御吟味奉受、何れ之御咎メニ相成候共、無是非事ニ相心得罷居候、私儀も三
月八日内田勇蔵ゟ彦右衛門へ御差紙之節、其御文言ニ此一件ニ付口出シ致し候へハ伊兵衛方ゟ私ヲ相手取可及出
訴儀も可有之趣被　仰聞候へ共、是迄も牛沼村扱人与色々談し候義も有之候得者品ニより候而者私方ゟ可申立心
得ニ存居候、右伊兵衛江扱人ゟ申聞候ニハ一先口を塞キ相済候上ニ而口ヲ開可遣与呉々申聞候へ共一向不聞入内
済不致以前ニ口ヲ開候日限相定メ不申候ハ、御地頭所御裁許奉受度由ニ相見申候、伊兵衛義何ニ而も望無御座候
与口ニ而申上候へ共、心中ニ者一物可有之哉与被存候、左も無之候ハ、扱人ニ任セ相済候上ニて口ヲ開候得者万
事善敷治り候儀ニ御座候、然ル処ヲ無体ニ申張候心懸ケニ而ハ猶々前広ニ口ヲ明ケ遣し候相談ニ者相成不申候、
此度之出入簾(廉)与申候者物置ニ致セ与申長屋門ニ致ス与申論ニ而去ル八月より永引申候、然処　殿様ニ者口之方ニ
ハ不構不取上与御慈悲深く被　仰聞候ヲ難有事ニ者不奉存、却而　御上へ懸御苦難候義如何敷儀ニ奉存候、伊兵
衛事一人ニ而　御地頭所様へ罷出、何様之儀申立候哉、音物ニ而も差出候哉、帰村致候而も気強体ニ相見候与

取々風聞仕候、扨又忰彦右衛門早々ニ参上仕り一条委敷可申上処、今以足痛甚敷中々出府仕兼候、依之私書状差上候、尤御内見而已ニ而御披露決而被下間敷候、右有増如斯御座候以上、

三月廿五日　　　　　　　　　中村八左衛門

岡谷長蔵様

人々御中

この史料79は「去々辰年」との記述から弘化三年三月二五日に書かれたと推測される。この一件は「三ヶ年」にも及んでいた。なお受取の岡谷長蔵については不明である。この史料で印象的なのは伊兵衛の強情振りである。伊兵衛はあくまでも長屋門の建築に拘り、失言も多かったようである。「殿様」（旗本領主北村氏）の寛大な言葉も「難有事ニ者不奉存」とはすさまじい。幕末期の社会統合の破綻を象徴する人物であったのであろう。「一先口を塞キ相済候上ニ而口ヲ開可遣」と、伊兵衛のこの広言癖がなければ事態は彼の主張に沿った形で終熄したというのが中村の見解であろう。「伊兵衛望之通表向長屋門扱ニ而ハ立入人無之」、表向を取り繕えば、実質上の長屋門は可能だったのだろう。地頭所は早期の解決を望んでおり、先の淵野辺村の事例を考えても決して不可能ではなかったであろう。

この史料79から明確に判明することは、この一件について千人同心中村八左衛門が仲裁に尽力していることである。中村は北村家家臣内田勇蔵から彦右衛門へ出した書状の内容を熟知している。また「是迄も牛沼村扱人与色々談し候義も有之候」としており、牛沼村の千人同心たちと接触していたことは明らかである。その結果として伊兵衛の意識や為人について定見を保持しているのである。そうであるからこそ伊兵衛は「私ヲ相手取可及出訴」、中村を訴えようとしているのであろう。

以上のように中村がこの件で仲裁に動いていたことは明らかである。史料79からは彦右衛門に対する同情的な口吻

はなく、その反対に北村氏を賛美する言葉がみられ、情報も得ている。この点を勘案すると中村に仲裁を依頼したのは地頭所であろう。ではなぜ中村は依頼されたのか。

中村家は千人同心には珍しい近世初期からの旧家であり、寛永一八年検地によれば村内で圧倒的な土地所持を誇った[16]。このような中村家の社会的地位が仲裁を依頼された要因の一つではあったであろう。しかしより本質的には彼が千人同心だったからであろう。中村家が千人同心に就任したのは寛政八年であり、幕末期は世話役であった。伊兵衛のような強情者、彦右衛門と喜之助・吉右衛門の関係にみられる村役人の分裂、「公儀之御作法」に拘らない千人同心の登場は、地頭所の管理能力を超えていた。このような錯綜した関係を収束するためには近世社会の関係性から相対的に自由な「異端性」を持った実力ある千人同心の介入が望まれたのであろう。要するに当該一件は、社会統合の破綻状況における千人同心の社会的有用性を示している。そしてそれは破綻状況の要因の一つが千人同心にあったことも同時に示している。

第二項　中野村先納金一件

天保一二年四月、多摩郡中野村居住の千人同心山田猪之八・小池助次郎・小池汶治・福島次郎右衛門は、勘定奉行深谷遠江守から「御吟味筋有之」と呼び出された[17]。猪之八と助次郎は組頭である。なお福島については史料が確認できず、他の三人の事例について検討したい。

大沢氏は度々先納金を申し付け、猪之八等は応じてきたが、「利分」さえ払われることはなかった。しかしこの騒動の直接の発端は、天保九月九月に大沢氏用人林覚右衛門と遠藤直右衛門が中野村に出役し、上記四人を含む六人に一五〇〇両の上納を命じたことである。林等はこの金額を強硬に主張し譲らなかった。やむなく猪之八たちは自らの耕地を質に入れて金を作った。猪之八は四八両、助次郎が一九両弐分、汶治が三六両弐分である。このような金額を用意できたのであるから、千人同心の経済力の高さがわかる。

さらにその年の暮れに村に一〇〇両の用金が申し付けられた。猪之八は田畑を売り払って二三両を作り上納したという。これらの金は返金されなかった。そればかりか翌天保一〇年三月下旬、地頭所から呼び出された猪之八の悴彦右衛門等は大沢氏次男城之助から、屋敷を引き移るため、百両を要求された。やむなく千人同心の四人は村役人惣代助三郎等とともに田畑を担保に八王子横山宿百姓小右衛門から借金をして地頭所に渡した。大沢城之助は神田橋外屋敷に相対替が決まれば借金は返すと約束した。ここからは相対替が実は経済的利益を生む行為だったことが推察される。しかし金は結局返金されず、小右衛門は訴訟に及んだ。なお先の助三郎は「地頭所家来ニ相成」、村から姿を消している。

この一件の背後にあったのは旗本領主の際限がない集金活動である。領主支配というよりも領地に寄生しているだけの存在といっていい。ここから領主支配の形骸化を指摘することは容易である。江戸屋敷という領主階級の互酬行為の拠点さえ、利権として捉えていたことからもそれが窺える。地頭所はその形骸化を百姓の家臣化によって埋めようとしている。村役人惣代を家臣化して編成すれば取り敢えずは支配には貢献するであろう。しかしそのために村に過重な負担を強いるのは得策とはいえない。この一件で百姓よりも千人同心に負担が大きいのはそのためであろう。これは百姓と千人同心との分断策というよりも、当該時期には千人同心という「異端性」を持った独自の身分が新しく生成したために、千人同心と百姓とは共闘する余地が少なかったと考えた方がよいであろう。

地頭所と千人同心との関係はさらに悪化していく。天保一〇年一〇月、地頭所より猪之八悴彦右衛門が召し出された。なぜ猪之八ではなく、彦右衛門だったのかについては猪之八が提出した史料は沈黙している。しかしこれは彦右衛門が猪之八の田畑引受人だったからと考えれば辻褄が合う。田畑引受人を彦右衛門と史料が名指ししていないのは、息子を田畑引受人にすることが先述のように千人頭から禁じられていたからであろう。しかしこの呼出状は百姓に対する形式だったので、彦右衛門は仮病を使って出頭しなかった。

この点は複雑な問題である。千人同心にとっては家族までも御家人である。しかしこれはあくまで千人同心内部の認識であり、地頭所がそれに反する認識を持っていても当然なのである。この彦右衛門の出府拒否は「殿ニは以之外御腹立」と事態の悪化をもたらした。前述のように千人同心の家族まで御家人の家族として扱う方針は、千人頭に公認された方針であり、いわば構造的な存在である。このような構造が旗本領主の支配と矛盾したのである。つまりこのような問題は千人同心居住地ならどこでも起きる可能性があったわけである。

このように度重なる地頭所の金銭的要求と千人同心の身分的自己意識のために事態は悪化していった。天保一一年二月朔日、猪之八等は名主祐助から下知書を渡された。その内容は「彦右衛門義地頭所用向等兎角差拒、品ニより千人同心廉を以及違背候之儀も有之、猪之八儀忰彦右衛門江急度異見等も可差加之処、無其儀差置候之段不束之至ニ候、依之百姓共之内千人同心ニ相成居候者も数多有之、外響ニも相成知行所惣躰取締ニも不相成、風儀不宜候間知行所に難差置、依之右両人共即日村払可申渡」とある。地頭所の用向を彦右衛門が拒否したとは度重なる御用金の上納を考慮すれば一方的なものだが、先納金の要求自体は領主支配と矛盾するわけではない。彦右衛門が出府命令を無視したことは事実である。それを地頭所側は千人同心という身分を笠に着た行為と考えたのである。猪之八はそのような彦右衛門に意見をする存在だったのに、それを怠ったという認識をもったわけである。

幕末期には田畑引受人が確立し、地頭所との交渉は直接的には田畑引受人が行なうようになったのである。これは大きな変化である。これは設置目的から考えて逸脱したわけではない。むしろ目的通りといってもよい。問題はそれが千人同心という存在をどう変えたかである。

以上のように猪之八・彦右衛門親子には瑕疵があり、そのため「即日村払」を命じられた。猪之八は由緒を主張して帰村願を勘定奉行佐橋長門守に提出した。次の史料はその一部である。

【史料80】

殊ニ私住所之儀者、先祖山田内蔵助与申浪人ニ而只今之中野村江罷越、芝地伐開き住居仕居候処、慶長五子年権現様御代被　召出所々　御陣之御供奉仕、引続代々御奉公相勤、右地所ニ住居仕来候者を、地頭所手切に村払申渡候儀者、何共難得其意奉存候ニ付、既ニ御吟味願可申立奉存候得共、其節御上ニも御喪中之御事控居、得と勘弁仕候処、高位高官之地頭所之儀ニ御座候得者、一先重し候而自分之勝手ニ付、住所替奉願頭原半左衛門屋敷内江引移り居候得共、私共父子共地頭所江対し候而、聊も無筋ニ相拒候儀者無御座候、私儀最早格別之老年ニも相成居候得者、不遠奉願中野村へ帰住仕候節、名主祐助者勿論地頭所より故障等無御座候様被仰付被下置候様仕度、御憐愍偏奉願上候、

ここで猪之八は先祖の「浪人」である山田内蔵助が、中野村を開発して居住し、慶長五年、つまり関ヶ原の戦いから徳川家康に扈従して転戦したとの由緒が記されている。これについては確かな史料があるわけではないが、そのことは余り重要ではない。猪之八が江戸時代初頭から代々続く武士の家との自己認識を持ったことが重要である。たとえ系譜的には事実だとしても、「浪人」が江戸時代の社会のなかで百姓として定義されていったというのが偽らざる事実である。千人同心は百姓と兼ねるものなのである。寛政七年の改革によって田畑引受人が設置され、「御家人筋」と百姓とが分離されたが、その時には千人同心が商業を行なう、武士身分に相応しい規範を守るといったいわば消極的な武士規範規定であった。然るに幕末期には田畑引受人の確立と相即して、千人同心は武士であることが当然の前

提になっている。

しかし前述したようにこれは公儀の公式な認識とは抵触する。これは当該事例で地頭所支配との軋轢をみれば如実にわかる。地頭所は田畑引受人という存在を容認するが、これも千人同心自身も領内の百姓と認識している。そうでなければ「村払」に処することはできないであろう。猪之八もこの処置は少なくとも一旦は認めざるを得なかったのである。逆にいえば千人同心のような独特な「異端性」を持った身分は「村払」にするしか円滑な支配の方法はなかったのであろう。ここで改めて述べておきたいのは、このようなあり方は決して近世初頭から確認できるものではなく、おおむね一九世紀になって生成したものであり、近世社会の「通念」とは矛盾する存在だということである。

田畑引受人についてもう少し検討しよう。上記のような動向の内、天保一一年七月に地頭所から米山泰輔という用役が出役し、名主祐助を通じて田畑引受人を差し出すよう要求した。三人の千人同心は何れも田畑引受人の代人を差し出している。これはもちろん腹に一物あったからであろう。米山は「此方より申聞候儀逸々請答相成候哉」と言ったが、代人たちが「地方ニ付、御用向之儀ハ御答も可相成候得共、其余之儀ニ而者御答も難相成」と答えると、米山は「地頭所お軽んし候」と、三人に縄を懸けてしまった。そのまま拘留し、千人同心側が食料などを差し入れても、その者さえも留め置き、足軽・小者を使って手荒なことをした。米山の言い分は「相分り候者差出候」ということであった。地頭所とすれば千人同心との交渉は、通常は田畑引受人を通して行なわなければならない。間接交渉である以上、隔靴掻痒の感があることは否めない。しかし直接交渉に持ち込んだとしても、千人同心は身分は御家人との自己認識を持っており、呼出状の形式さえ問題化するのである。

例外的には旗本から千人同心に命令を下すことはできようが、それはあくまで例外であり、恒常化してしまえば旗本の権威を貶めることになる。米山の言葉や行動からは、領民であるにもかかわらず、直接指令できない領主のもどかしさを感じることができる。

元々田畑引受人は千人同心に不正の産業をさせないという身分規範の規制が大きな意味を持っていた。しかし幕末期には旗本の領主支配を疎外する要因として機能するようになっていたのである。その要因はいうまでもなく千人同心という社会集団が、「千人同心は御家人」という論理を内在化し、「異端性」を持つに至っていたためである。

第三項　犬目村老中駕籠訴事件

安政六年五月二六日、犬目村百姓繁蔵は、老中間部詮勝に駕籠訴を決行し旗本領主前田氏支配の不良を訴えた。この事件の背後には千人同心の存在があったので、この一件に着目してみよう。その前に概要を述べる(18)。

武蔵国多摩郡犬目村は寛永五年以来、明治まで旗本前田氏と川村氏の二給支配であった。石高は『旧高旧領取調帳』によれば、ともに二〇五石一斗八升九合である。前田氏知行所は上犬目村、川村氏知行所は下犬目村と俗称された。この一件の舞台になったのは上犬目村、前田氏知行所である。前田氏は一六〇〇石の高家であり、知行所は多摩郡に一四ヶ村が分布し、遠江国にも一九四石余の知行所があった。このように前田氏は大身であったが、幕末期には財政難に陥っていた。

この一件の千人同心側の中心人物は小野友三郎である(19)。小野家は貞享年間に千人同心に就任し、四代にわたって平同心を勤めた。千人同心就任五代目の戸右衛門は明和八年二月に見習になった後、天明四年一〇月に父平吉に代わって本役に成り、寛政五年五月、世話役設置とともに同役になっている。同九年閏七月に病気により世話役を退任しているが、千人同心を退任したのは、文政六年六月である(翌年正月死去)。実に二〇年以上も平同心に留まったことになる。この事情の詳細は不明だが、あるいは密かに村役人を兼ねていたため、平同心ならとにかく、世話役は難しかったのかもしれない。戸右衛門の子弥兵衛は文化九年六月、見習になるが本役に就くことなく、文政五年一〇月に見習を退任してしまう。戸右衛門の跡は戸右衛門の孫で、弥兵衛の子である友三郎が襲った。

弥兵衛(戸右衛門を襲名、以下戸右衛門と記す時は彼を指す、万延元年正月八九歳で死去)は年番名主を勤めていた。そのために千人同心職に就かなかったと考えるのが自然であろう。しかしそれは名目上のことであり、実際に名主を勤めていたのは、戸右衛門の子である友三郎であった。その友三郎は嘉永元年以来、地頭に仕え、やがて「勝手用人」にまでなった。要するに友三郎は父戸右衛門が千人同心ではないことを利用して、千人同心とともに、年番名主・地頭所用人を兼ねたのであった。これは身分越境下でしか存在しない輻輳的な存在といっていいであろう。千人組との関係、村との関係、地頭所との社会関係が友三郎の身体において交錯して現れたわけである。身分制社会ではそれぞれの関係にそれぞれの身体が対応すべきであるが、そのような秩序は当該期には破綻していたのである。

友三郎は嘉永三年からは「御勝手方御賄」に就任し、熱心に財政再建に取り組んだ。嘉永元年は一二九両余の赤字であったものが、嘉永三年には二六両の黒字に転換している。嘉永五年には村々に二〇〇両の御用金を課したため、前田氏知行村々の小前村役人惣代が、上記の友三郎の輻輳的な身分を問題にし「壱人両名」と月番千人頭に訴えている。友三郎は名主や地頭所になっているのはあくまでも実父戸右衛門であるとして白を切った。千人頭は今後同様の風聞があった時はそのままにすることはできないと述べ、惣代の訴えを不問に付した。

幕末期千人同心は自らを御家人とする自己認識を堅持していた。しかしそれは倒錯した意識形態である以上、破綻が生じる。その破綻は家族に如実に顕在する。御家人というのなら本来自分の父親を村の名主にしたり、旗本の家来にはしないものであるが、友三郎は平然とそれを千人頭に明らかにしている。千人頭はそのような「壱人両名」の事実を訴えられても何ら有効な方策は打てなかった。これは前述したように千人頭の支配が形骸化していたためであろう。旗本領主にしても友三郎は財政再建のために欠かせない人材であり、わざわざ失脚を謀る必要はない。要するに嘉永期には搾取される村を除いては千人同心と千人頭・地頭所の関係は矛盾を孕みつつも円滑に運営されていたのである。しかしそれは危うい均衡であった。千人同心も千人頭も地頭所もそして村も独自のシステムを持つ社会集団であるが、それを統括する大きな社会統合の論理が破綻して有効に機能していないのである。したがってかろうじて円滑に関係が維持されているようにみえるのは、「利害」が共通しているからである。「利害」の共通性が崩壊すれば直ちに関係は流動化する。

友三郎と地頭所の関係が悪化したのは、用人田中清左衛門の影響が大きい。前述した千人頭への訴えによって友三郎(名目上は戸右衛門)は用人役を退役した。その後変遷があったようであるが、安政四年時点では田中清左衛門が用人として前田家の財政を仕切っていた。田中は「先年遠州藤守村ゟ罷出、追々御引立ニ相成」った人物である。[20]前田家の遠州知行所の出身であり、前任者の友三郎とは直接的な接点はない。そのためか退役した友三郎に地頭所が預けた五〇両の返金を厳しく求めた。しかし友三郎にすれば、この金は立替金がある時は返さないでよいといわれていて、事実立替金は一五〇両以上あり、返金には及ばないというのが友三郎の見解であった。安政四年一一月、友三郎は田中を通さず、直接苦衷を前田家当主に書き送っている。

一方、知行所村々も地頭所への反感を醸していった。安政六年五月の老中への駕籠訴状をみてみよう。[21]

友三郎退役後の嘉永六年から安政四年までの五年間に知行所に命じられた金額は「凡金千両余」という莫大な金額であった。さらに安政五年秋に多摩郡の村々は御用金八〇両を命じられた。知行所村々は度重なる負担に耐えられず、「割元役」の斉藤宗助に歎願した。しかし斉藤は二〇両を加えて一〇〇両を賦課すると申し渡す始末で一同は「驚入」った。なお歎願活動を続けたが、戸右衛門の証言から田中清右衛門などの賄に疑問があり、帳簿の公開を求めた。[22]

安政六年二月一四日、戸吹村の「割元役」宗助の家に地頭所から出役があり、歎願に行くと「百姓重立候もの共御引立ニ相成候旨厳敷被申付」と百姓を脅迫した。もちろん帳簿の公開も認められなかった。「右宗助義も御出役同様非道之取扱致し」と出役と同じく宗助も非難されている。さらに出役が江戸に帰る時に送っていった組頭後見豊八等を何の説明もなく手鎖宿預けにしたり、出府して歎願した百姓に虚偽の書付を書いて追い返すなどの行為を繰り返した。百姓たちは田中たちが存在するため、前田氏への歎願は不可能であり、「一村退転者眼前之義」のため、「先御用役幷戸右衛門賄中之勝手方諸帳面・当御用役幷当賄方諸帳面御取調之上」御用金の免除を求めて老中に駕籠訴をしたのである。

以上の経緯を考えると、これは前述したことだが、幕末期の旗本支配は「人民統治」といったものではなく、知行所に寄生していただけという感慨を持つ。駕籠訴の文面だけで判断するのは拙速だろうが、前述のように当該期には旗本支配が形骸化したことはむしろ常識であろう。興味深いのは田中とともに「割元役」が批判されている点である。ここで「割元役」等地方の賄役について確認してみよう。

嘉永五年八月、友三郎が退役した後は谷野村名主四郎兵衛・宇津木村名主太郎兵衛・平井村組頭惣兵衛が月番で「御賄」を勤めた。嘉永七年には前述した戸吹村年番名主宗助と引田村名主吾助が「御賄」に加わり、宗助が「割元役」になった。駕籠訴状によれば彼等五人の内、三人は千人同心と関係があった。まず宗助は斉藤という姓を持つ千人同心であり、「若年」のため、宗助の父である千人同心組頭三木愛之助が「当時勝手方用役相勤」めていた。また四郎兵衛は先年死去しており、悴の千人同心平井寅之助が四郎兵衛の名前で「賄役」を勤めている。また吾助の父も石川四郎左衛門という千人同心であるという。地頭所は千人同心を抱き込んで、形骸化した在地支配を貫徹しようとしたのである。駕籠訴状でこの事実を暴露しているのは、もちろん「壱人両名」を明らかにして、「御賄」たちの不法性を明らかにするためであろう。

このようにして友三郎にとっても、前田氏知行村々にとっても、地頭所、特に用人田中清右衛門と「割元役」は共通の敵であった。友三郎の息子造酒之助が江戸で繁蔵と接触し、駕籠訴についてさまざまな助言をしていたことは造酒之助の書状で明白である(23)。このように友三郎と村々は共闘関係にあったわけだが、それは一つの帰結に過ぎない。友三郎は用人として多額の金銭を村に要求して問題になった人物である。この一件についてはたまたま知行所村々と利害が一致したため、共闘が実現したと考えた方がよいであろう。友三郎にとっては同じ千人同心と敵対することになるが、この点について躊躇している様相は見受けられない。千人同心が幕末期に行き着いた身分は自らを武士と認識するものであったが、家族も含めた武士身分という意識が公認されたわけではなく、現実的には「異端性」が付き纏った。他の身分集団に理解されるものではなかった。逆に言えばどの身分集団とも矛盾する存在であった。

おわりに

第一節では、幕末期における千人同心の一般的な存在形態を考察した。その結果、当該時期には千人同心という独自の身分が形成されていたことが判明した。代官所も地頭所もこのような社会通念に依拠した統治が前提になっていた。社会的には確乎たる存在に生成したのである。しかしこのような身分を公儀が追認したという形跡はない。そのため「異端性」を帯びたことは否めない事実である。そのような「異端性」は社会統合の破綻を主導することになる。

第二節では、その表れとして長屋門の建設をめぐって地頭支配と矛盾する事例を検証した。千人同心の「異端性」を制御することは村にも、地頭所にも、千人組にも不可能であり、結局長屋門は建設されることになる。社会統合の破綻は明らかであろう。千人組という今までは千人同心をコントロールしていた身分集団の形骸化を受けて、村や地頭所と対立したのである。

第三節では、そのような対立が輻輳的に展開し、深刻化した様相を明らかにした。その結果明らかになったのは他の身分集団においても形骸化が進行していたことである。地頭支配においては百姓を家臣化していくことによって支配を貫徹しようとしていた。それが村に分裂をもたらした。つまり地頭所も村も「異端性」を獲得したのである。そのような状況に乗って千人同心は村や地頭支配との矛盾を深めていく。千人同心内部の対立も深刻であり、身分集団としての統一性も破綻していく。この点は身分越境が一過的な性格のものではなく、構造的なものだったことを意味している。

註

（1）「千人之事」（古文書を読む会編『近世文書いろいろ』2、相模原市立図書館、二〇〇五）二一六～二二五頁。
（2）座間美都治『相模原農村とその人びと』（私家版、一九八〇）六七頁。
（3）註（1）書、二一六頁。
（4）註（2）書、六七頁。
（5）註（2）書、八四～九頁。
（6）「淵野辺村鈴木家文書」村政村況72（相模原市立博物館所蔵写真版）。
（7）「淵野辺村鈴木家文書」村政村況71（相模原市立博物館所蔵写真版）。
（8）「淵野辺村鈴木家文書」村政村況73（相模原市立博物館所蔵写真版）。

（9）「淵野辺村鈴木家文書」村政村況71（相模原市立博物館所蔵写真版）。
（10）「淵野辺村鈴木家文書」村政村況76（相模原市立博物館所蔵写真版）。
（11）「壱人両名」については、尾脇秀和『近世京都近郊の村と百姓』（思文閣出版、二〇一四）、同「近世身分支配と壱人両名」（『鷹陵史学』第四一号、二〇一五）。
（12）『東京都古文書集』第一三巻（東京都教育委員会、一九九五）二六頁。
（13）註（12）書、二六～七頁。
（14）註（12）書、二七～八頁。
（15）註（12）書、二八～九頁。
（16）馬場憲一「武州多摩郡油平村中村家とその所蔵文書について」（註12書）。
（17）『八王子千人同心関係史料集』第九集（八王子市教育委員会、二〇〇二）四四～六一頁。
（18）犬目村老中駕籠訴事件の概要については、『八王子千人同心史』通史編第三章第一節（4）を参照。
（19）小野家については『江戸幕府千人同心関係資料調査報告』（東京都教育委員会、一九八八）所収の由緒書に拠った。
（20）『新八王子市史』資料編4、八八三頁。
（21）駕籠訴状は『新八王子市史』資料編4、八八三～八頁に収録されている。
（22）『新八王子市史』資料編4、八八一～二頁。
（23）『新八王子市史』資料編4、八八八～九〇頁。

結論

近時の研究動向においては、身分を越える、身分越境が注目されている。戦後歴史学は階級による基礎づけによって身分を説明してきた。太閤検地論争以後は、土地所有からの基礎づけによって身分は決定されるとされた。しかし土地所有から直接説明できる歴史的現象は限られる以上、このパラダイムは限界があるといわなければならない。近時の身分的周縁論は土地所有を含む五つの所有から身分を考察する。このような視角は土地所有と直接関連しない身分の考察を可能にし、複合的に身分を捉える視点を確保した。そのなかから身分を越える、身分越境に関する視角が生じた。正統・異端、複数の所有関係に規定されて現実的には身分は構成されるのである。志村洋は身分の越境状況を説明するためには、制度としての「家」と実態としての家との異同を検討すべきだと提言している。一端制度として成立したとしても(正統)、社会生活の進展に伴い、さまざまな異端的関係を引き受けそこからずれていき、やがてまったく別な存在に変質する。このような観点から身分を問い直す段階に研究史は到達したのである。

本書では八王子千人同心の身分に着目した。実態的なレベルで考察すれば、千人同心は百姓であることに疑問の余地はないが、その一方で千人同心は御家人であるとの言説が存在したことも事実である。このような状況を説明するには上記の身分の越境状況に関する研究を援用するしかあるまい。本書ではこれに加えて身体から立ち上がって社会統合を説明する「内的観点」、それが展開する場である生活世界を重視した。人々は生活上、さまざまなコミュニケイション的行為を遂行するが、そのような行為のストックが、徐々に生活世界を変えていく。一八世紀後期、近世村落において小百姓に至るまで基本的に組織体としての家が成立し、その家が発展の戦略の一環として千人同心を志向した。家は千人同心職を家職化し、その発展を企図した。このような家の動向が株売買などを通じて、千人同心の組織や支配のありよう、ひいては生活世界における秩序のあり方にまで及び、ついには本質的な千人同心の存在形態をも変容させたというのが本書の視点である。

千人同心は一八世紀半ばまでは必ずしも御家人志向というわけではなかったが、旧家の千人同心組頭が千人頭と対立し力を失くした天明から寛政期には、公儀の「御家人筋」を標榜する改革もあって、明確に御家人志向を強めていった。この結果、大量の「御家人」言説が生産された。千人同心が御家人であるという認識は、千人同心たちの「身分を越える」、百姓身分を超えていこうという志向が作り出した虚偽意識である。そしてその平同心の進出を助けたのは、千人頭を頂点とする千人組組織の形骸化である。結局千人同心は全員御家人という虚偽意識を体制化するしか千人頭は支配の正統性を持たなかったのである。そして組織も新家の平同心に適応するものに変わっていった。なお公儀はこのような虚偽意識を認めず、千人頭たちを焦燥させた。この点では社会統合は齟齬を来したといえるであろう。この点は本書では歴史的具体的な身体のコミュニケイション的行為の社会化が、千人同心集団を市場経済の展開に合わせて変質させたと評価できよう。言葉を変えていえば、千人同心は近世社会にとって正統な土地所有から異端の貨幣所有に基軸を移したのだといえよう。

社会統合の破綻を普遍化しておくと、近世社会における人は、身分と明確な対象性を持っていたわけではない。「百姓身分は村が決定する」という言葉通り、その人が所属する身分集団が直接的には規定するのである。しかし一九世紀になると全般的に人と身分を直接的に規定しようという傾向が強まる。居住地原則もそのような規定性の表れであろう。このような志向は本質的には身分集団を体制的に否定した近代国家の登場によってしか止揚できないであろうが、近世期には社会統合の破綻として、身分集団の形骸化を前提とした集団間の矛盾として現れる。それは千人同心と村・地頭所、さらに千人同心内部の抗争として実践されたのである。

最後に千人同心の身分について時間軸に沿って説明してみよう。近世初頭に八王子周辺に来住した千人同心は、村と融合していき、千人同心は百姓が兼ねるものになった。つまり基本的には千人同心は百姓身分なのである。このような状況は一八世紀に入っても続いた。その後期になると千人同心たちは地方支配からの脱却を企図するようになる。当初のそれは方針が明確ではなかったが、次第に御家人身分の獲得が意識されるようになる。ここで指摘しておかなければならないことは、彼等は自らを御家人、つまり武士身分と認識していたことである。この奇妙な逆説は千人同心のみを検討しても十全に位置づけることはできないだろう。社会全体の身分の越境状況を想定しなければ説明がつかない。近年の研究史が示唆しているように「身分を越える」という状況が当該時期の社会に多く存在したのである。千人同心の御家人意識はこの点から説明されなければならない。

この千人同心の自己認識は、公儀による寛政四・七年の改革によって大きく変化する。公儀が千人同心を武士と認めることはその崩壊までなく、公儀は倫理上の意味で、千人同心とそうではない百姓の差別を意識させようとしたのであろうが、千人同心たちは御家人身分が公認されたと認識したのである。この認識は鑓奉行—千人頭ラインも共有した。そうしなければ支配が難しかったからである。元来百姓である千人同心が武士意識をもつなど近世社会にとって異端である。果然、自らを武士と認識した千人同心は以後村や地頭所といった近世社会の正統なシステムと対立し、社会統合が破綻していく。その背後にあったのは地方引受人の存在である。これは元々「不正」の産業を防止するという目的で設置されたが、結局は「一人両人」を蔓延させる「隠れ蓑」になったのである。地方引受人によって「一人両名」が事実上千人同心に浸透したのである。一つの身体に二つの身分を持つ「一人両名」は、身分制と抵触する。

これらの現象を鳥瞰的にみれば身分の越境状況下では身分集団間の調整は不可能になりつつあったといえそうである。このような推移は千人同心の本質を御家人身分としてしまってはまったく隠蔽されてしまうであろう。

最後に今後の見通しを述べておこう。千人同心は幕末期には洋式銃隊に編成変えされる。筆者はこれは比較的円滑に行なわれたと考えている。組織の形骸化と身分的中間層の台頭によって変質した組織が組織の近代化に適応したのであり、その解明は今後の課題である。

あとがき

歴史学が諸学との美しい緊張関係を失って久しい。かつてはとにかく事実を究明することにより諸学を基礎づけられるとされ、マルクス主義全盛の時には唯物史観は科学的体系の基軸であった。しかし今日では事実は一つの解釈に過ぎず、それを素朴に呪物崇拝することはイデオロギー的倒錯に過ぎないことが明らかになっている。また唯物史観から世界をトータルに説明しようという志向が、挫折していることは明瞭である。

筆者にはこのような傾向は、実証主義やマルクス主義歴史学そのものの問題というより、理性による基礎づけ主義の問題と思われる。デカルトに始まり、カントに引き継がれ、ヘーゲルが完成させた西洋哲学の主流は、理性的主体が重視され、その主体(人間)が自然に働きかけ歴史を創っていく。しかし理性的主体自体が観念的倒錯態なのである。したがって理性自体を批判しなければならない。

このような理性批判の志向は「感性的・人間的な活動」(『フォイエルバッハ・テーゼ』)を重視するマルクスにすでにみえた視点である。ここではこのような視点を理性に対するメタレベルの批判ということにしよう。それはマルクスのみならず、無意識に注目したフロイトも共有した視点であろう。また間主観性に言及したフッサール、理性的ではない言語ゲームに辿りついたウィトゲンシュタイン、『啓蒙の弁証法』で文明から野蛮への転化を説いたホルクハイマーとアドルノ及びフランクフルト学派、基礎づけ主義を「強迫観念」と喝破したローティも、理性に対するメタレベルの批判を展開したといえよう。

この志向は哲学以外にも、未開人を研究対象に据えた人類学に、また群衆心理を考慮すれば心理学など諸学にも及んでいる。筆者のみるところ、理性に対するメタレベルの批判は諸学に共通する重要な論点なのである(この点に関しては、拙稿「近世後期の言説と身体―言語論的展開のために―(「問題提起」)」(『国史学』第二一九号、二〇一六年を参照)。このような動向を積極的に取り入れることこそ歴史学の緊急の課題であると筆者は思っている。そうしなければ早晩歴史学は解体され、諸学の歴史部門として再編されるであろう。そうなれば歴史からトータルに現代社会を批判する論点は消える。それで十分だという意見もあるようだが、筆者にはそのような事態が人類にとって望ましい事態であるとは思えない。世界と人間との深層をみてみたい。自分は蟷螂の斧しか持ってはいないが抵抗は続けるつもりだ。この本に掲載した文章は、すべてこのような視点から執筆されたわけではないが、歴史学が新しい歩みを始めるきっかけになればと祈念する。みんなもっと自分を語ればいいと思う。

筆者を八王子千人同心研究に導いたのは村上直法政大学名誉教授である。先生に初めてお会いしたのは、先生が団長を勤められた青梅市下師岡の吉野家文書調査団においてであった。自分はまだ國學院大學文学部史学科の学生であった。その後これが縁になって一九八六年に法政大学の大学院に進学した。先生の謦咳に接することができ、受けた学恩は計り知れない。思い出も数限りなくあるが、一番印象に残っているのは「先生は論文や編著の数は非常に多いが、御自分の論文集は少ない。後進のためにはそのような本も出版した方が良いのではないか」と尋ねた時であった。先生の答えは「自分の本を出すより、先生は君たちと本を出したい」であった。本当に弟子思いの方であった。因みに先生は御自分のことを「先生」と称された。筆者はそこに小学校の教員から叩き上げて名誉教授にまでなった人間の矜持を感じないわけにはいかなかった。多分先生はそのようなことは思っていなかったであろうが。

その村上先生は二〇一四年二月一〇日に逝去された。筆者の千人同心研究は村上批判から始まる。随分思い切った批判であったが、先生は「吉岡の批判は楽しみ」とおっしゃってくれた。先生が懐広く、何よりも学問的真理の追究に真摯な方でなかったら、自分は学問を続けることはできなかったであろう。学界からまったく評価されないであろうこの本を出版するのは学位申請のためであるが、村上先生に対する学恩を少しでも返せればという思いもあることは事実である。

二〇一六年十二月

吉岡　孝

初出一覧

「八王子千人同心の身分と文化—近世後期における文化と地域編成—」(『関東近世史研究』第三二号、一九九二年)
「八王子千人同心の身分に関する基礎的考察—千人同心＝御家人説への批判—」(『史翰』第二一号、一九九四年)
「八王子千人同心にみる身分制社会の崩壊」(『国史学』第一六二号、一九九七年)
「八王子千人組における番組合の成立とその意義」(『國學院大學紀要』第五一号、二〇一三年)
「八王子千人組における月番所の成立とその意義」(『日本歴史』第七八三号、二〇一三年)
「「貝取村森田氏一件」からみた八王子千人同心の「自治」」(『國學院雑誌』第一一四巻第一〇号、二〇一三年)
「八王子千人同心株売買の実態」(『國學院大學紀要』第五四号、二〇一六年)

著者紹介

吉岡　孝（よしおか・たかし）

1962年　東京都国分寺市に生まれる
1986年　國學院大學文学部史学科卒業
1992年　法政大学大学院人文科学研究科日本史学専攻博士課程単位取得退学
2006年　國學院大學文学部専任講師
2008年　國學院大學文学部准教授（現在に至る）

主要編著
『八王子千人同心』（同成社、2002年）
『江戸のバガボンドたち』（ぶんか社、2003年）
『新編荷田春満全集』第10巻（編、おうふう、2009年）
「八王子千人同心株売買の変容」
（東四柳史明編『地域社会の文化と史料』、同成社、2017年）

八王子千人同心における身分越境 —百姓から御家人へ—　近世史研究叢書 45

2017年（平成29年）3月　第1刷　350部発行　定価［本体7200円＋税］

著 者　吉岡　孝

発行所　有限会社岩田書院　代表：岩田　博　http://www.iwata-shoin.co.jp

〒157-0062 東京都世田谷区南烏山4-25-6-103　電話03-3326-3757 FAX03-3326-6788

組版・印刷・製本：亜細亜印刷

ISBN978-4-86602-987-0 C3321　¥7200E

岩田書院 刊行案内 (24)

			本体価	刊行年月
913	丹治　健蔵	近世関東の水運と商品取引 続	7400	2015.05
914	村井　良介	安芸毛利氏＜国衆17＞	5500	2015.05
915	川勝　守生	近世日本石灰史料研究Ⅷ	9900	2015.05
916	馬場　憲一	古文書にみる武州御嶽山の歴史	2400	2015.05
917	矢島　妙子	「よさこい系」祭りの都市民俗学	8400	2015.05
918	小林　健彦	越後上杉氏と京都雑掌＜戦国史13＞	8800	2015.05
919	西海　賢二	山村の生活史と民具	4000	2015.06
920	保坂　達雄	古代学の風景	3000	2015.06
921	本田　　昇	全国城郭縄張図集成	24000	2015.07
922	多久古文書	佐賀藩多久領 寺社家由緒書＜史料選書４＞	1200	2015.07
923	西島　太郎	松江藩の基礎的研究＜近世史41＞	8400	2015.07
924	根本　誠二	天平期の僧と仏	3400	2015.07
925	木本　好信	藤原北家・京家官人の考察＜古代史11＞	6200	2015.08
926	有安　美加	アワシマ信仰	3600	2015.08
927	全集刊行会	浅井了意全集：仮名草子編５	18800	2015.09
928	山内　治朋	伊予河野氏＜国衆18＞	4800	2015.09
929	池田　仁子	近世金沢の医療と医家＜近世史42＞	6400	2015.09
930	野本　寛一	牛馬民俗誌＜著作集４＞	14800	2015.09
931	四国地域史	「船」からみた四国＜ブックレットH21＞	1500	2015.09
932	阪本・長谷川	熊野那智御師史料＜史料叢刊９＞	4800	2015.09
933	山崎　一司	「花祭り」の意味するもの	6800	2015.09
934	長谷川ほか	修験道史入門	2800	2015.09
935	加賀藩ﾈｯﾄﾜｰｸ	加賀藩武家社会と学問・情報	9800	2015.10
936	橋本　裕之	儀礼と芸能の民俗誌	8400	2015.10
937	飯澤　文夫	地方史文献年鑑2014	25800	2015.10
938	首藤　善樹	修験道聖護院史要覧	11800	2015.10
939	横山　昭男	明治前期の地域経済と社会＜近代史22＞	7800	2015.10
940	柴辻　俊六	真田幸綱･昌幸･信幸･信繁	2800	2015.10
941	斉藤　　司	田中休愚「民間省要」の基礎的研究＜近世史43＞	11800	2015.10
942	黒田　基樹	北条氏房＜国衆19＞	4600	2015.11
943	鈴木　将典	戦国大名武田氏の領国支配＜戦国史14＞	8000	2015.12
944	加増　啓二	東京北東地域の中世的空間＜地域の中世16＞	3000	2015.12
945	板谷　　徹	近世琉球の王府芸能と唐・大和	9900	2016.01
946	長谷川裕子	戦国期の地域権力と惣国一揆＜中世史28＞	7900	2016.01
947	月井　　剛	戦国期地域権力と起請文＜地域の中世17＞	2200	2016.01
948	菅原　壽清	シャーマニズムとはなにか	11800	2016.02
950	荒武賢一朗	東北からみえる近世･近現代	6000	2016.02
951	佐々木美智子	「産む性」と現代社会	9500	2016.02

岩田書院 刊行案内（25）

			本体価	刊行年月
952	同編集委員会	幕末佐賀藩の科学技術 上	8500	2016.02
953	同編集委員会	幕末佐賀藩の科学技術 下	8500	2016.02
954	長谷川賢二	修験道組織の形成と地域社会	7000	2016.03
955	木野 主計	近代日本の歴史認識再考	7000	2016.03
956	五十川伸矢	東アジア梵鐘生産史の研究	6800	2016.03
957	神崎 直美	幕末大名夫人の知的好奇心	2700	2016.03
958	岩下 哲典	城下町と日本人の心性	7000	2016.03
959	福原・西岡他	一式造り物の民俗行事	6000	2016.04
960	福嶋・後藤他	廣澤寺伝来 小笠原流弓馬故実書＜史料叢刊10＞	14800	2016.04
961	糸賀 茂男	常陸中世武士団の史的考察	7400	2016.05
962	川勝 守生	近世日本石灰史料研究Ⅸ	7900	2016.05
963	所 理喜夫	徳川権力と中近世の地域社会	11000	2016.05
964	大豆生田稔	近江商人の酒造経営と北関東の地域社会	5800	2016.05
966	日野西眞定	高野山信仰史の研究＜宗教民俗８＞	9900	2016.06
967	佐藤 久光	四国遍路の社会学	6800	2016.06
968	浜口 尚	先住民生存捕鯨の文化人類学的研究	3000	2016.07
969	裏 直記	農山漁村の生業環境と祭祀習俗・他界観	12800	2016.07
970	時枝 務	山岳宗教遺跡の研究	6400	2016.07
971	橋本 章	戦国武将英雄譚の誕生	2800	2016.07
972	高岡 徹	戦国期越中の攻防＜中世史30＞	8000	2016.08
973	市村・ほか	中世港町論の射程＜港町の原像・下＞	5600	2016.08
974	小川 雄	徳川権力と海上軍事＜戦国史15＞	8000	2016.09
975	福原・植木	山・鉾・屋台行事	3000	2016.09
976	小田 悦代	呪縛・護法・阿尾奢法＜宗教民俗９＞	6000	2016.10
977	清水 邦彦	中世曹洞宗における地蔵信仰の受容	7400	2016.10
978	飯澤 文夫	地方史文献年鑑2015＜郷土史総覧19＞	25800	2016.10
979	関口 功一	東国の古代地域史	6400	2016.10
980	柴 裕之	織田氏一門＜国衆20＞	5000	2016.11
981	松崎 憲三	民俗信仰の位相	6200	2016.11
982	久下 正史	寺社縁起の形成と展開＜御影民俗22＞	8000	2016.12
983	佐藤 博信	中世東国の政治と経済＜中世東国論６＞	7400	2016.12
984	佐藤 博信	中世東国の社会と文化＜中世東国論７＞	7400	2016.12
985	大島 幸雄	平安後期散逸日記の研究＜古代史12＞	6800	2016.12
986	渡辺 尚志	藩地域の村社会と藩政＜松代藩５＞	8400	2017.11
987	小豆畑 毅	陸奥国の中世石川氏＜地域の中世18＞	3200	2017.02
988	高久 舞	芸能伝承論	8000	2017.02
989	斉藤 司	横浜吉田新田と吉田勘兵衛	3200	2017.02
990	吉岡 孝	八王子千人同心における身分越境＜近世史45＞	7200	2017.03

近世史研究叢書

02	久保　貴子	近世の朝廷運営	6900円	1998.05
03	和泉　清司	近世の流通経済と経済思想	7900円	1998.07
04	西沢　淳男	幕領陣屋と代官支配	7900円	1998.11
07	福江　　充	近世立山信仰の展開	11800円	2002.05
08	高橋　　実	助郷一揆の研究	7400円	2003.02
09	長谷川正次	高遠藩財政史の研究	18800円	2003.08
10	舟橋　明宏	近世の地主制と地域社会	8900円	2004.07
11	川村　　優	旗本領郷村の研究	11800円	2004.08
12	井上　定幸	近世の北関東と商品流通	5900円	2004.10
14	下重　　清	幕閣譜代藩の政治構造	7900円	2006.02
15	落合　　功	地域形成と近世社会	5900円	2006.08
16	白峰　　旬	幕府権力と城郭統制	7900円	2006.10
17	村井　早苗	キリシタン禁制の地域的展開	6900円	2007.02
18	黒石　陽子	近松以後の人形浄瑠璃	6900円	2007.02
19	長谷川匡俊	近世の地方寺院と庶民信仰	8200円	2007.05
20	渡辺　尚志	惣百姓と近世村落	6900円	2007.05
21	井上　　攻	近世社会の成熟と宿場世界	7900円	2008.05
22	滝口　正哉	江戸の社会と御免富	9500円	2009.05
23	高牧　　實	文人・勤番藩士の生活と心情	7900円	2009.08
24	大谷　貞夫	江戸幕府の直営牧	7900円	2009.11
25	太田　尚宏	幕府代官伊奈氏と江戸周辺地域	6900円	2010.10
26	尹　　裕淑	近世日朝通交と倭館	7900円	2011.02
27	高橋　伸拓	近世飛騨林業の展開	8400円	2011.09
28	出口　宏幸	江戸内海猟師町と役負担	6400円	2011.10
29	千葉真由美	近世百姓の印と村社会	7900円	2012.05
30	池田　仁子	金沢と加賀藩町場の生活文化	8900円	2012.08
32	宇佐美ミサ子	宿駅制度と女性差別	5900円	2012.12
34	B.ｸﾞﾗﾑﾘﾋ＝オカ	只野真葛論	7900円	2013.06
35	栗原　　亮	近世村落の成立と検地・入会地	11800円	2013.09
36	伊坂　道子	芝増上寺境内地の歴史的景観	8800円	2013.10
37	別府　信吾	岡山藩の寺社と史料	6900円	2013.12
38	中野　達哉	江戸の武家社会と百姓・町人	7900円	2014.02
39	石山　秀和	近世手習塾の地域社会史	7900円	2015.01
40	丹治　健蔵	近世関東の水運と商品取引 続	7400円	2015.05
41	西島　太郎	松江藩の基礎的研究	8400円	2015.07
42	池田　仁子	近世金沢の医療と医家	6400円	2015.09
43	斉藤　　司	田中休愚「民間省要」の基礎的研究	11800円	2015.10